萬古千秋事有愁窮源一念沒來
由此心歸到真如海不向江河
作細流

南怀瑾大学堂

药师经的济世观

南怀瑾 讲述

人民东方出版传媒
東方出版社

图书在版编目(CIP)数据

药师经的济世观/南怀瑾讲述.—北京:东方出版社,2022.1

ISBN 978-7-5207-0755-8

Ⅰ.①药…　Ⅱ.①南…　Ⅲ.①佛经-研究　Ⅳ.①B942.1

中国版本图书馆 CIP 数据核字(2019)第 037155 号

药师经的济世观
南怀瑾　讲述

责任编辑: 王夕月　杨　灿
出　　版: 东方出版社
发　　行: 人民东方出版传媒有限公司
地　　址: 北京市东城区朝阳门内大街 166 号
邮　　编: 100010
印　　刷: 北京明恒达印务有限公司
版　　次: 2022 年 1 月第 1 版
印　　次: 2024 年 6 月第 6 次印刷
开　　本: 650 毫米×960 毫米　1/16
印　　张: 18.75
字　　数: 210 千字
书　　号: ISBN 978-7-5207-0755-8
定　　价: 46.00 元
发行电话: (010)85924663　85924644　85924641

如有印装质量问题,我社负责调换,请拨打电话:(010)85924602　85924603

编者的话

南怀瑾先生是享誉国内外，特别是华人读者中的文化大师、国学大家。先生出身于世代书香门第，自幼饱读诗书，遍览经史子集，为其终身学业打下了扎实的基础；而其一生从军、执教、经商、游历、考察、讲学的人生经历又是不可复制的特殊经验，使得先生对国学钻研精深，体认深刻，于中华传统文化之儒、道、佛皆有造诣，更兼通诸子百家、诗词曲赋、天文历法、医学养生等等，对西方文化亦有深刻体认，在中西文化界均为人敬重，堪称“一代宗师”。书剑飘零大半生后，先生终于寻根问源回到故土，建立学堂，亲自讲解传授，为弘扬、传承和复兴民族文化精华和人文精神不遗余力，其情可感，其心可佩。

一九八一年，南怀瑾先生为了十方书院的出家人能更好地弘扬佛法，特别为他们讲解了《药师经》。一九九五年，为了让更多的人了解药师如来的修持方法，也为了让遭受病痛折磨的众生早日痊愈，古国治先生等几位同修将先生讲经的录音整理成了文字。南先生的开示历久弥新，多年过去，今天听来仍颇有教益。《药师经的济世观》于二〇一六年首次在东方出版社出版，当时以南先生作品整理团队最新修订的书稿为底本，应该说是目前为止最权威、最贴近先生原意的版本。

南先生以其特有的讲经方式，结合中西方医学的最新研究成果，以及自他的修习体验，逐字逐句地讲解了《药师经》，并特别提示学佛人要广读经典，好好参悟每部经典中的话头和问题，念经的时候也要一边念，一边参究，这样才能有深刻的体悟。在讲解药师佛的十二大愿和诸佛发愿的意义时，相机指导同学们如何发愿，鼓励其效法药师佛，发下无私利他的大愿，同时结合正知正见，并勤加修持实践，这样才能与诸佛的愿力相感应，获得好的修行结果。对于人类惯有的悭贪、骄慢、多疑等问题，先生以己为例，诚恳自我发露，并提醒同学们要时时反省，既要外布施，又要内布施，多赞叹施者，至心皈依，去除慢心，这样才能去除烦恼，身心无恙。

我社与南怀瑾先生结缘于太湖大学堂。出于对中华优秀传统文化的共同认识和传扬中华文明的强烈社会责任感、紧迫感，承蒙南怀瑾先生及其后人的信任和厚爱，独家授权，我社遵南师遗愿，陆续推出南怀瑾先生作品的简体字版，其中既包括世有公论的著述，更有令人期待的新说。对已在大陆出版过的简体字版作品，我们亦进行重新审阅和校订，以求还原作品原貌。作为一代国学宗师，南怀瑾先生“通古今之变，成一家之言”，毕生致力于民族振兴和改善社会人心。我社深感于南先生的大爱之心，谨遵学术文化“百花齐放，百家争鸣”之原则，牢记出版人的立场和使命，尽力将大师思想和著述如实呈现读者。其妙法得失，还望读者自己领会。

东方出版社

二〇二一年十二月

目　　录

再版说明

自从这本书在五年前出版后，我们时常接到读者询问的信件及电话，都是有关内容方面。

为此之故，我们又仔细地加以修订，以使内容中的语句更加清楚，意思更能透彻表达。当然也改正了少许的错别字，如“信戒”改为“性戒”等。

参与修订的人数不少，但出力最多的是李淑君，她甚至花了很多时间补充资料。现趁此再版因缘，特别向她及参与订正的朋友致谢。

刘雨虹　记

一九九九年十月　台北

出版说明

许多书的出版，背后常有一个小故事，这本书也不例外。

两年前的一天，我对在美国的永会师和圆观师说，希望她们能抽暇做一桩事，就是把南老师讲《药师经》的录音，用文字先记录下来。她们欣然允诺，数月后即完工，托人带到台北。

在此之时，另有一位王施予女士，自动发心，也把《药师经》做了整理。

因鉴于古国治同学在百忙中独力整理《圆觉经》的精神和毅力，编者就特别找他商量，请他担任总其成的整理工作，并附加了两个条件：第一，要保持南老师讲课的风味，不要把讲课文章化；第二，限时半年交卷。他当时很爽快地答应了，后来也都做到了。在此要特别感谢他们几位的努力。

南师怀瑾先生，在台湾讲过的经典颇多，其中有些更曾多次讲述，如《楞严经》《金刚经》《心经》等，而《药师经》则较少讲到。一九八一年为了十方书院的出家同学们，特别安排了《药师经》。

药师如来，顾名思义，大约是一位医生如来，是专门治疗我们身心疾病的佛。活在这个世界上的人们，多多少少都会害病，人人也都需要结识这位药师佛。许多慢性病缠身的人，更要礼拜药师佛，祈求药方，希望早日痊愈。

药师佛如何治我们的病？给我们什么药？能够教给我们祛病强身长寿的方法吗？这些都是人人有兴趣，想知道的。

出家的同学们，因为肩负了救世度人的责任，故而南师在讲解这本经典时，深入极微细处，并以自他人生经历，举例融汇经义，谆谆告诫，处处提示，亲切幽默，使人必能有所领悟。

南师更特别强调，《药师经》的重点，在于药师佛的十二大愿。这十二大愿显示了真正伟大的救人济世精神，也才是我们应该深入体会了解并且效法的。

古君不负所托，使这本书保持着南师讲课时天马行空、随手拈来的韵味和风格。当编者校读本书时，刹那间似乎又回到了昔日的讲堂，读到有趣味处，似乎还听到讲堂中同学们的笑声……

看完这本书，你会发现，已经吃下一颗药师佛的消灾延寿丸了。

因南师未能过目原稿，最后由周勳男君细心审校，并写后记，略述意见作读者参考，另外曾帮忙校阅者还有姚海奇君，在此一并致谢。

本书经文部分，是根据太虚大师所著《药师经讲义》一书，台北佛教出版社印行。

刘雨虹　记

一九九五年五月

讲经缘起

我们今天开始讲《药师经》。为什么要讲这本经呢？主要的动机，是为了这里的出家同学们，将来出去弘扬佛法的时候，必须要了解这本经。在佛教里，《药师经》可以说是在一般民间流传很普遍的经典，也可以说是很基本的一本经。

在民间的佛教观念里，大都是相信因果，相信轮回。至于因果的道理如何，轮回的道理何在，又都搞不清楚。那么，是否彻底地相信呢？那也未必。一般都是盲目地信仰，盲目地信仰就是迷信。

民间流行的净土宗，提倡修持念佛法门，就可以往生西方。这其中的道理在哪里？大都搞不清楚。许多人为了人死亡以后，超度亡灵，诵《阿弥陀经》或《地藏经》，《地藏经》所讲的那个地狱的情况，除了一般人盲目地相信以外，现代的青年和知识分子是不会相信的，对于《地藏经》的道理，很难信得过。

一般民间所接触的《阿弥陀经》《地藏经》《药师经》等等，都是最普遍的。这几本经的文字也是最容易懂，只要认识字都看得懂。但是，其中真正的意义，学问最好的知识分子根本就没看懂过。

我们这里的出家众，多半受过中等或高等的教育，平常对于这几本经典，也没有研究，只是念念而已。如果照我的标准一考问，保证答不出来。

因此，为了今后的世界、时代，有志于弘扬佛法者，乃至于真为自己修持者，对于一般人认为最容易懂的经典，我们要特别提出来研究。

佛教到了中国，所有的经典都经过了我们中国文化的整理。经过了出家大师或在家居士整理和归类，叫作分科判教，就是把每一本经典分类，然后根据佛教的教义，加以分判。所以，过去讲经的时候，都有一定的格式。

太虚法师注解《药师经》

民国初年以后，新的文化、新的时代来临，经典整理的方式则慢慢改变。譬如提倡新的佛学研究方向的太虚大师，他综合老的方法、新的观念，把许多佛经做了一番整理，像我们手里拿到的这本《药师经讲义》，已经经过太虚法师的研究整理了。

过去，有许多人认为太虚法师是政治和尚，玩玩政治，搞搞佛教。学术界不大理会他，不过，他在佛教界却有很高的声望。

太虚法师与专门讲修持的虚云老和尚，专门提倡念佛的印光老法师，和专讲天台宗的谛闲老法师，可以说是民国初年的几位大老。这几位老前辈对太虚法师的看法如何，姑且不论。反正当时我们都认为他是政治和尚，对他的认识是：新闻记者出身，也跟过孙中山先生革命，对佛教贡献很大，如此而已。可是我到了后来，对太虚法师另眼相看了，他真是一位了不起的和尚，的确有他的愿力和成就。他的著作很多，过去我们也不大看，总认为是一般普通的著作，这些著作现在看起来很了不起，他也真可以说是一代高僧。

这次讲《药师经》，一时找不到未加注解的《药师经》原文，才买来太虚法师的讲义。花了一些时间看完太虚法师的注解，发现大致都很好、很对，没有错。

对于前辈的著作，希望同学们能花一两天时间把整本注解看完。详细的佛经教理，属于学术性方面的，太虚法师已经整理好了；看他的注解已足够，不需要我再讲。有了这本讲义，我讲经就省事多了，希望几次就能讲完。不过，这本注解介绍的是教理，至于《药师经》的真正意义，还希望大家好好参究，不简单啊！

把这些因缘告诉大家，希望大家不论多忙，一定要抽出时间把它看完。

通俗却不易懂的《药师经》

《药师经》的文字非常通俗，一看就懂。在《大藏经》中，历代就有五种翻译本子。我们手中这本是唐代玄奘和唐代义净两位法师翻译的综合。

平日大家念“南无消灾延寿药师佛”，什么时候大家喜欢念啊？自己生病了，或者替人家求长寿的时候念，对不对？念归念，有嘴无心地念，嘴里尽管在念，心里头却在嘀咕究竟会不会消灾？会不会延寿？不知道。然后一边念，一边想，这个蛮好玩，念一念就可以消灾，那医院都可以不要开，药店都可以关门了。

所以，大家对这本经典，对这位佛，都没有很诚恳地念，不像念西方净土的阿弥陀佛那么诚恳；因为阿弥陀佛究竟怎么样，搞不清楚，越搞不清的事，越有兴趣相信。已经告诉你是“消灾延寿”，稍微了解一点意思，你就难以相信了。

药师佛，我们都知道在哪一个方向啊？东方。阿弥陀佛的极乐世界在西方，现代的人都喜欢西方，喜欢到西方去留学，喜欢西方的科学。这个东方的事情不大时髦，大家会觉得我们都生在东方，还要往生东方？往生到哪里去啊？

由这许许多多的观念，尽管《药师经》十分流行，一般人却始终搞不清它的真正意义在哪儿。

从《法华经》了解《药师经》

现在，我可以告诉你，《药师经》和《法华经》一样，属于大乘佛法中最上乘的秘密，是一切佛的秘密之教，不是普通密宗，是一切佛的最高秘密。经典文字上看起来很容易懂，实际上你真不懂。

我们要了解，大乘佛法告诉我们，这个宇宙没有方位，无所谓东方、西方、南方、北方、上方、下方等等的差别，十方三世都有佛，处处有佛，每个人都随因缘、业力、性情的不同，而产生各种学佛、念佛因缘的差别。

譬如我们对五方佛的观念。我们看到法师们放焰口，或修密宗时头上戴的帽子，或绣或绘着五尊佛，也就是中央毗卢遮那佛、东方阿閦佛、西方阿弥陀佛、南方宝生佛、北方不空佛。注意啊！别的地方都讲空，只有北方讲不空，不空是什么？不空就是有嘛！根据《华严经》的道理，一切佛都是毗卢遮那佛的化身，换句话说，十方三世诸佛就是一位佛，乃至一切众生，也都是毗卢遮那佛的化身。

以道理来讲，宇宙万有自性本体的功能就是一个，它起用而变化成万相。因此，以《华严经》的密教道理而言，释迦牟尼佛等等，都是毗卢遮那佛的化身，包括东方、西方、南方、北方等十方三世一切诸佛。

因此，要真正了解《药师经》，必须先彻底了解《妙法莲华经》（简称《法华经》）。《法华经》也同《金刚经》《阿弥陀经》一样，是中国佛教界流通最广、流传最久、影响最大的经典。然而知识分子看《法华经》也是莫名其妙，不晓得讲些什么。看起来都是在说故事，这样一个故事，那样一个故事的，说了半天，找不出道理来。不像看《金刚经》，还能看出一些端倪。但是，《法华经》是中国天台宗必读的一部大经。佛在《法华经》中说，佛法没有三乘道，只有一乘，就是这么一件事。佛出世修行、成道、度人、弘法，只为一件事，至于究竟这件事是什么事，没有说明。佛不只是为了生死，了生死是一件小事，佛是为一大事因缘而出世。《法华经》的奥秘，以禅宗的话来说，处处都是话头，所谓话头，就是问题，处处都是问题。

我们平常念的《观世音菩萨普门品》，所谓“应以何身得度者，即现何身而为说法”，这部普门品只是《法华经》的一品而已。《法华经》还讲到药王菩萨，它与《药师经》意义相同。要了解《药师经》的奥秘，就必须先好好研究《法华经》的《药王品》，此外，还要把《大藏经》中《佛说观药王药上二菩萨经》也抽出来研究。

综合以上所说，要了解《药师经》，必须配合《法华经》下列四品一起研究：

一、《法华经》第五品《药草喻品》。

二、《法华经》第七品《化城喻品》。

三、《法华经》第十品《法师品》。

四、《法华经》第二十三品《药王菩萨本事品》。

要把这四品参透，这里面都是话头，要知道每一部经都是修持的法门，如果不了解这四品的真义，就永远不会懂得《药师经》的修持。

在座诸位研究《地藏经》了吗？我看你们眼睛连斜都不斜一下，心里都在嘀咕怀疑，认为所说的地狱情形都是鬼话，对不对？有些居士虽然嘴巴拼命念，凭良心说，你信得过吗？这种情况恐怕只能用一句话形容："姑妄言之，姑妄听之。"

在座的法师们，讲良心话，你们信得过吗？嗯，你们应该反问我信不信。我当然信呀！但我的信不是你们那种信。这就好比学科学的，虽然听过化学课，如果没有做过化学实验，连手都没有被药物弄伤过，会研究出什么成果？就是这个道理。

现在，先大概提一下《法华经》。要是我不提，你们自己就不去研究，我只是大概提一下，你们至少要把所提的《法华经》的四品翻出来看一看。

佛是大医王

佛在说《法华经》时有一个譬喻，佛是大医王，能医众生之病，能救众生之苦。佛开的是什么药方呢？中药？西药？佛在《药草喻品》中说：大地一切都是药。这个世界没有哪一样不是药，只要认得了病，吃对了药，任何东西都可以治病。

我们为什么不能成佛成道？因为众生皆在病中，心病以及身病。你看坐在这里的，哪个不是在病中？整天不是头昏昏，就是心里烦闷，身心两病。你要吃哪一种药才治得好？当然心病仍要心药医，而心药只有佛法。

但是，在座各位也都接触过佛法，佛法真能治你们的心病吗？你们真的因为吃了这包药而治好了自己的心病吗？没有。这个世界一切都是药，我们求佛、学佛，是为医治身心的病而找这个药，但始终没有治好自己的病，因为药都没有吃对，病当然不会治好。

佛教有这么一个故事，文殊菩萨叫他的弟子善财童子去采药，善财童子抓一根草给师父说，你叫我去采药，哪里不是药？文殊菩萨言：“善哉！善哉！”对！对！到处都是药。毒药也可以治病，而且有些重病还非吃毒药治不好。补药，大家都认为好，吃错了也会补死人的。例如，伤风感冒吃高丽参等等补药，常常都是这样补坏的。

然而，我们的身心之病，究竟要找哪一种药才能治好呢？那就要求教药师佛了！

参透化城之喻

《法华经》第七品是《化城喻品》，化城是假的，不是真的目的地。好比文学上描写的海市蜃楼，又如电影上的亭台楼阁都是画的，不是真的。中国小说《西游记》上讲，唐僧取经到了小西天小雷音寺，见到如来佛。我们知道，《般若波罗蜜多心经》简称《心经》，但小说上故意说，孙悟空是念《多心经》的，他愈看愈不对，告诉师父这个佛恐怕是假的。不料被师父骂了一顿，到了西天还乱讲话，佛就是佛。孙悟空不信，掏出金箍棒一打，果真是妖怪，不是真佛。妖怪化为佛，与佛一模一样；佛化身为妖怪，要度妖怪众生，你更看不出来。

所以，要想参透化城而达到宝所——究竟宝贝的目的地，很难！

《化城喻品》中又提到，有一位叫"大通智胜佛"的古佛，你听他的这个名字，那可大了，大小的"大"，通达的"通"，智慧的"智"，胜利的"胜"。他原来当帝王，后来晚年发心修道，他不只自己修道，还把自己的十六个儿子都带去出家修道，你看，了不起吧！我们常念的阿弥陀佛也是他的王子，后来成佛了。最小的老幺，第十六个儿子就是我们的本师释迦牟尼佛，东方的阿闳佛也是他的儿子。

问题来了，你看他那么了不起，但是这一品为什么还叫化城？换句话说，成了佛是大化城，尚未到真正的毗卢遮那佛宝所。就算到达毗卢遮那佛宝所，仍不算数。中国禅宗有一句话说，真的大彻大悟成了道，要“踏破毗卢顶上行”，把毗卢遮那佛一脚踩下去。

过去，我在西藏看到一尊佛像，这个佛像怪了，是密宗的大秘密，很不容易看到。平时用帘幕罩住，不让人看，也不让人随便礼拜。必须具备当上师的资格，或修持有相当成就者，或得传法上师的欢喜才能看，才能礼拜供养。结果我拉开一看，人不像人，鬼不像鬼，踩在佛的头上，把佛踩在脚底下。普通人看到都会吓死，我看了一点都不觉得稀奇，拜了以后告诉那个喇嘛：“这个对啊！一点都不稀奇！你这恐怕还是禅宗传过来的。”中国禅宗有一句话：“踏破毗卢顶上行”，连佛的境界都要一脚踢开，才能真正成佛。

在座有些人狂妄得很，现在都要“踏破毗卢顶上行”了，我也头痛得很，许多人都要踏破我的头了！当然我不是佛，所以更容易被踏破。

化城十六佛，都是大通智胜佛的儿子，他自己当了皇帝，注意啊！世间法方面已经登峰造极，当了皇帝（人王），富贵功业到了极点。如此大的福报、如此大的智慧与决心，抛弃了王位而不要，谁做得到啊？你们连一个月薪几万元的公务员差事都舍不得丢，对不对？他能抛弃天下而去修道，而且十六个儿子个个都成就。我们想要有一个好儿子都很困难，更不用说十六个，况且十六个都是了不起的男子汉大丈夫，跟着出家，最后都成佛。

你们查一查大通智胜佛这一家的户口，我们药师佛是不是在他的户口里？有没有？没有。阿閦佛国土在东方，药师佛也在东方。维摩诘居士曾以神通力使阿閦佛的国土现前，而今虽然不能再见，却随时呈现在这里。药师佛不在十六子之内，所以《法华经》要另外独立出《药王菩萨本事品》。这些都是问题喔！都是话头。你们读佛经，都是嗑！嗑！嗑……木鱼敲过去就算了，有问题都不晓得。你们要学禅，要参话头，还要到哪儿去找话头？佛经里处处都是话头。我怎么读佛经？你看，那么多话头就出来了。有时候读得高兴，笑起来，好啊！这就是佛法。佛法不在文字上，要参透这些问题，你就懂得修持的方法了。

那么，这位大通智胜佛，你看《法华经》怎么讲啊？《法华经》说："大通智胜佛，十劫坐道场，佛法不现前，不得成佛道。"《法华经》告诉你这是化城，不是宝所。

大通智胜佛出家后带领十六子，为什么不是十五子、十七子或十八子，他老人家刚好凑了"十六"。拿中国的道理来说，半斤八两，圆满的一斤就是十六，当然不可以用这个道理解释。不过十六是个很妙的数字，也是《易经》的数字，八卦是八个卦，二八一十六。

大通智胜佛修道打坐，一坐就是十劫。不像你们夏天打坐，一坐一个、半个钟头，而且你们坐在那里，各种怪样都有，再不然汗流浃背、愁眉苦脸。我上来一看，还不行，还不能讲佛法，连个影子都没有。你看大通智胜佛坐在那里，动都不动，十劫不动，而接下来却说："佛法不现前，不得成佛道"，那还不算佛法呢！佛法不现前，不呈现在前面。

你们去庙子拜一拜，敲个木鱼嗑！嗑！嗑！念念经，认为这个就是佛法了？那个当然不能说不是佛法，那只是修佛法的加行，培养福报的加行法而已，离真正的佛法还早呢！你们翻开《法华经》看看，大通智胜佛修行了无量劫，一切烦恼都去除了，但仍未得到无上的正等正觉。他如此发心，如此勇猛修行，如此精进学佛，乃至得定，十劫坐道场里如如不动，如此还不算成佛，与佛法不相关，还在化城里面，以现代话来讲，还是幻象，假的，假佛。你们想想看，佛法之难吧！

那么，如何叫“佛法现前”呢？那就要看龙女成佛的故事了，《法华经·提婆达多品》里说龙女八岁就成佛了。她把自己头顶上最珍贵的宝珠摘下来，舍掉，供养了佛，当下女转男身，当下就往南方无垢世界成佛了，具足三十二相、八十种好。一般佛经上说女人是不能成佛的，可是，龙女是女身，又才八岁，一个小女孩各方面条件都不够，却能当下成佛。这个道理在哪里呢？又是个话头。

能医众生病的法师

接下来，我们讲《法师品》。所谓法师是要像药师佛一样，能医众生病的，才是真正的法师。现在的佛教界，今天剃度，明天就称法师。不晓得你们害怕不害怕？我是听了就害怕。有人叫我法师，嗯？奇怪，我吓死了，什么法师！还有些人叫我大师，我又不大，个子那么小，这些都是骗人的玩意儿，人家恭维你就是骗你，你如果当真就害了自己。能够医众生病的药王菩萨，才是这一品所要介绍的真正法师。

依据《观药王药上二菩萨经》所说，星宿光与电光明两兄弟发大菩提心、大誓愿，修行成道，成为药王、药上二菩萨，平常所见的药师三尊图像，中尊为药师如来，左胁侍即为日光遍照菩萨，右胁侍即为月光遍照菩萨。《法华经》里，只提到药王菩萨。这两位菩萨与日光、月光有极密切的关系。

你们看了佛经，也觉得自己研究佛学了。现在佛学拼命讲学术化，学术化固然也有它的作用，但学术化能够成佛吗？人家称我学者，我听到和“法师”一样，毛骨里头钻出一个悚然来，我都觉得是侮辱。实际上，我也不是学者，也不是法师，也不是居士，我没有资格当居士，居士要有十种功德，我一样都没有，一德都不德，哪里够资格当居士？

你们研究佛经，像佛为药王、药上菩萨说的经典《观药王药上二菩萨经》研究了没有？在座各位许多都是佛学研究者，专搞五阴、十八界、十二因缘、唯识、般若……我经常说，真如炒菠菜（般若），菠菜炒真如，这就是佛学啦？这是真话头，你去参参看！

烧戒疤的由来

《法华经》提到《药王菩萨本事品》，所谓“本事”就是他本身原有的故事，怎么成道的故事。因此三藏十二部中有一部“本事”。

我们晓得，东方佛教有一个错误的观念：引火自焚。南北朝时极为流行，尤其乱世更是风行。越战结束前，这种引火自焚的情况就相当严重。这些情形都是根据《药师经》和《法华经·药王菩萨本事品》而来。和尚们头顶上烧戒疤，和这个也有关系。

过去，出家人头顶上是不烧戒疤的；烧戒疤是清朝玩的玩意儿，到现在只有二三百年的历史。清入主中国，以外族身份统治了中国，一般汉人当然不服气。清朝遂与汉人约好五个条件，即“生投死不投”“俗投僧不投”“男投女不投”等，新娘子穿戴的凤冠霞帔仍是明朝服装，显示男投女不投。在家人投降，出家人不投降，所以，现在出家人所穿的衣服，那是明朝的款式。

清政府一看反抗的知识分子都跑去当和尚、道士了，怎么办呢？那时又没有身份证或护照，如果在民间造反不得了，于是提倡身布施、身供养，开始烧戒疤。烧戒疤在身体其他部位看不见，总不好意思剥开衣服检查吧！和尚光头，又不能戴帽子，烧在头顶上，一看就知是真是假，就算还俗也逃不了。烧戒疤的律俗，是在这么一个政治情况下产生。结果，我们现在还拼命地烧。当然，现在烧烧也好，不烧都分不清啦！

过去，中国人因为受到《孝经》的影响，头发、胡子向来不剃的；所以，《三国演义》说关公三十多岁已是一脸长须。因为“身体发肤受之父母，不敢毁伤”，出了家才能剃发。因此，光头就是护照、身份证；清朝怕汉人造反，在头上给你加个记号，这比佛教还厉害！

燃身供佛

但是，这些有没有根据？有，根据《法华经》的燃身供养。《法华经·药王菩萨本事品》说：药王菩萨的前身叫作一切众生喜见菩萨，他因为乐修苦行，而得现一切色身三昧。得到这种三昧，生起大欢喜心，就进入三昧中，以各种妙华妙香供养佛。供养完毕，自念不如以己身供养，于是服食妙香，又把自己的身体涂上香油，燃烧身体，布施供养于佛。

注意！话头来了，研究佛学的一天到晚喊佛法学术化，佛法如果真的学术化，以后的世界没得佛法啦！末劫真的来啦！得现一切色身三昧，什么色身呢？

《梵网经》《华严经》讲到，真正成佛要在色界。欲界不能成佛，无色界也不能成佛。必须要在色界才能成就报身佛。色界身就是这个肉身转了，我们现在这个肉身是在欲界里，要把他转化变成色界身，成就光明之身。注意，一切众生喜见菩萨燃身供佛以前，就已经得到一切色身三昧；不到此等境界，千万不要随便自焚。

这使我们联想到哪吒太子析骨还父、析肉还母的故事。我们这个肉身，骨头是父亲精虫转变，肉是母亲卵脏的变化。《封神演义》说哪吒的师父太乙真人，把荷花叶剪成一个人形，吹一口气，哪吒的灵魂便进入荷花，成莲花化身。后来修成就火光之身，两脚踏在风火轮上，两手拿火焰枪。《封神演义》为何说这神话？两个脚踏风火轮，脚底心乃三昧真火，手里拿的也是火，都在玩火，不过他的肉身已不是普通的肉身，这是中国化的色身三昧。所以学佛法，处处都是问题啊！

由于《法华经》的典故和来源，中国佛教自南北朝以来，便时有所闻燃身供佛之事。我小时候也常听祖母说，某家老太太，阿弥陀佛不得了，吃了几十年素，捡了几十年木材，临走前宣告亲戚朋友，大家为她念佛，她自己坐在加了香油的木材上，引火自焚。我小时候听到这种事吓死了，也不敢去看，听说最后烧到影子都发光了，还在念佛。这些都是受了《法华经》燃身供佛的影响，以为如此便能成佛，而且又有经典作根据。

现在，这个话头你们就参不出来了。佛经讲得都对，这与《庄子》一书一样，有许多都是譬喻。中国文化有一句比喻真修行的话叫“焚修”，修行是很痛苦的事，好比在火光中锻炼，把父母所生欲界之身，整个炼化了——燃烧就是炼，也就是色身转变后才能成佛，因此“燃身供养”有其道理存在。

一切众生喜见菩萨，后来为什么还要燃烧两个手臂供养佛？我都不要，别说是佛了！这些譬喻都是告诉你修持的道理。像你们现在打坐有点影子，就自认为不得了，有功夫了，你连三昧真火的境界都没有起来呢！

刚才有同学发问，一切众生喜见菩萨第一次燃身供养日月净明德佛，及《法华经》，长达一千二百岁，为什么命终化生以后，第二次只燃臂供佛，却长达七万二千岁？问得好，可惜只在身体上打主意，只在时间上比长短，而不知层层转进的道理。用句通俗的话来说，质的提升，不能用原来的量来比大小多少。

天下由来轻两臂

再说，《法华经》为什么讲药王菩萨燃烧了两臂供佛，才成就佛道？

天下由来轻两臂，世间何苦重连城。

这是栯堂禅师有名的诗句，你们这一代文学修养不够，只好慢慢跟你解释啦！

先讲后半句，“世间何苦重连城”。连城，指蔺相如献给秦王的和氏璧，它的价值可以买下好几座城市，所以叫连城之璧。世间的功名富贵、财宝等等都是假的，人们何苦看得那么重？这叫“世间何苦重连城”。

“天下由来轻两臂”的典故，出于《庄子》。庄子著书那个时代，佛法尚未传到中国，但道理都有相通之处。有人对楚王说，假如你的两个手臂生病，非砍掉不能活；如果不愿被砍掉，必须有个代价，那就是丢掉国家。你是要天下还是要自己的手臂？楚王回答，那个时候，当然是宁可要手臂也不要天下了。可见拿天下与手臂相比，还是自己的手臂重要。

所以我常说，生病要开刀，不开刀就会死；但是开刀必须眼睛拿掉一只，肺割掉一边，肾脏要拿掉一个，这样还有十年可活，你干不干？当然干。多少钱？一百万。你说没钱，没钱，借啊！想尽办法你也会把钱凑足。你看！人这么爱自己的身体，当身体妨碍到生命的时候，肺也不要了，眼睛也不要了，还是命重要，对不对？然而人自己要的“命”，究竟是什么？搞不清楚。

换句话说，我们的肉体之外有个真生命，要找到那个真生命才是道，那个便是药师佛告诉我们的药，这个药也与“天下由来轻两臂，世间何苦重连城”有莫大的关联。由此可知中国文化的伟大，佛法到中国来，与中国文化结合，而且相互辉映。

我们晓得，《法华经》上说药王菩萨舍弃两臂，不是舍命陪君子，是舍命求佛道。问题又来了，为何只燃两臂而非两腿？因为人的臂膀最重要，两手代表福德与智慧。成佛必须经过不知多少年，多少亿年修福德、修智慧。没有福德、没有智慧，能够成道？这里求功夫，那里学打坐，你就能够成佛？就能得道？你去求吧！慢慢求吧！你自己不想想你的福德福报如何？你的智慧又如何？没有累积福德的资粮，没有足够的智慧，想一下子就能成佛，天底下哪有那么便宜的事？

所以，这两臂代表福德、智慧，成就了以后，还要舍掉来供养佛，才能成就佛道。一般人自私自利，一切为自己，贡高我慢，以自我为中心，智慧也不够，福德也不够，如何能够成道？

《法华经》《药师经》那么简单啊？处处都是话头，处处都是问题。我希望你们了解这些道理，确实研究《法华经》这四品的内容和真义，尤其是被人称为法师的出家同学，以及年轻学佛、未来的大居士们，要好好研究其中的道理，不要当作普通的经典看。

现代化的讲经方式

现在，翻开《药师经》本文，这次是研究性的讲经，告诉你们“现代化”的讲经方式。

> 如是我闻：一时薄伽梵游化诸国，至广严城，住乐音树下，与大比丘众八千人俱，菩萨摩诃萨三万六千，及国王大臣、婆罗门居士、天龙八部、人非人等无量大众，恭

敬围绕，而为说法。

“如是我闻”，大家都晓得，不必我再解释。“薄伽梵”是佛的十个名号之一，这是唐代梵文音译；西藏、南印度译成婆噶瓦、巴噶瓦。现在讲研究梵文，我的天！怎么研究？古代梵文经典没有了，只靠十七世纪以后外国搜罗的巴利文，和印度收录宋朝以后梵文的尾巴，认为这样便能研究佛学。这是外国人自欺，我们不要跟着欺人。由梵文翻译过来的任何一部佛经，都已不是原来梵文经典，这是个大问题。现在一般研究佛学的，如果以普通学术思想来研究还可以。真要谈佛法，自己本身就是狮子身上虫，破坏佛教。这是讲到薄伽梵的译文，而引申出来的题外话。

薄伽梵就是佛，代表哪一位佛？虽没有说明，我们当然可以看出是释迦牟尼佛。

《药师经》中所讲的大护法——药叉神将，这里也译成夜叉。你们都听过，骂凶悍的女人，又凶又坏、又难看，叫母夜叉。夜叉是个大秘密，是空中飞的鬼王，也是神王，管一切罗刹鬼。罗刹属于鬼道众生，据说，女罗刹是世界上最美的；男罗刹则既丑陋、又凶恶、又讨人厌。不论男女罗刹，都归夜叉管。天龙八部第三部就是夜叉，他是一切佛的大护法，你说他是菩萨也可以，鬼王也可以，这就是一个秘密。

佛说《药师经》的地方与听众

释迦牟尼佛当年周游列国，到处在教化。这次到了哪里？

到达了广严城。广严城的梵语叫“毗耶离”，在中印度，是最富庶、最安乐的地方，维摩诘居士就住在这个城市。佛说法的地方往往不一样，对象也有所不同，例如说《楞伽经》在锡兰岛楞伽山顶，是为大菩萨说的，不是一般人能够听的，因为没有足够的福德，没有足够的智慧。

佛说《药师经》的时候是坐在乐音树下，而不是菩提树下，这就妙不可言了。这种树不晓得是哪一种树，能自然发出清净音乐的声音，使人听了就得清凉。

我们念《药师经》的时候就要注意了，这里所说的乐音树下，与观世音菩萨的观音法门，有没有关联？（有人答有）我不提的话，有没有去想过？（众默然）

佛在乐音树下开讲，“与大比丘众八千人俱”，这八千人不是常随众。《金刚经》上所提到的千二百五十人是常随众，佛去到哪里，永远跟到哪里，如禅宗祖师说的“蚂蟥叮上鹭鸶脚，你上天来我上天”。蚂蟥是稻田里一种吸血的蛭虫，叮在脚上就不容易下来。《药师经》这里是八千人，大概徒弟又收了徒弟，很多啦！

“菩萨摩诃萨三万六千”，这些数字都要注意唷！不是随便说的，不说三万五千，也不说三万七千，而说三万六千。“及国王大臣、婆罗门居士、天龙八部、人非人等”。人是看得见的，非人，不是人，你看不见的，都在旁边听法。

“无量大众，恭敬围绕，而为说法。”这一段我不讲了，我们只做个研究。但是，你们做法师的，将来出去讲经，可要详细地讲，千万不能说，当时老师没有讲，所以我也省略，那就不对了。

文殊菩萨请法

> 尔时，曼殊室利法王子，承佛威神，从座而起，偏袒一肩，右膝着地，向薄伽梵曲躬合掌。

“曼殊室利”是文殊菩萨的梵文音译。意译作妙德、妙音、妙吉祥，谓具不可思议微妙功德。文殊菩萨实际上是七佛之师，我们这个劫数里的过去、现在七个佛都是他的学生，包括释迦牟尼佛。他在他方国土早已经成佛，因为释迦牟尼佛在这里当教主，老师特地来捧场，变成助教站在旁边，帮忙教化。文殊菩萨在菩萨里智慧第一，所以称为佛法的法王子。

我们研究佛经，要注意每一本佛经都有一位出来请法的主角。《药师经》里出来请法的是代表智慧第一的文殊菩萨。“承佛威神，从座而起，偏袒一肩”，注意，别的经典都是偏袒右肩，对不对？这一本经的翻译有所不同，“偏袒一肩，右膝着地，向薄伽梵曲躬合掌”。“曲躬”就是身体弯下来鞠躬，“合掌”就是问讯。

“曲躬”这两个字，文学意境翻译得很好。佛经上说北俱卢洲有曲躬之树。我们地球上的人类属于南赡部洲。北俱卢洲的人，比我们舒服，寿命也长，但是，那边没有佛法。因为太舒服了，也不生病，要什么就有什么，想吃什么，一想就有了，不用在大热天还要加火炒菜。想厕大便时，往地上一蹲，地就裂开了，然后，你怕不好看吧！蹲在曲躬树下，树枝马上弯起来把你盖住。等你厕完了，心里想厕完了，地上就冒出水来，把你的屁股洗干净，地又自动合拢来，大便看不见，比我们现代化的生活还舒服，没有苦难，但是，就是没有佛法。佛自己发愿希望不要生在三灾八难的地方，八难中有一难就是这种地方，一辈子又不穷又不苦，又不生病，这是灾难喃！太享受、太舒服是灾难，因为不会想求道，不会想要出离。

讲到“曲躬之树”，中国文字用得真是艺术，把上厕所叫“出躬（恭）”。北俱卢洲的树怎么那么乖？为上厕所的人自动开合，叫“曲躬之树”，真是妙！

> 白言：世尊，惟愿演说如是相类诸佛名号，及本大愿，殊胜功德；令诸闻者业障销除，为欲利乐像法转时诸有情故。

文殊师利提出要求，但他并没有要求佛讲《药师经》。注意！不要嗑！嗑！嗑嗑嗑……轻易念过去就算了。文殊菩萨提出来“如是相类”，翻成白话就是：这个样子的形状。哪个样子他没有讲。诸佛名号，一切佛的佛号，为什么叫阿弥陀佛？为什么叫药师佛？

讲到这里想起一个笑话。有一次，有位一个大字不识的乡下佬，解释“阿弥陀佛”和“大乘妙法莲华经”的意思给我听。他说，“阿弥”是哥哥，“陀”是背，“佛”是弟弟，哥哥背着弟弟过河，所以叫“阿弥陀佛”。“大乘”是老板，“妙法”和“莲华”都是佣人。大乘这个老板把房子卖给妙法，妙法看房子老旧不堪，就请莲华来打扫打扫。莲华在屋子里发现一堆黄金，要还给妙法，妙法说房子原是大乘的，黄金也应该是大乘的，大乘则表示谁发现就该属谁的。结果三个人推来推去，都不要黄金，最后三个人都成佛了，所以叫“大乘妙法莲华经”。听完了，我说阿弥陀佛！你这个经讲得真好，我总算听懂了！

我现在讲这个笑话，你看文殊菩萨也在出题目，这个题目真难办，他请佛讲每一位佛的名号，以及何以能成就其国土世界的故事。他并没有指名要讲哪一位佛，而是请佛讲“如是相类”的佛的名号。

每一位佛之所以能成佛得道，都有他的大愿、本愿，才能成功。注意！这就是话头，我们学佛只想“我好”，我好不是大愿，那是私心。因为每一位佛都发了他本身特殊的大愿，所以成就了他特殊的功德。好比世间做生意的人，有的人喜欢开百货店，有的人喜欢开米店等等，不一而足，能就自己内行之事，不断努力发展而有成就。世间法如此，出世求佛道更要如此，先要有他的本愿。

我们大家想学佛成佛，想想看，我们的本愿是什么？想利哪一样？利他吗？哼！个个都想利我，对我不利就一肚子烦恼，药师佛给你们药吃都治不好！

因此文殊菩萨提出，请佛说出“令诸闻者业障销除”的方法，希望透过这个方法，使一般真正听到佛法的人，都能因修持其愿力而成就。什么法呢？譬如阿弥陀佛发了四十八愿。希望佛把每一位佛发愿的故事或原因说给大家听，使一般听到佛法的人，业障消除而能成佛。业障就是业力，它是成道的障碍。业力包括善业和恶业，善业也可能造成障碍。比如，福报太好了，就不容易发心成道。恶业太重了，当然更是成道的障碍。把善业恶业都消除掉了，才可以成佛。

“为欲利乐像法转时诸有情故”，利是利益，乐是使一切众生得到安乐。什么是像法时期呢？佛的肉身还住世时，那是正法时期，佛离开人世，只有经典、佛像留在世间则是像法时期，像我们现在就是像法时期。到了末法时期，《大藏经》和佛像都没有了，只剩下《阿弥陀经》和阿弥陀佛佛号，以及不相干的密宗存在。所以，密宗愈兴旺，末法愈来临得早。这里说《药师经》的大秘密也是大密宗，不过，不是普通密宗的“密”。

为什么文殊菩萨在此请法？是为了利乐像法诸有情，说诸佛名号，使众生得法乐。

“诸有情”就是众生，众生就是有情，凡是有灵性、有感情的生物都叫有情；灵性与情感最重要的是人。所以，后世的玄奘法师把众生翻译成有情；像树木植物是有生而无命，不属于主要有情的范围。

退回几十年前，我还在四川大学演讲时，讲到众生的问题，有位同学问我：“老师说矿物、植物只有生，而没有命，那么含羞草一碰就羞答答地合起来，像女孩子一样害羞，可见是有感情，应该算是有生命才对。”

你看佛法讲经之难吧！大概是诸佛菩萨加庇，刚好前一晚，有位学生物的学生，跟我讲到含羞草，它的根根中有水，会往上升，碰到人体的热能，水就会机械性地下降，使叶片合拢。它是机械性而非灵性，也不是怕羞。因此我答复他，含羞草的动作是物理的机械性，并非灵性的有情作用。

所以法师说法，要无所不通，大地一切皆是药，不能只给人吃一味的药。法师们要特别留意，这是为你们将来出去弘法而讲，因此与一般讲经有所不同。

燃身供养的真义

我们读《药师经》，一定要配合《法华经·药王菩萨本事品》和《维摩经·法供养品》一起研究，这几本大经，都是一连串一个系统的关系。

上次讲到文殊菩萨向佛提出一个请求：介绍一切佛的名号，及一切佛的本愿，以及他所发的愿特别的、超人的功德，所以叫殊胜功德。文殊菩萨并解释为什么要问这个问题，他是为了使未来时代的一切众生，在听到佛的名号及他的大愿内涵时，可以消除业障，可以利益像法时代的一切有情。

大家信佛、学佛都是想消除业障，也想发愿度众生，但都变成口头禅，不明白真正的愿要怎样发。现在，佛在《法华经·药王菩萨本事品》中，讲到药王菩萨的修持与他的愿力，其中“燃身供养”的部分，使得东方佛教、中国佛教错解其真义。几千年来，许多人真的把自己的肉身烧了，像越南的和尚，还有在我们家乡有许多老太太学佛，硬把自己放到火里面烧。当然，也有功德，但是错解了佛法，殊不知“燃身供养”的重点并不在此，而是要在修持的实践上，以三昧真火转化色身，也就是用地、水、火、风的火大力量来转化色身，彻底成就一切色身三昧。

所以，药王菩萨在燃身供养前，就先做好了准备的工作，你就算一身先灌进了香油，天天吃麻油，天天擦香水也没有用，肉还是臭。这是说修持到了某一境界，我们父母所生之身自然产生香味，到了这个时候，才燃烧身体，燃烧并不是拿火来烧，而是以自身火大的三昧真火的力量，变化这个肉身。

肉身燃烧了多久呢？一千二百年。你想想看，一个肉身能燃烧一千二百年吗？这都是秘密。然后，等到药王菩萨所供养的日月净明德佛涅槃以后，收取这尊佛的舍利，有八万四千颗舍利，每一颗舍利成一个宝塔。他又在宝塔前，燃烧自己两臂供养，烧了七万二千年。我们的手臂沾油烧，能烧几个钟头啊？所以经典上所说的都是修持上的大秘密。药王菩萨以此修持，成就了什么？彻底成就了“现一切色身三昧”。

东方净土为何呈现青琉璃色

琉璃世界的问题，上次已提到过。佛经上讲到东方有好多尊佛，《维摩经》上讲有阿闳佛，佛土也在东方，所谓妙喜世界。药师如来琉璃净土也在东方。

为什么东方世界的净土呈现青琉璃色？青色是正蓝色。

当天气晴朗，万里无云时，为何天空也是蓝色的？佛经上有种说法，欲界天有四大天王天，南天王天的天庭玉阶颜色是青色的，而我们居住在四大洲的南赡部洲。因此，当阳光普照，空气明净时，天空的蔚蓝色就是反映了南天王天的天庭玉阶的颜色。这是一种附会的说法，如果把它当成究竟的话，那么同是这个地球上的北俱卢洲、东胜神洲、西牛贺洲的天空颜色都不一样了。总之，天空的蓝色也就是东方净琉璃光的颜色。

其次，如果以修持道理讲，现在许多修外道、密宗、学佛法的，都流行讲气脉；其实真正气脉通的话，无论开眼闭眼，随时都在净琉璃光的蓝天色中，修行能到达这个境界，就有点像了。别以为身体上有东西东转西转，像老鼠在身上东爬西爬，这里感觉，那里感觉的就是气脉，玩了半天都是玩神经，还不是精神呢！

真正到了时候，十方三世诸大菩萨都要经过这个净琉璃光世界，都要有药师佛的加庇才能成就。

目前，佛教经典普及，显教也好，密教也好，已无所谓奥秘，大家乱讲气脉，乱讲功夫，几乎都走入魔道。如果你们听了这个佛法最高的奥秘，也去假想蓝天，那么你也入魔道了。呈现净琉璃蓝天色，那是自然的，并非假想而来。

了解了这个道理，再看佛所说药师佛的十二大愿，此十二大愿与西方阿弥陀佛的四十八愿是互通款曲的。真正的佛学、佛法，并非你们所想象的那么简单，如果能把阿弥陀如来的四十八大愿和药师如来的十二大愿，做一比较研究，就能参出一个道理，为什么人死后要往生西方极乐世界？为什么阿弥陀佛的四十八大愿会成就那样一个庄严的极乐国土？又为什么东方药师佛的十二大愿会成就琉璃光净土？

研究佛学，不是懂得一点五蕴、十八界、十二因缘……就能搞通佛学，那根本连影子都没有，除非在这些大经典上专心一志参究修持，才会有眉目。

念经有无功德

现在，佛开始答复文殊菩萨的问题。

尔时世尊赞曼殊室利童子言：善哉！善哉！曼殊室利，汝以大悲劝请我说诸佛名号、本愿功德，为拔业障所缠有情，利益安乐像法转时诸有情故。汝今谛听，极善思维，当为汝说。曼殊室利言：唯然，愿说，我等乐闻。

这个时候，释迦牟尼佛赞叹文殊师利菩萨所提的问题。为何称文殊菩萨为童子呢？凡是一切菩萨，不论在家或出家，老年或少年，男或女，只要证到第八地以上，一律都称童真菩萨。换句话说，证到八地以上自然返老还童，不受年龄、性别限制。所以有些经典称“童子菩萨”。

这个时候佛赞叹文殊菩萨说：“善哉！善哉！”好的！好的！你是怜悯众生，而起大悲心肠，而劝我讲出一切佛的名号、功德。一切佛菩萨的名号不是随便取的，其中含有佛菩萨的胜愿和功德在内。

大家注意这个经典，文殊菩萨请佛解释“一切佛”的名号功德，并没有说要佛讲出“药师佛”的名号功德，结果佛偏偏要说出药师佛的名号功德，这是什么理由？

你们光晓得敲个木鱼，不去参究，那有什么用！念经要一边念一边参究才是功德无量，否则你念经与念石头没有两样。

被十种业障缠缚

佛说我知道你为什么要提出这个问题，你是怕一切被业障缠缚的众生无法成佛。众生本来是佛，何以不能成佛？因为众生被业障所缠。究竟是哪一些业障缠绕我们解脱不了呢？归纳起来，有下列十种：

一、无惭。一般人根本不知道惭愧，也就是儒家讲的无耻，每个人都觉得自己了不起，难得有一下自己觉得脸红，那个脸红是惭，还不是愧。

二、无愧。愧是内心对自己所作所为感到难过，若无这种反省就是无愧。

三、嫉。喜欢吃醋，对他人的长处、学问、道德、成就等等，无时无刻不在嫉妒中。嫉妒心不是女人的专利，也不单是大人才有，男、女、大人、小孩都一样会有嫉妒心。这种业力的缠缚相当牢固，不易转化。

四、悭。就是吝啬，不只是钱财的悭吝，还有对法的悭吝，不肯惠施于他人。

五、悔。悔有什么不好？悔不是忏悔的悔。我们随时都在后悔，悔什么呢？哎呀！当时那个机会我买下来就好了，或者那个时候我整了他就好了，类似这样的悔特别多，凡是对自己有利而没有得到，便生悔恨心。

六、眠。就是睡觉。一睡觉，什么都不知道，这也是业障。

七、昏沉。昏沉就是脑子不清楚，迷迷糊糊，昏头昏脑，一天到晚颠倒。

八、掉举。掉举就是散乱，胡思乱想，东想西想，停不下来。

九、瞋忿。心里闷闷的，想发脾气，看到谁都不对，看谁都讨厌，整天都在怨天尤人，只有自己好，自己对。

十、覆。做错了事，想办法掩饰，这种掩饰非常痛苦，经过了多少年，还要去掩盖它。心里不光明，不坦荡，自己在阴暗中，把光明磊落之心盖住，所以叫覆。

这就是十缠，以上只是简单地说，详细讲的话，《百法明门论》所列的五十一种心所的法、心理现象，除了根本烦恼之外，即使遍行、别境，乃至善法，都可能造成业障。

极善思维

佛说你不是为自己而问，你是为后世众生着想，为了救拔这些被业障所缠绕的众生，为了利益安乐像法时代转法轮时的一切众生，所以提出来问佛的本愿，你现在仔细地听。

“汝今谛听，极善思维，当为汝说。”你听了之后，还要仔细地参究。你们光是听过去，念过去就算了，也不去研究，不去参，不去想，有什么用？敲个木鱼嗑！嗑！嗑！没有用的。听了之后，要“极善思维”，仔细认真地去想，去参究，去思考。“当为汝说”，我会为你讲。

为什么要去想呢？像你们都晓得要修净土念佛法门，阿弥陀佛的四十八愿，你们去想过没有？从来没有想吧！对不对？不要覆盖，不要掩饰自己。你们是不是有想？没有想，嗯！你总算承认了。

学佛修行的目的何在

你们晓得本愿是什么？本愿是一个人的发心立志。学佛的第一个念头发得不对，也就是本愿的力量发得不对，后果就永远不对，所谓差之毫厘，失之千里。譬如说我们要盖个庙子，你为什么要盖庙子？为了修佛求功德盖庙子，那是凡夫。你说我盖庙，发心初衷是为了利益一切众生修持，为后世的众生作为修持的道场，那是真发愿，这个动机就对了。

你为什么念经拜佛？有许多人到这里来学打坐，我说你为了什么，你先讲，不准考虑。我为了身体。好了，为了自己身体好，我也教，但是把他摆在一边，因为他的目的自私自利，不是为了菩提道业。你说我学这个是为了佛道，自利而后利他，那还可以。在座各位，哪个不是为了自己？有些人则认为我现在还不能度人，先求自度，等将来有能力了再来度人。检查这种思想看看，全都是自私自利的观念作祟，如此怎么成道？如果能的话，我早就成了。

所以，学佛要特别注意一切佛的本愿，这才叫学佛。《楞严经》说："因地不真，果招纡曲。"

现在佛就要开始说药师佛的本愿了。文殊菩萨听了佛的话，就回答说："唯然，愿说，我等乐闻。"是的，请佛现在就说，这是我们最乐意听的事。

> 佛告曼殊室利：东方去此，过十殑伽沙等佛土，有世界名净琉璃，佛号药师琉璃光如来、应正等觉、明行圆满、善逝、世间解、无上士、调御丈夫、天人师、佛、薄伽梵。

好远好远的东方

佛告诉文殊师利菩萨，从此（当时说法的地点毗耶离城）向东方去，十殑伽沙那么遥远的地方，有一佛土世界叫净琉璃。

“殑伽沙”就是恒河沙，恒河与中国黄河一样，河里的沙是数不清的，就是活十万辈子也算不清。佛这里把一颗沙比成一个世界，往东经过十条恒河沙子那么多的世界，好远好远，不晓得远到什么程度。

我们小时候听老先生讲《三国演义》的故事：曹操八十万大军下江南打孙权，诸葛亮和周瑜要抵挡……老先生讲到八十万大军渡长江，把烟一抽就站起来走了。我们一群孩子跟在他屁股后面，要他继续讲，他说八十万大军一个一个过，要过多久啊！慢慢过吧！等八十万大军过完了再给你们讲。

所以，《药师经》这句话也要慢慢讲，一粒沙子等于一个世界，恒河里有许多许多数不清的沙，十条恒河的沙子，那有多少沙、多少世界啊！要经过那么远那么远的地方，有一个世界叫净琉璃。这个世界一片光明，晶莹剔透，那个佛的名号就叫“药师琉璃光如来”。

佛的十个名号

“如来”是佛的总称，下面十个名号是依《药师经》来讲的，其他经论开合有所不同，但大同而小异。如果我们把佛的十个名号详细解释，要花几个钟头，现在我们只能简单扼要地解说。

一、如来。什么叫如来？《金刚经》说："无所从来，亦无所去。"本来就在这里，佛本来就在你面前，是你自己看不到。

二、应正等觉。在这个世界、这个时代，一切有福报的众生，有因缘得遇佛，经佛现身开示而大彻大悟成正等正觉。

三、明行圆满。又称明行足，什么叫明行圆满？不是智慧通达、神通具足所能形容，要透明像玻璃一样，十方三世无所不知，天上人间无所不晓，一切修行，一切法门，邪门歪道、外道、魔道、正道，无所不知，叫明行圆满。

四、善逝。世间的事过去了，过去的不留痕迹；来了，你也不知道它从哪里来；去了，你也不知道它去到哪里。"如来"对"善逝"，是一副很好的对子，来不知其所来，谓之如来；去不知其所去，谓之善逝。

五、世间解。解脱了一切世间，不受世间、出世间任何束缚。

六、无上士。他是至高无上的大士。

七、调御丈夫。他是能够调伏一切众生的大丈夫，他更是能调伏自己的大丈夫。

八、天人师。他不只是人中之师，也是天中之师，欲界、色界、无色界一切天人之师。

九、佛。他是觉者，大彻大悟而又帮助别人开悟的人。

十、薄伽梵。薄伽梵是音译，梵文叫 Bhagavat，中译为世尊。

发愿是成佛之因

曼殊室利，彼世尊药师琉璃光如来本行菩萨道时，发十二大愿，令诸有情，所求皆得。

释迦牟尼佛又继续告诉文殊菩萨，当药师如来开始学佛时，发了十二大愿。任何一位凡夫众生都是因地上的菩萨，也是因地上的佛，因为每个人都有资格成菩萨，有资格成佛。药师佛从凡夫众生发心修行时，那是他的因；最后他成了佛，成就东方琉璃光世界，那是他的果。这个果从哪里来？成佛之果由最初发愿的动机而来。药师佛所发的十二大愿，总归一句话，是“令诸有情，所求皆得”，要使所有的众生所求都能如愿。这是当初药师佛学佛修行的动机。我们也在学佛，发了什么愿？

现在，本师释迦牟尼佛应文殊菩萨的请求，为后世众生介绍药师佛的十二大愿。

第一大愿：愿我来世得阿耨多罗三藐三菩提时，自身光明炽然，照耀无量无数无边世界。以三十二大丈夫相、八十随形，庄严其身，令一切有情，如我无异。

发愿谈何容易

平常我们念经，这些文字都很容易看懂，事实上你真懂了吗？这里有两个问题要留意。第一，表面上看起来，药师佛发愿，好像是为了自己，其实不是。第二，药师佛所发之愿是“愿我来世”啊！发愿归发愿，要真正做到这个愿力，谈何容易啊！必须真去“行”啊！

讲到发愿，顺便讲个笑话给你们听。我有几个学生对我非常好，多年来在我身旁老师长老师短的，常说要搞个地方请老师讲学，弘扬佛法，利益大众。我说我没钱没地方。学生说：“老师啊！等我做生意发了财，买幢房子给老师。”我算一算，一共有十八幢房子，可是我现在一幢也没有。他们有没有发财我也不知道，反正我到现在是一幢房子也没有，我也不想要别人给我买房子。

多数学佛人大愿没有，小愿一箩筐，一会儿说这两天把事情弄完，找个清净的好地方，放下一切好好修；一会儿又是要吃素……都在那里自欺欺人，就算给他安顿好了地方，他又这样不好，那样不好。发愿是很难的，真正的学佛，没有诚心发愿，绝对不会成功，你怎么学也不成功的。

药师如来的第一大愿，他说将来修成功的时候，他不敢说现在，但是现在就开始向这条路上走。“愿我来世得阿耨多罗三藐三菩提时”，大彻大悟以后，注意！悟后正好起修，没有悟，修个什么？没有悟，你也没有真正的大愿。你那个愿是什么愿？愿吃素，素菜弄得好吃一点，香菇多一点，豆腐多一点，麻油多一点，那不是“愿”，一天到晚都在“怨”，埋怨的“怨”。

自身光明　照耀世界

药师如来愿来世大彻大悟，悟后起修，成佛的时候，身体放一切光明，身体像大火一样，光芒万丈，照耀无量无边的世界。

通常我们讲“沾光”，同这个“光”意思差不多；可惜我们想沾你一点光都沾不到。走路的时候，说对不起，借个光，给我一点点方便，你都不愿意。

这里讲到自身光明照耀一切世界，岂只是药师佛，所有一切佛都能以自身光明照耀一切世界。这是悟后起修的功用境界，你如果没有大彻大悟，悟后不起修，就不晓得身光照耀的道理。

药师如来的第一大愿，愿自己来世成道的时候，“自身光明炽然，照耀无量无数无边世界”。此时自身发光，那么这是哪一种身呢？佛有三身，是法身之光？报身之光？化身之光？

光明照耀，成就一切色身，这是佛的应化身。法身无相，则在常寂光中，色身成就之后，一定是相好庄严，具足三十二相，八十随形好。例如本师释迦牟尼佛、阿弥陀佛、药师琉璃光如来应化世间，都是以三十二大丈夫相、八十随形好应世。

药师如来说“令一切有情，如我无异”，每个众生都有三十二相，八十随形好，但是，我们怎么那么丑啊？我们是具足三十二丑，八十随形不好，口臭，汗臭，脚臭，随形样样不好，为什么？因为没有悟道，没有修行，自身的光明没有引发出来。

药师佛的第一大愿，指出一切众生的自性之光，本来光明清净。所以禅宗的一位在家居士张拙悟道之后，写了一首偈子，描述法身光明的情况：

光明寂照遍河沙，凡圣含灵共我家。
一念不生全体现，六根才动被云遮。
断除烦恼重增病，趣向真如亦是邪。
随顺世缘无挂碍，涅槃生死等空花。

这里所说的光是法身常寂光，还须悟后起修，到了成就一切色身以后，应化身的光明又有所不同。

每一位佛都在放光，何以众生看不见呢？因为被自己的业力盖住了，所以看不见佛光。等你定慧到了，只要一定，自身光明随时都可以跟佛的光明相接。你们打起坐来，不管开眼也好，闭眼也好，漆黑一团，对不对？一团乌烟瘴气，这就证明地狱在你前面。因为你内心污染得厉害，自己的光明被遮盖住了，佛光想灌都灌不进来。念佛念了半天，又没有愿力，只有一肚子的怨，怎么能见到光呢？

内外明彻

第二大愿：愿我来世得菩提时，身如琉璃，内外明彻，净无瑕秽，光明广大，功德巍巍，身善安住，焰网庄严，过于日月；幽冥众生，悉蒙开晓；随意所趣，作诸事业。

你想请药师佛给你医病，很容易，你走他的愿力，就有感应，病就会好，身体就会健康。你看他所发的第二大愿，愿将来得道成佛，身体像琉璃光体，里面干净，外面光明。内外都是光明，报身（肉身）就成就了。

《法华经》说，父母所生之肉眼也能观三千世界。成就了真正的天眼通，不需要闭眼，即使张开父母所生之肉眼，看三千世界亦无障碍。佛法必须真修实证，绝不是空洞理论。打坐时昏昏沉沉看到的东西，那不是天眼通。

药师佛说，愿我来世证得菩提时，此身犹如琉璃，内外透明，透明到干干净净，没有一点渣滓，像琉璃体一样，那自然成就一切色身。此时应化身之色身光明广大，如果受到佛的身光功德的影响，自然清净，自然业障消除。所以说“光明广大，功德巍巍”。

那么应化身成就了，身体在哪儿呢？安住在“焰网庄严”中，色身外之光，像放火焰一样，身光重重于外，照遍三千大千世界，乃至无量无数世界，超过了太阳与月亮的光明。你说这幻想有多大！其实并非幻想，何况愿力本来也可以说是幻想所构成的。

现生修持有所成就的人，定慧到达了，在定境中，自性光明显现了，太阳月亮之光均无法与之伦比。一位证了道的人在太阳底下入定，或站或坐或卧，太阳的光照射在他肉身上，对他丝毫起不了作用，因为自性光比太阳光强烈，功德威力还要大。

过去，我看过一位真修持的老前辈，大家想开他玩笑，测验测验他，大热天请他穿上棉袄皮袍，中午站在太阳底下晒四个钟头，围着身体，摆四盆火炉。他老人家笑嘻嘻地说：“好嘛！玩就玩嘛！”烤了半天，却是一滴汗也没有，而且手掌心还是凉的呢！由此可证明太阳光在他身上起不了作用。

所以学佛修道要真正地修持，不是空话。药师如来讲他本身发光超过了日月，你们看过本身发光没有？修持的功德圆满，自然会发光。你们晓不晓得有些众生本身就会发光的啊？夜里的萤火虫，本身发光，对吧！那是业报身的发光，深海中的生物本身也会发光。我们的自性有自性光明，自身也有自身光明。我们常说某某人气色好，气色也是肉身上的一点光明，不过凡夫众生之肉身光明被覆盖了，所现出的光像棺材上的油漆，乌漆抹黑的。所以，真正修行到了，光明自然显现出来。

在药师佛的第二大愿里，他说："幽冥众生，悉蒙开晓；随意所趣，作诸事业。"幽冥中的众生，那些看不见的、在阴暗中的另一度空间的众生，像鬼道地狱众生，永远在阴暗中。他说这些众生因为我的缘故，悉蒙开晓，都解脱了痛苦，都解脱了烦恼，智慧开了，罪业轻了，可以随他们的意愿，做自己要做的事，因为药师佛的光明成就加庇他，照到他。

如果与西方极乐世界阿弥陀佛的四十八大愿相比，阿弥陀佛也有他的本愿构成西方国土。西方国土是你这一生尚未成就的时候，你到他那国土里，阿弥陀佛加庇你成就。而东方药师佛则一开始就暗示你，要你就在东方"即身成就"。

我们仔细研究《药师经》的文化，其实就是东方文化，尤其与中国儒家、道家的思想文化，基本上是相通的。因此之故，《药师经》一传到中国，便与儒、道思想一拍即合。

受用无尽

接下来看第三大愿。

第三大愿：愿我来世得菩提时，以无量无边智慧方便，令诸有情皆得无尽所受用物，莫令众生有所乏少。

他第三条大愿怎么讲？希望我将来成佛时，能用很多很多无量无边的智慧，很多很多无量无数的方法、学识、能力等，使这个世界一切众生在物质上没有缺乏，永远有衣服穿、有饭吃，生病了有药医，没有贫穷、没有苦恼。

这条大愿也是人类所追求、所希望的，但人类很自私，只希望“人类”能如此，并不希望“一切众生”得到同样的满足和享受。佛则愿世界人类及一切众生都能得到安乐。这又与中国文化《易经》的道理相同。《易经·系辞传》说：“夫易，开物成务，冒天下之道，如斯而已者也。是故圣人以通天下之志，以定天下之业，以断天下之疑。”

“开物”是用无尽的智慧和方便，开发所有的一切；“成务”即完成众生需要的事务；“冒”是覆盖之意。用我们的聪明、能力，使物质被精神所运用、支配，而令众生得利益。“通天下之志”就是发愿，发大愿，愿一切众生得安乐。“以定天下之业”这是愿力与行的成就。“以断天下之疑”，就是证到了那个境界。得了“根本智”之后，又进修各种的“差别智”，用佛家的话来说，是法门无量誓愿学，学了之后，回馈社会。用儒家的话来说，也就是所谓的“一事不知、儒者之耻”。

所以说：“东方有圣人出焉，西方有圣人出焉，此心同，此理同。”圣人所发的大愿，普天之下都相同。把药师佛的大愿与中国文化相比较，更能证明十方三世也都有佛。

改邪归正

现在看第四条大愿。

> 第四大愿：愿我来世得菩提时，若诸有情行邪道者，悉令安住菩提道中；若行声闻、独觉乘者，皆以大乘而安立之。

这一条愿讲什么？如果世界上有人思想偏差，行邪道，我都使其改邪归正，“安住菩提道中”。

邪道多得很，释迦牟尼佛在世的时候，有九十六种，而且这些外道们大部分是吃素的，外道们都很注意吃素啊！但是我没有提倡吃荤啊！不要听错了。九十六种外道有拜火的，有画符的，有念咒的，有扶鸾的，各式各样，一下子介绍不完。如果你要听，那要另外开一门课了，而且要讲好几年。每一种外道都有他的哲学理论，不是没有学理的啊！也有他的修持方法，例如瑜伽术和婆罗门教都是外道。

讲起外道，那可严重了，连声闻、缘觉还都是外道，声闻、缘觉是罗汉喔！得了罗汉果的辟支佛还是外道。这不只是《药师经》这么讲，《楞严经》上，很多经典上都有。真正的佛法如何辨别？你以为打坐好，功夫好，又会看光，又会教你念咒子，嗡隆嗡隆，又会手上玩花样，那个叫作手印，那我可以玩三百个手印给你看，这样是一个，这样翻过来又是一个，这样又是一个，你们认得不认得？不是骗你唷！这都是密宗的手印，这样是一个，这样又是一个，那叫道啊？那是拿指头在玩花样，但是，有没有道理？有道理的啊！不是没有道理。这些是佛法的皮毛，虽然有道理，但不是菩提道。

所以，佛告诉你，众生走错了路，没有证得菩提，即使到了声闻、缘觉境界，走小乘的境界，也非究竟。《楞严经》上讲，声闻、缘觉现前纵得九次第定，“内守幽闲，犹为法尘分别影事”。四禅八定，九次第定都完成了，一念清净，空空洞洞地定在那里，心念不敢乱动，这样还是外道，属于法尘分别影事，还没有证得菩提。

你看药师佛的大愿，这不是真正的东方文化吗？毫厘不差，不但是地道的中国文化思想，而且，还是由释迦牟尼佛介绍出来的呢！

没有发愿　不能成佛

关于《药师经》，各位要注意一个重点：佛说东方琉璃世界药师如来在发愿修行时，他的愿力构成了愿行，行就是行为，愿心实践成愿行，也就是由意识修持成为力量，然后形成一个依附国土。所以，没有愿心、愿行，一切免谈！

现在讲药师佛开始发愿的果中之因，成佛而形成佛国是果位。为何能成佛？必须要以愿心为第一动因，这点是号称学佛者要特别注意的，我一再强调，如果没有依照佛法修持，没有发这个愿心，一切都是“梦幻空花”，毫无用处，犹如白居易的诗：

空花哪得兼求果，阳焰如何更觅鱼。

这是学佛者要特别警惕自己的重点，否则不但玩弄了自己，也玩弄了别人，玩弄了这个世界。尤其在中国的佛法，一千多年来受了大乘思想和不正确的禅宗见解的影响。此话要特别注意，并不是禅宗不正确，而是一般人所学的是不正确的禅，致使多数人都走错了路。一般人学佛，没有真正的愿力，只想空掉妄念，但是，你空得了妄念吗？永远空不了；即使空得了，那也不过是意识上另外一个境界，把意识造成一个比较相似于空的境界而已。所以，大家对真正的佛法认识不清，理既不通，事又证不到。盲修瞎炼的人，成千成万的就那么去了，所以学佛首先一定要真正地发愿。

我们要晓得"引满能招业力牵"，发愿是意识境界啊！意识要空，没有错，但意识不是你去空它，而是它来空你的啊！谁能空得了意识？你那个想空的念头就是意识，所以是意识来空你。事实上，意识也不是空，它本来"非空非有"，本来"即空即有"。所以要大家把佛法的法相、唯识部分研究透彻，道理就在此。一切学佛修行都是意识的真正成就，当然，成就之后就不是凡夫分别心的意识境界了。

玄奘法师在《八识规矩颂》中，说第六意识是"引满能招业力牵"，业力好比弓箭一样，弓拉满了就发射出去受果报。如果对这句话只做片面解释，那是凡夫境界，一般人没有慧力，又不好学深思，对"引满能招业力牵"的理解就不彻底、不究竟。换句话说，业包括了善、恶、无记业，你发善心的愿力修持满了，就是善的成佛的业力，属于善业成就，那就福德圆满、智慧圆满，这也就是“引满能招业力牵”。

像我们大家这样的学佛，如果没有融汇贯通的理解，结果是一无所成，不但世间法无用，出世法也无用，变成一个无用的人。这样只学成了两件事：一个就是懒，越学越懒，不勤劳，不用心，懒的果报是什么？那就不必问了，生物中最懒的动物是什么？踢它一脚都懒得动。另一样就是我慢，愈学愈觉得自己了不起，不知自己是什么。所以研究药师佛的大愿，不要忘记这点。

另外还有一点要记住的是：药师佛的十二大愿与东方文化，尤其是中国文化，及世界人类的文化，有着极为密切的关系。再三提醒你们注意，这十二大愿要与阿弥陀佛的四十八愿作比较研究，在座各位有几人去研究？只喜欢听，听过就算了，这也不是正确的学佛心态。自己不下功夫思维、研究，这样很糟糕、很危险！我是“言者谆谆”都说完了，如果你是“听者藐藐”，那是你的事了，与我无关。

修清净梵行

现在继续药师佛修因地菩萨行时所发的第五大愿：

> 第五大愿：愿我来世得菩提时，若有无量无边有情，于我法中，修行梵行，一切皆令得不缺戒，具三聚戒；设有毁犯，闻我名已，还得清净，不堕恶趣。

此愿简单地说，希望来世证得佛果的时候，这个世界上所有众生没有什么不道德的行为，假定有人在道德方面有一点遗憾的行为，只要听到或想到药师佛这个名号的内涵，包含的意义，就可重新获得清净。清净很难，我们心里总是不清净。得清净便能不堕恶趣：地狱、饿鬼、畜牲道。

这是先说明它的大意，现在我们研究经典上的原文。

药师佛说，希望我将来成佛证得菩提时，这个世界上所有无量数无边数有情众生，在我这个法门中修持梵行。“我法”有两重意义：广泛来说，“我法”就概括了一切佛的佛法；狭义一点说，“我法”就是指药师如来的法门。

在药师如来琉璃光世界修什么法门？又怎么修？修些什么？“修行梵行”，就是修习自己的行为变成梵行。

何谓“梵行”？就是清净行，究竟的清净，没有一点渣滓，没有一点瑕疵。绝对清净庄严之行谓之梵行。

所以初禅三天叫梵众天、梵辅天、大梵天。大梵天是初禅天的天主。修成梵天之行，然后证得不还果、阿罗汉果，永远不堕入欲界、色界、无色界，这个叫清净梵行。

因此要想学佛，换句话说，想修药师如来的法门，随时要修一切清净梵行。自己内心不修清净梵行，光想念一声“南无消灾延寿药师佛”，就算药师佛想替你消灾，你也得不到感应，因为你心里有如庄子所说的“夫子之心，其蓬也夫”，乱草一堆，琉璃光想进都进不来，你的心里被乱草般的烦恼塞住了，得不到加庇。

所以药师佛说，假使有人在他的法门中努力修持梵行，受到他的愿力的影响和愿力的感应，戒律方面就容易清净，不会有缺漏。何以称严持戒律为“不缺戒”？通常讲戒律有持戒、犯戒、破戒等名称，详细讲还有许多观念。一般学佛很少听到“不缺戒”这个名词，什么叫不缺戒呢？不缺戒就是戒行清净，没有什么缺陷，太虚法师的注解有解说。

认识戒律

守戒等于保护自己的身心，使身心两方面永远是充实的、圆满的，没有缺失、漏洞。《大智度论》比喻守戒有如乘坐一个空气袋渡海到彼岸，这个空气袋不能有一点缺漏，若有一点点的破洞，水就会灌进来而沉没下去，到不了彼岸。这个比喻十分恰当，同时也点出了修行的功夫和道理。一个修行人犯戒后，身心有了缺漏，精气神都受影响。不够清净圆满，永远到不了彼岸。所以药师如来愿一切众生在他的法门中修行，达到毫无缺漏。

所有佛法的戒律有一统称，叫“三聚戒”，也可以说是分成三大类，三个要点。聚是累积之意，积功累德，我们的功德是一点一滴累积而成，好比做生意赚钱，是一分一厘慢慢累积成很多钱。修行也是慢慢一点一滴累积善行，功德方能圆满，这是“聚”的道理。

哪三种聚戒呢？

一、摄律仪戒。

二、摄一切善法戒。

三、饶益一切有情戒。

一般人学佛受五戒，乃至受八关斋戒或出家受沙弥、沙弥尼戒，及至登坛受比丘、比丘尼戒等，比丘、比丘尼戒在戒律上属于“别解脱戒”，是特别的戒。别解脱戒是只求解脱这个世间，没有更进一步去成就这个世间。换句话说，只求自己跳出这个世间，没有想要改造、圆满这个世间。别解脱戒属于摄律仪戒。摄是包括的意思，律是道德规范，仪是修道的端正威仪，也就是儒家孔子所说：“非礼勿视，非礼勿听，非礼勿言，非礼勿动。”这些都属三聚戒中的摄律仪戒。

菩萨道大乘戒的一部分也属摄律仪戒。然而摄律仪戒守得好只能说成就了“一聚戒”，累积此一种戒律而得的成果，其最高成就仅是梵行清净，尚非“摄一切善法”。要达到摄一切善法戒非常难，换句话说，戒律有许多是消极的、防避的；摄一切善法戒则是积极的，利他利世的。

何谓“摄一切善法戒”？简单明了地说，就是大家都晓得的“诸恶莫作，众善奉行”八个字。“诸恶莫作”是摄律仪戒，“众善奉行”是摄一切善法戒。这两句话是佛学的重点，也是中国文化的重点，其所涵盖的意义谁都知道，但是谁都做不到。

禅宗有一则公案，唐代有一位连法名也不用的禅师，在山上一棵大树上造了一个像鸟窝的棚子，自己住在这棚里，人称“鸟巢禅师”。白居易在杭州做刺史时，听说有这么一号人物，便前往参访，白居易看鸟巢禅师住在树上，十分担心地说：“师父啊！下面是万丈悬崖，你住在这里多危险啊！”鸟巢禅师说：“我一点也不危险，我看你才危险！”白居易心里觉得奇怪，问说：“弟子位镇江山，何险之有？”职位比现在的市长威风得多，哪有什么危险？鸟巢禅师说了两句话：“薪火相交，识性不停。”其实人人都是如此，心里妄念像一把火一样在煎，心里的思想、情绪、业力停不了。白居易到底是学问好、修养高，马上跪下来皈依鸟巢禅师，并且问师父怎么修行，请求师父传法。禅师说："诸恶莫作，众善奉行。"白居易说这是三岁小孩都知道的话。鸟巢禅师说："三岁孩儿虽道得，八十老翁行不得。"

知道而做不到有什么用？如果做到了就是"摄一切善法戒"。摄善法戒是行一切功德，但是还不够，必须更扩大地饶益一切众生，亦即成就他人而行菩萨戒。

天下一切众生没有不自私的，所以永远成不了菩萨，也成不了佛。只求利益一切众生，不求利己，才是真正的菩萨，做到"饶益一切有情戒"才能成佛。

饶益一切有情戒更是难办，实际上一个真正学佛的人，非发愿饶益一切有情不可。你看药师佛的十二大愿，都是利益一切有情，而不是利益自己，因此他成就得特别快。

有许多学佛、打坐或修道的人常常跟我说："老师啊！我都没有什么进步。"哎呀！凭你那种行为、心性想要进步？如果有进步，那真是无佛理，无天理了！一切为自己，自私自利，那你进步了，我怎么办？他又怎么办？

所以你不要问为什么没有进步，没有成就，为什么做人做事有那么多困扰，先问你自己发心、发愿了没有，做了几件好事。

三聚戒包含了以上所说那么多的意义，要想做到三聚戒不缺，谈何容易？那么究竟容易不容易呢？上面有一句话可供你参考，修行一切清净之行——梵行。

念佛的心态

接下来是佛的慈悲。

“设有毁犯，闻我名已，还得清净，不堕恶趣。”“设”，就是现在白话文——假使。我成佛的时候，在我的佛土中，假使有人犯了这些戒行，只要一听到我的名号——药师琉璃光如来，便会获得清净。

当我们一念“药师琉璃光如来”的名号，自私心就来了，心想他大概会送点药给我吃吃；再念“消灾延寿药师佛”那可乐了！又来给我们消灾，又给我们延寿，又给我们药吃，最后还让我们发财，对不对？如果以这种心情念，不知道灵不灵？庄子说：“夫子之心，其蓬也夫。”琉璃光明怎么进得来？并非它不进来，好比普照大地的阳光，并非阳光不照你，是我们自己挡住了光明。《拍案惊奇》的作者凌濛初有两句诗说得好：

本待将心向明月，谁知明月照沟渠。

所以要看清楚，“闻我名已”，不是听人家念，闻的下面是思、修、慧。观音法门从闻思修入三摩地。听了这个道理以及佛的愿力后，要用心思维，要去研究。一般人大多在迷信中学佛，念佛有三种心态：

一、依赖心。好像念了一万声佛，佛就欠了你似的。

二、功利心。哼！我佛都念了，结果还是没有效果，你说气不气人？这是功利主义。

三、糊涂心。只晓得念，脑子也不思考，不知道佛号所包含的意义。佛法并没有禁止你思考，处处都叫你正思维修，否则就是迷信。

然而佛法绝对不是迷信，何以不是迷信？因为任何一个法门的修持都是从“闻，思，修”而证得菩提。所以，我们看佛经，文字往往都很容易懂，不要因为文字太容易懂，就不去思维。人都有惰性，吃饱了饭就懒得用心，不喜欢用脑子，还以为自己了解了呢！

其实，再进一层，听到“药师琉璃光如来”的名号，何以能够使我们烦恼、染污的心还得清净？如果你修持到，你的心光、性光与药师佛的心光相感应，自心还到自性的光明中，那是最大的大药，这个药是不死之大药，所以药师如来是修长寿法。

西藏密宗的修法很有意思，很有趣，也很有深意。他传你修破瓦法的时候，一定同时传你修长寿法、不死之法。因为光修破瓦法，很容易走掉，同时修药师琉璃光如来的长寿法，你才可以留形住世，等到要走的时候，阿……洒然而去。因此阿弥陀佛修法一定要配合药师佛法合修。

事实上，东方琉璃光世界与西方极乐世界是相通的，这个道理在《法华经》《维摩经》都已经讲得非常清楚。再说，真到了愿力修持成就——怎么叫成就啊？“还得清净”时，梵行成就，念得一念回机，得到清净，你的心光自然与十方三世一切诸佛光光相接。药师如来就是光，不过不是世间的光。

药师如来的愿力使一切众生不至于犯戒，也就是没有一个众生不道德，因此也不会堕落在恶道；恶道众生都因为不道德而堕落进去。此道德之标准包含内容广泛，那就是“三聚戒”。

看了药师佛的第五大愿，是否想到它与中国文化的“改过迁善”和《论语》“过则勿惮改”的道理完全一样？这又证明《药师经》与东方文化的关系密切。

色身下劣　诸根不具

> 第六大愿：愿我来世得菩提时，若诸有情，其身下劣，诸根不具，丑陋顽愚，盲聋瘖哑，挛躄背偻，白癞癫狂，种种病苦；闻我名已，一切皆得端正黠慧，诸根完具，无诸疾苦。

第六大愿是药师佛十二大愿的中心。他说将来成佛时，一切众生身体下劣的，若能听到我的名号，便能得毫无缺陷的端正色身。下劣之身，即身体是下等品质，像我也是，身体瘦瘦小小的不壮硕。什么样的色身不下劣？佛的丈六金身，三十二相，八十种随形好，大概几千年才出一个——佛的相好庄严。等而下之，一切众生的身体，都不圆满。更可怜的众生是“诸根不具”，这个世界充满了这种人。

这一代青年在台湾二十几年来，没有看过苦，更没有吃过苦。请问台北市郊有个麻风病院，几个人去过？你去看看！那就可以看到病苦。残障病院谁去过？有些学佛的人说不要去管他，那是业障，没有办法，这是学佛人讲的话？我听了心里就打颤，说这个话真是，果报不可思议啊！学佛的有几个人去照顾这些地方？恐怕有人不服，说有啊！唔！当然有，坐在那里观想，玩手印，大慈大悲啊！一切众生都好啊！自己又不费力气，随便观想一下，实际行为一点都没有做到，有什么用？

这个世界上诸根不具的人太多了，诸根不只六根，身体有缺陷的都叫诸根不具，有些人是明缺陷，有些人是暗缺陷。以佛眼来看，在座各位没有一个人的身体是绝对健康的，毫无缺陷的人才称得上诸根具足。譬如戴眼镜是眼根不具，镶了假牙是口根不具，头脑不够聪明是脑根不够利，不够利就笨；笨得和某些众生差不多，只是稍微好一点而已。

诸根不具是这个世界的众生非常痛苦的事，所以许多医师，和研究医药的人，莫不朝着改善诸根的方向努力。中国读书人发愿立志："不为良相，便为良医"，不做一个救人救世的帝王将相，就做一个能救人病苦的好医生。这是中国知识分子读书所发的第一大愿。

宋朝范仲淹就将此语奉为一生读书立志的圭臬，所以他医学研究得很精深，不过一辈子没有用上，后来出将入相，成为良相。当然啦！现代的青年也发这个愿，不为"亮相"即为"晾衣"，不到社会上亮亮相，就在那里做个晾衣服的架子，那就很糟糕了。

我们这个世界的众生很可怜，色身多半下劣，诸根不具足，因此很丑陋。最庄严美丽的是佛，佛的相好庄严无等伦。其他凡夫众生能得相好庄严的也不是偶然，均有其因果。譬如以香花供养佛的人，他生来世会得相好庄严的果报。此外，能把一个环境弄得干净清爽给别人使用，也等于是供养佛的香花，他生来世不会变丑陋之身。所以，能得“相好庄严”那是积功累德修一切善法的结果。

丑陋是诸根不具之一种。以佛法看众生，丑陋就是病态，另外还有顽、愚、盲、聋、暗哑、挛、躄、背、偻、白癞、癫狂等种种病，都是很痛苦的病态。

顽，冥顽不灵，自以为是，怎么教都点不通。愚，思想痴呆，没有智慧，笨蛋，笨得不得了，脑根不具足。盲，眼睛看不见。聋，耳朵听不着。暗哑，声带有问题，说不出话，也就是哑巴。挛，两手弯曲不直，不能自由伸张。躄，跛足。有些半身不遂，会有这种后遗症。背，弯腰驼背，背弯起来。偻，比驼背更严重，腰杆都直不起来了。现在比较少见，老一辈朋友中有。白癞，皮肤病。癫狂，精神病。

以上所说的病苦，大多就外形而言，人类的病痛有无数种，多得很。在座诸位都以为自己很健康，其实都在病中。

药师佛愿这些受病苦折磨的人，听到他的名号，一心虔诚念诵修行药师如来法门，都能得到“端正黠慧”。人生最难得的就是这四个字，形体端正，头脑聪明。有人聪明而不端正，有人端正却不聪明；既聪明又端正是修很多善行的福报而来。端正聪明已经不错，为何又加一句“诸根完具”？因为诸根完具很难，很多人外表看起来很端正，但是，却有些暗病只有自己知道，绝对完全健康的几乎没有。

这一时代的众生，眼睛的果报很坏，虽然没有瞎，却得靠玻璃生活；不架上一副玻璃镜，对面不相识，这个滋味不好受。这个时代物质文明的果报愈来愈好，众生果报却愈来愈差。依报是庄严，正报却完了；物质文明是依报，自己色身是正报。正报的福报薄了，仰赖依报而活，很可怜！这叫作“其身下劣”。所以，药师佛怜悯后世一切众生，发愿成佛时，在他的佛光普照之下，一切众生没有病苦。脱离生老病死苦是人类最不容易求得的，学佛修道的人都想跳出生老病死苦的圈子，但有几个人能真正跳出？这就要好好研究药师如来的道理了，尤其发心学佛修行，乃至发心学医的，随时要修持药师如来法门。

传你们一个药师如来的手印，配合念药师如来名号或咒语，念起来就很灵验。以左右手八指右压左相叉，入掌令合握拳，以二大指并平伸，压右食指侧中节上，勿使头屈。

经典上有药师如来的咒语，念“南无消灾延寿药师佛”或“南无药师琉璃光如来”名号都可以，最好都要结这个手印。

假如依密宗修法，那你们每个人都欠我很多钱，必须拿大红包供养，还得把善知识供养得高兴才传你修法，供养得不高兴就不传。学密宗很难，要种种供养，种种磕头才行，哪像我那么轻易传给你们，因此“莫将容易得，便作等闲看”。先告诉你们手印，诚诚恳恳地去祈求、去念。放掉手印时，要把手印举到头顶上散开。（请参见南怀瑾文教基金会—怀师影片—药师咒—手印）

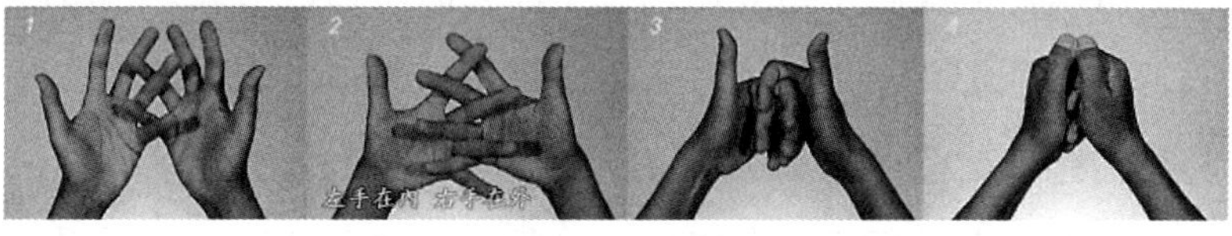

药师佛手印结法图

东方人为何多灾多难

你看药师佛的第六大愿，与中国文化儒家孔孟思想，《礼记·礼运篇》大同世界的思想差不多一模一样。宋朝大儒张横渠（张载）在其名著《西铭》就说道："凡天下疲癃残疾、惸独鳏寡，皆吾兄弟之颠连而无告者也。"天下老病残疾的人，无兄无弟，无儿无女，或者孤寡的人，我都爱护他们如自己的兄弟、如自己的亲人。中国文化儒家思想本来如此，你说这是东方文化的特点，那就错了，凡是人类都有此心，西方人也一样；西方人对社会福利及慈善事业做得比我们认真踏实。

所以，我们就要研究为什么十七、十八世纪以来，东方人的命运和国家民族的命运会那么苦？西方人命运也苦，但比我们好得多了。

研究西方文化思想，从十七、十八世纪后，社会思想的发展来看，西方在社会慈善、福利事业方面做得比我们多。东方人理想陈义很高，但是东方民族自私自利的心特别大，对群众社会的利益毫不顾及，没有公德心，不爱人；都要求别人爱我，我不爱别人；理论上讲我爱人人，那是讲给别人听的，实际上都希望别人爱我，我不爱别人。

所以，依我看东西方这几百年社会的结构，与文化思想的形态，一个是真正实行了慈悲爱人之心，一个则拼命讲理论，实际上慈悲、爱人、利物之心非常差。这是我看历史，看社会，再看个人，积五十余年之经验所深深体会到的，实可谓痛哭流涕者也。没有办法，这个民族的惨报还要受下去。这里就可了解发愿之重要，同时愿还要变成行动。

众病逼切　贫苦无依

> 第七大愿：愿我来世得菩提时，若诸有情，众病逼切，无救无归，无医无药，无亲无家，贫穷多苦；我之名号，一经其耳，众病悉除，身心安乐，家属资具，悉皆丰足，乃至证得无上菩提。

第六大愿有两个重点，前面已经说了一个，第二个重点与第七大愿有关，而且是相连的。

佛说世界上有这种病苦的人，只要念到我的名号，都会得救。你去试试看，念了那么久，也不来一颗药给你吃，你也没有得救啊！对不对？

基督教《新约圣经》说到许多麻风病患者一看到耶稣，就拉着他的衣服不放，耶稣只是摸了患者一下，麻风病立即就好了。当病人来谢耶稣时，耶稣说：不要感谢我，我没有救你，是你自己救了你。

念药师佛的道理与耶稣摸麻风病人的道理一样，你生病求佛没有感应，是你自己没有救自己，没有真懂药师佛的道理，真懂了立刻有感应。你念佛不是以清净梵行之心去求，而是以妄想多欲之心、愚顽痴呆之心去求，所以药师如来的光永远不会与你相接。

那么怎么样才能得感应？有一套修法，自古以来也有人修成；用一只空罐子依法修持，修久了以后，罐子里就会有一颗药；这颗药永远拿不完，治百病都是用这一颗药。

过去在大陆有一位学佛的医生朋友，我晓得他开的每一服药里都有他修得的这颗药，有时我开他玩笑说：吃你的药很麻烦，干脆把你修的那个罐子给我好了。这就同卖糍粑的老太婆要吕纯阳那只“点铁成金”的指头一样。

修药师佛法门要先修光明。平常教你们修光明，你们不懂，而且被自己的业力挡住了，在那里莫名其妙修，修来修去依然还是众生。

药师佛的第七大愿是为一切被众病苦逼切，“无救无归，无医无药，无亲无家，贫穷多苦”的有情众生而发。

记得当年我在峨眉山阅《大藏经》，看到这段经文看不下去了，不去观想却自然观起来了，由自己的亲戚朋友开始想起，想到世界上所有的人都在这个境界上，被“众病逼切，无救无归”。尤其当时在战乱中，我亲眼看到许多人无救无归，不管穷也好、病也好，“无亲无家”，没个归依处，世界茫茫何处是儿家？自己本身都有这种“何处是儿家”的感受。常常念古人的诗：

早是有家归未得，杜鹃休向耳边啼。

世界上处处充满了无救无归的人，在病苦中无医无药的人更是不计其数。像你们现在，我那两个抽屉里中药、西药一大堆，你们大病小病都来拿药，也不晓得多少钱，每次拿，少说也要好几百块，反正有的是药，你们多有福报啊！

“无医无药”的情况我本身就经历过。我曾经有连打三年摆子的记录，白天打摆子，一阵冷、一阵热，要历经好几个钟头，夜晚还要工作。无医无药，骨瘦如柴，如此过了三年。那时白天走路都不觉得是脚在走，觉得头在下面走，人都变颠倒了。

我经常对青年朋友说，你们懂得什么人生？你们太享福，都堕落了。那个时候，我随时想到下一步可能就会死在路边，算不定被狗分尸拖去吃了，算不定有个好心人看到，弄点泥巴把自己给埋了，算不定……算不定……下面有很多的算不定，一边走一边想，可能下一步咚一下，就那么倒下，“求仁得仁复何怨，老死何妨死路旁”。很坦然，没有悲哀，也没有难过。

“无救无归，无医无药，无亲无家”，看了这些经文应该想到自己所得的太多了，这个福报享完了很可怕的。

许多人“贫穷多苦”，贫穷以外还有许多痛苦的事。这句话不要看成“贫穷有多苦？”那就把意思看差了。

“我之名号，一经其耳”，只要听过药师琉璃光如来、南无消灾延寿药师佛，“众病悉除，身心安乐”，病就消除了，身心亦得安乐。这是什么道理？

拜佛心理

“消灾延寿”是后来中国人加上的，又要消灾又要延寿，好比吃饱了还要带点走，以如此心情念佛，你看佛有多忙啊！又给你消灾，又给你延寿，可见这些人信佛有多贪啊！我看到就烦！十块钱买几根香蕉，五块钱买一包香，到庙里又拜又烧，求了半天，香蕉供完了还带回家给孩子吃，又要发财，又要平安，要这个要那个的。所以我一辈子发愿不做菩萨，菩萨忙死了，那个烧香的烟熏一天，脸都熏黑了。那些东求西求的人把庙里搞得乌烟瘴气，最后香蕉也不给吃，豆腐拜完了也要端走，然后要求的事情之多啊！消灾、免难、发财……多啦！你说众生有如此多的欲望怎么会成佛？

学佛发愿是利他，而不是要求别人给予。佛发愿利益众生，结果却往往引起众生更大的贪欲，你看这句：“家属资具，悉皆丰足”，佛很可爱，他说，只要听过他的名号，求他，使你家中的人，包括外孙、外公、外婆、外甥、外外外……家属统统发财。资具是帮助你生活的钱和物质，没有家具给你家具，没有摩托车给你摩托车，没有汽车给你汽车，什么家具都来了，皆丰足充满。这还不算数，药师如来的第七大愿真是可爱，所以我愿意皈依药师如来，只要念了他，又发财，又不生病，样样都有，还不是普通的有，都变成大资本家，“悉皆丰足”；然后成佛，“乃至证得无上菩提”。这个一本万利的生意还不做啊？你不相信去念念看！你不要摇头，你几时念过？什么叫念佛？连影子都不懂，真念到琉璃光的境界，就来了。不过到那时来了，你也都布施出去了，因为你也会有与药师佛一样的愿力。

“一经其耳”包含观世音耳根圆通的修法：“返闻闻自性，性成无上道”，这是《楞严经》所讲观世音菩萨闻思修的法门。“返闻闻自性”，一边念药师佛，一边返闻能念所念，听自己念佛的声音。“初于闻中，入流亡所”，自己每一个心念、佛号，一字一句清清楚楚，中间没有一点杂念，自己听到自己内在的声音，入到法性之流，“亡所”，忘记所念，念而无念，无念而念。你看看那个时候有没有感应?

你们在这里当学生的，一天到晚“哎呀！老师早，老师好，老师不得了”。我听到就烦。上面所说念佛的道理，我的书上都提过，在哪一本书?你们说，“我都看过老师的书”，我看是老师的书看过你们，讲下去就说“我惭愧”，我比你更惭愧!

注意啊！第七大愿的重点，念药师佛名号不是他没有感应，是你自己没念好，如果念到药师琉璃光境界，你自性光中，父母所生之肉身的大药就产生了。这在道家、密宗是求之不得的，叫“天元丹”，是从虚无中自然而来。药师如来从虚无中自然而来，大药自然产生。你会说：“我念过啊!”你当然念过，偶然替人家念念，敲敲木鱼。你晓得你在打什么妄想?不但念不好，念了还有罪过。所以要真了解药师法门的修法。

转女成男

> 第八大愿：愿我来世得菩提时，若有女人，为女百恶之所逼恼，极生厌离，愿舍女身；闻我名已，一切皆得转女成男，具丈夫相，乃至证得无上菩提。

开刀都不需要开。现在男转女、女转男还需要动变性手术。药师佛第八大愿特别为女性而发，与观世音菩萨一样大慈大悲。观世音菩萨同情女性，在东方的化身喜欢现女身。女性有什么错？女性并没有错。我还有个朋友发愿生生世世做女性呢！但有两个条件，第一不会有月经，是观音身；第二不会生孩子，而且要世界上每个男人、女人看到她就要做媒。这个朋友胡言乱语开玩笑发这种愿。我说愿不能随便发，这个愿发不得，除非证得菩提。

然而，如果真发此愿可以吗？当然也行，你看药师如来的第八大愿就是说他成佛时，假使有女人不愿做女人，可转女成男，但是如果有女性不愿转女成男的话，那就让她去也没有关系，不勉强。

“女百恶”很难解释，《法华经·提婆达多品》提到女性有五障之身，此五障就人文文化观点而言，是讲女性的果报，但并非究竟。至于说“为女百恶之所逼恼”，偏重于心理方面，换句话说，它配合九十八结使的道理。女性的情重，所以形成《百法明门论》五十一种心所产生的心理状态，或者说九十八结使，很难解脱。女性喜欢缠绵，讲话也缠绵，处处都缠绵，复杂得很。但以文学境界、人生境界而言，据说缠绵才是艺术呢！艺术需要缠绵、曲折，没有缠绵就写不出像《红楼梦》《西厢记》《茶花女》的故事，“春蚕到死丝方尽，蜡炬成灰泪始干”，那才够得上“情”的味道。女性因此而得百恶，在缠绵中缠掉了。等到自己对缠绵情业生厌离心，注意哦！厌离心很难，学佛的人第一步先问自己有没有发出厌离心。

老实说，我们大家学佛，对这个世界并不讨厌，更不想离开，对一切留恋得很，一点都不讨厌；大概只有跟别人吵架的时候才有点讨厌，其他时候都不讨厌，更不想离开。我也有朋友跟我讲过，为什么要求解脱嘛？你看这个世界多好、多美丽！热了有冷气，再不然有电风扇，有扬州菜、湖南菜、广东菜……这个世界有哪样不好？难怪释迦牟尼佛要到这个世界来。

学佛的人要检查自己对所处的欲界有没有产生厌离心，否则修不上路，必须有一度真正生起厌离心，那你用功便一日千里，就上去了，这是一定的事。普通人学佛在何时发生厌离心呢？年轻人爱情受了挫折，或在家里吵了架，做生意失败，灰心到极点，跑到庙里去拜一拜，很想在佛前痛哭一场。那不叫厌离心，那是受了打击而产生的灰心，那是在槁木死灰中，“空花哪得兼求果”，冷灰里没有热气，生不出东西来的，那不是厌离心。

所谓厌离，硬是厌离这个世界，厌离这个红尘，所以想转女身成大丈夫身。当然不舍女身而成大丈夫身也可以，证得琉璃光如来境界，此身还是女的，已经像龙女一样，八岁就成佛了，不需要转此身。

“转女成男”，什么叫男人？我们不一定是男人，他有个注解，具有大丈夫相才称得上是真正的男人，我们连小丈夫都不够格，只能做“小豆腐”，不算男人。

历史上记载五代西蜀被宋太祖赵匡胤消灭，文学家、艺术家都知道西蜀王孟昶有个很美丽的妃子——花蕊夫人，孟昶投降后，花蕊夫人进入赵匡胤的后宫。赵匡胤对花蕊夫人说：“你们立国几十年，现在被我统一了，你们国家没有一个会打仗的男人吗？”花蕊夫人会做诗，她说：“十四万人齐解甲，宁无一个是男儿。”十四万人的部队全投降了，没有一个男人，甚至连女人都不如。

所以，女身一样能成大丈夫。第八大愿是为女性同学而发，诸位肯修药师佛的法门，念他的名号，不但即身可以转成大丈夫相，乃至成佛“证得无上菩提”也没有问题。你说有没有这个道理呢？如果你懂了庄子所说“物变”的道理，心念变了，身就跟着变，并非不可能。

看了药师佛的愿力，再看世界上拼命闹女权运动的女性，真是渺小得很。药师如来的第八大愿才是真搞女权运动，对不对？有没有错？没有错，好好发愿修行，马上变成大丈夫相。

如何跳出魔网解脱缠缚

> 第九大愿：愿我来世得菩提时，令诸有情，出魔罥网，解脱一切外道缠缚；若堕种种恶见稠林，皆当引摄，置于正见，渐令修习诸菩萨行，速证无上正等菩提。

这些大愿都是药师如来未成佛前，在因地所发的愿力。学佛必须要有愿力，没有愿力的学佛，那是个人兴趣所趋，也可说是迷信或嗜好，只不过与一般爱好不同而已。等于不喜欢抽烟就喝茶，不喜欢喝茶就喝酒。每个人爱好不同，有人喜欢世间法的声色货利，有人喜欢游山玩水，有人喜欢跑跑宗教。这不能说哪一种对或哪一种不对，然而都不是基于理性而来。所以，学佛的第一步就是能够发愿。

药师如来第九大愿，愿自己将来大彻大悟、证得菩提的时候，希望自己的功德、能力能使一切众生跳出一切魔的罥网。

细网谓之“罥”，大的网叫“网”。

我们晓得，烦恼是一种魔，生死是一种魔，欲望又是一种魔。若以修道的立场来讲，无一不是魔境。纵使一个人爱好美的境界，爱好山林或城市，一有所执着便是魔境界，要真正跳出魔的罥网非常不容易。

跳出了生死之魔、烦恼之魔，也跳出了欲望之魔，才能获得真正的解脱。“出魔罥网，解脱一切外道缠缚”。一般凡夫之所以不得解脱，因为始终在生死魔、烦恼魔、欲望魔的罥网中。纵使去信宗教，不管任何的宗教；纵使去修道，不论任何的道，终究都属于外道，不能解脱一切外道缠缚。

外道、内道的差别何在？怎么叫作外道呢？心外求法就是外道。一般宗教都随便使用“外道”这个名词，譬如，我信佛教，你不信佛教，你是外道；我信天主教，你不信我的天主教，你是外道；我信某某道而你不信，你就是外道，这些都是乱讲。这个外道与世间法一样，都是由“我见”而起。不合于我的就是外道，这种见解属于见取见，是下列五见之一：身见、边见、邪见、见取见、戒禁取见。“见”就是观念，凡夫受这些观念缠缚而不能得解脱，不能证得菩提。

这样一来，我们便可以了解，凡是没有真正明心见性、证得阿耨多罗三藐三菩提以前，一切修行、一切道理、一切作为，严格说起来都只是加行，仍然在外道境界中。真正证得菩提，明心见性以后，才能解脱一切魔境，解脱一切烦恼。由药师佛的这个大愿，我们可以彻底而清楚地了解修持之路。

“若堕种种恶见稠林，皆当引摄，置于正见”。“种种”是简化的翻译。“恶见”包括很多，如身见、边见、邪见、见取见、戒禁取见，凡是观念有一点偏差的都属于恶见。“稠林”就是密集如丛林般的意思。药师佛愿将来成佛的国土世界中，假使有众生堕在许多非正知见的恶见森林中，不能出拔，药师佛将引导他们，归摄他们“置于正见”。

真正学佛，除了发愿还要有正确的“见地”。要有正见非常难，有了正见才好谈修持，有了正见才能谈正行，见地不真，那么所有的修持都会走上邪曲之路。见地也可以说是《楞严经》所讲“因地不真，果招纡曲”的发心的因地。所以，学佛先要有正见，才能够起正行修持。

“渐令修习”，修习什么呢？要注意，修习一切“菩萨行”，菩萨行是什么呢？菩萨行就在菩萨戒本中，如《弥勒菩萨戒本》《梵网经戒本》等。总而言之，菩萨行就是很简单、很普通、很容易懂，却很难做到的八个字：“诸恶莫作，众善奉行”，永远难做到的八个字。

所以，有了正见以后，渐渐使他们修习一切菩萨行，速证无上菩提，速证无上正等正觉，大彻大悟。

药师如来的第九大愿，光看表面上的文字都很容易懂，问题是做起来很难，没有一点是容易做到的。

同时，看了第九大愿，也使我们得到一个结论：东方药师如来注重思想教化，和西方极乐世界阿弥陀佛有所不同。药师如来的东方世界的佛法，是以正见、正思维拯救世界上一切有邪恶的、错误的观念的众生。换句话说，药师如来第九大愿的重点在于“教化”与“思想”。以印度佛教文化所表达的，就是经典上第九大愿文字的叙述；而以中国文化来表达的，则是注重在教育、教化和思想，最后使一切众生归到正知、正见。

念佛能解除灾难吗

> 第十大愿：愿我来世得菩提时，若诸有情，王法所加，缚录鞭挞，系闭牢狱，或当刑戮，及余无量灾难凌辱，悲愁煎逼，身心受苦；若闻我名，以我福德威神力故，皆得解脱一切忧苦。

我们研究一切宗教，尤其是中国大乘佛法的佛教，药师佛的第十大愿，与大慈大悲观世音菩萨及地藏王菩萨的愿力都是相同的。

他说将来成佛时，一切众生如果犯了国家的法令，受刑时，坐牢时，将被杀时，以及种种一切其他灾难，受污辱痛苦时，悲惨时，心理受煎熬，生理遭痛苦，只要一念“南无药师如来”的名号，不一定是念“南无消灾延寿药师佛”，他说以我的福德威神之力，都可以为他们解脱一切忧苦。你看这个威力有多大！这个利益有多大！不要花一毛钱。

这里有许多问题，一般学佛信众喜欢念《法华经》的《普门品》，观世音菩萨以三十二应身度脱一切众生，求菩提得菩提，求长寿得长寿，求生男就生男，求生女就生女，当然求烦恼不会得烦恼，因为没有人会去求烦恼。《普门品》说求什么得什么，但是并没有说求钞票就得钞票。

如果受刑的时候，像古代的手铐脚镣，脖子上枷锁，至诚念我的名号，这些刑具悉皆断坏而得解脱。

这就值得研究了。如果你不相信，不要说受刑，我用绳子把你绑起来，你来念念看，看看可以解脱吗？如果解脱不了，佛打妄语对不对？如果解脱得了，世界上没有正义，而是神的世界了。这是哲学上两个重大的问题。

再说，唐朝名宰相姚崇，他与唐太宗时代的开国宰相房玄龄及与他同时的名相宋璟等齐名，非但是位忠臣，而且非常正直，对历史贡献也很大。姚崇给唐明皇上的奏书中，极力反对这些东西，但从他的奏议可以看出他对佛学的了解非常深，非常内行。他说，经典上说一切众生为王法所加，求什么得什么，在我手里处理过那么多犯人，从来没有看过他们得到解脱。

然而，你说他不信这些吗？读完他的奏议，看完他一生的做人，那全是佛法，他全懂。

古代在一人之下、万人之上，享有几十年权威的宰相，死时多半以珍珠、玉石等宝贝含在口里而下葬，使尸体不腐烂。姚崇到七十多岁，威权也达到了极点，临死时却写下遗嘱，严格命令子孙，一概不准如此做，死时穿什么衣服就穿什么走，而且不准找和尚、道士念经。但有一点，如果子孙们心里实在过意不去，只能找七个和尚念七天经。你说他懂不懂佛法？全懂，就是因为他太内行了，把那些不合理的都拿掉了。

我们有许多人学佛，尤其是比较迷信的，求这个求那个的，又要求发财，又要求生子，生子还要指定生男孩，生男孩子还得是第一等男孩，然后公侯万代。

另外还有一种观念，这是我常说的笑话。有些人光会劝别人出家，譬如就有人劝我出家，我问他什么意思？他说如果我出家，佛教就有办法了。我说："你怎么不出家？你自己想公侯万代，叫我们去剃光头出家，万事不管，那你跟我去，我就出家，我带你们去出家。”这是说笑话，但这也是思想问题，很多人学佛都是要求别人，希望人家替我求福，念经也是这种心态，犯了法，只要一念佛的名字，刑具就捆不住了。

过去大陆上有一派理教，规定不抽烟、不喝酒。我看过一位理教教主开堂说法，好几年才一次，所有教徒都来拜他，从早上八点开始盘腿，不下座。因为不喝酒，每位徒弟供养一杯茶，教主每一杯茶都要喝下去，有几万人来拜就喝几万杯茶。我在旁边就研究他喝的水到底哪里去了？他又不起来上厕所，能七八个钟头憋住不尿，这是本事吧！你说有没有神通？后来他的徒弟告诉我，转到旁边看，这才看到他的裤子和袜子全都湿了，他用气功把喝下去的水全都从脚底心逼出来。你们如果有这个功夫，一定有人崇拜你。

理教还传一个密咒叫“五字真言”。这些旁门左道外边都有，同善社、一贯道也都有。五字真言是六耳不同传，就是三个人在一起就不传你，念时在心里念，那些老前辈、长老们功夫好的，嘴巴不动，我们把耳朵靠近听，硬是能听见肚子有念咒的声音，当然在这里很少见，但不能不信。咒语到什么时候念出声呢？有灾难的时候，如被土匪抓去，准备枪决的时候，开口一念，刑具也松了，绑缚也脱了，枪也打不到就走了，据说就是有那么大的功效。

我们当年学佛也跟你们一样，有这种利益还不赶快学？别说磕头，就是磕脚也干哪！把人整个磕下去拜，结果把五字真言传给你，哪五个字？“观世音菩萨”。磕了半天的头，花了那么多的钱，求到这五个字，哎呀！我的天！我早知道了，还要你传给我？但是他有个念法，在肚子里念，不出声，直到有难时才开口一念，灵光得很。有人说小事包灵，大事不见得，灵光的道理是练气的关系，气发生了作用，有点科学的道理。

我一生对愈是奇怪的事愈喜欢研究，了解以后，不值一笑，连笑都懒得笑。那么大的诚心，花了那么多时间，磕了那么多头，花了那么多的金钱，求来这五个字，真能做到吗？你不相信，假如你犯了法，判了刑，你去念念看，看看能出得来吗？绝对出不来。

所以姚崇也提到这个事，他的意思是叫大家不要这么迷信，道理在哪里呢？佛经说谎吗？没有，大家读原经就知道，我们再念一遍第十大愿：

“愿我来世得菩提时，若诸有情，王法所加，缚录鞭挞，系闭牢狱，或当刑戮，及余无量灾难凌辱，悲愁煎逼，身心受苦；若闻我名，以我福德威神力故，皆得解脱一切忧苦。”

他只告诉你“得解脱一切忧苦”，并没有告诉你绳子会断，也没有告诉你枪弹打不进来，对不对？是不是这样？可见都是自己错解，以为只要佛号一念就不必开刀了，那也有，旁门左道有这个本事，身上长疮硬是不开刀，嘴一念，手一划，往身上一抓，身上长的疮就变到鼻头上，血和脓就从鼻头上流出来。这不是小说或传说，你们没有看过，我们看到的都是真事。

以佛教看，这些都是旁门左道，然而旁门左道就是有这个本事，那是什么道理？你把正道、邪道、魔道各种道理研究透了，只有一个真理，佛法的正理告诉你——心得解脱。尤其药师佛告诉你：“以我福德威神力故，皆得解脱一切忧苦。”这两句话有两个意义：一个是依仗他力，依仗药师如来的力量，心里没有忧悲苦恼而得解脱。他力是指什么呢？你必须见到药师如来的琉璃光，心里宁静到极点，放下到极点，见到他的福德威神之力而心得解脱。一个是不依仗他力，以自我的力量，"素富贵行乎富贵，素贫贱行乎贫贱"，在此境界中，一念放下，心得解脱，自性光明自然起来，没有苦恼。

文天祥修大光明法

拿历史一个实例来证明，大家都知道文天祥，也念过他的《正气歌》，他以一朝宰相的身份，于宋朝亡国时做最后的抗争而被俘虏，那是何等滋味！元朝皇帝忽必烈请他当宰相，只要他点头投降，仍然是一人之下、万人之上的宰相，然而文天祥不干。

有一点是后代人很少研究的，许多人不知道文天祥也是学佛的，当他被俘时，四面八方都是敌人和武器对着他，走到半路出现一个道人（详见《文山诗集》），不晓得是和尚还是道士，告诉他："丞相，我传你一个大光明法。"文天祥立即应允接受，当下就进入一片大光明境界，从此把生死置之度外。到了北京，忽必烈仍不死心，极力规劝文天祥投降，投降仍能和南朝宰相一样享受功名富贵。最后忽必烈把他关入大牢，给他三年时间考虑。文天祥坐牢的地方不是普通牢狱，那是养猪、养牛的烂地方，他一天到晚就住在那里打坐修大光明法，在那样恶劣的环境生活，却没有生病，并且三年不改其忠贞之志。

文天祥有个学生怕老师最后会受不了折磨而投降，那一辈子学问就完了。做他的学生也会受到历史的指责，因此故意写了一篇祭文，当作老师是不投降的忠臣已经死了，然后弄些祭拜亡人的菜肴，设法送进大牢给老师吃。文天祥一看祭文，笑了，告诉送菜的人带话给学生，他不会做出对不起人的事，意思是他绝对不会投降。

如此过了三年，忽必烈再将文天祥请出来，称他为“先生”，对他非常客气，劝他不必那么固执。文天祥对忽必烈说：“你对我的好，非常感谢，你算是我的知己，但我不能投降做贰臣，如果你对我真好，希望能成全我的志愿。”成全什么志愿？就是把吃饭的家伙割下来——杀头。忽必烈一听，知道无法挽回，才无奈地答应。文天祥这才依礼拜谢了，不是投降的跪拜，而是感谢忽必烈总算成全了他。

所以，讲到文天祥的故事，也使我们明白一个道理，一切解脱是“心解脱”，注意！药师佛说：“以我福德威神力故，皆得解脱一切忧苦。”有许多人在牢狱中或忧悲苦恼中，以做生意的心情，认为念了这个经典就可以达到某种目的，这是错误的理解。如果没有如琉璃光的光明磊落胸襟，没有光明磊落的修养，这是欲望不是菩提，不是正思维，大家要理解清楚。

接下来看第十一大愿。

饮食男女的问题

第十一大愿：愿我来世得菩提时，若诸有情，饥渴所恼，为求食故，造诸恶业；得闻我名，专念受持，我当先以上妙饮食，饱足其身，后以法味，毕竟安乐而建立之。

注意，《药师经》不同于其他经典，在娑婆世界，尤其是东方世界，药师佛的愿望非常实际。他希望自己成佛以后，众生被饥渴所烦恼，为求饮食而造一切恶业时，只要念药师如来名号，马上可以得到上妙的饮食，最后则以佛法的法味使众生过很好的生活。

我们晓得，这个世界的众生有两件事最重要，也最难解决，“饮食、男女”，即吃的、喝的以及男女之间的问题。所以东方圣人孔子就说：“饮食男女，人之大欲存焉。”这两件事是欲界众生的基本需求。中国俗语也讲：“人为财死，鸟为食亡。”这个世界的众生之所以造诸恶业，都是为了求食、求生存，强有力的就吃小的，人是最坏的动物，什么都吃，连老虎、老鼠、蛇、狗等等都可以弄来吃。

坐在这里的人大约都没有尝过饥饿的痛苦，但是你要知道，这个世界有好几千万的人类在受没有饭吃的痛苦，不要认为人人都有饭吃，那是因为我们太有福气。佛家有一句话：“法轮常转”，法轮未转先要转“食轮”，如果三天不吃饭，厨房饭锅没有锅铲的声音，你看法轮怎么转？那你的“肠轮”就开始转，咕噜，咕噜……饥饿的信号就叫起来了。

因此，这个世界的众生从古至今都是为饥饿所苦恼，都为了求生存而造诸恶业，生存的第一个基本需求就是饮食。所以，药师佛说，如果听到我的名字，“专念受持”，专念受持恐怕不容易做到。有些人很努力，日夜都在念佛念咒，其实还是妄念在念啊！“专念”就是“一念”，前念不生，后念不起，中间这一念与佛相应，就是专一之念。

譬如念阿弥陀佛，要与阿弥陀佛的四十八愿的光明、愿力相结合，保持“相合”的一念，前念过去，后念不起，中间不是空，也不是有的这一念。如果念药师如来，专念则是青色净琉璃光这一念。注意啊！不是说前念已经过去，后念不生，中间这一念当体即空，不是当体即空，当体这一念是专念、佛念。

你说，我念“阿—弥—陀—佛”这么念对不对？不对，那是四个念，“阿”是一个，“弥”是一个，“陀”是一个，“佛”是一个，是四念连续；“阿弥陀佛”只有一念。如果只是念念流注而构成佛号，“念念流注”就是像流水一样不断过来，那不是专念。若是得到专念而受持，生理、心理的感应就来了，永远保持这个境界，自然可以不要吃饭。其实岂只饮食可断，还真的会有不可思议的感应呢！你自然不会饿死，也不会消瘦，精神反而愈来愈好，尤其会得到药师佛的“上妙饮食”，那种饮食无法想象，当然不是从你嘴巴进来，因为你还在专念，还在定中。再来，对一切不可知、不懂、不能理解的道理，一下子能涣然而冰释，统统懂了，这是法味。最后毕竟安乐，“毕竟安乐”就是佛的境界。

在饮食方面，我们看到，药师如来的东方琉璃世界，与阿弥陀如来的西方世界很类似。你在西方极乐世界想一想就有吃的，思衣得衣，思食得食，随念而至。西方及他方佛土世界都是如此。

但是我们这个世界的饮食男女就是那么麻烦，任何佛国土也都能解决这两个问题，譬如西方极乐世界是思衣得衣，思食得食；在男女问题方面，则是莲花化生，无男女相。

我们这个世界之所以闹了那么多事，中华民族五千年的历史，你打过来，我打过去，这里拆房子，那里盖房子，就是两个人闯的祸，一个男人，一个女人。人如果到了无男女相，无饮食需要，不知可以减少多少烦恼。

声色歌舞让你玩个够

> 第十二大愿：愿我来世得菩提时，若诸有情，贫无衣服，蚊虻寒热，昼夜逼恼；若闻我名，专念受持，如其所好，即得种种上妙衣服，亦得一切宝庄严具，华鬘涂香，鼓乐众伎，随心所玩，皆令满足。

我们看了第十二大愿，感觉到药师如来真是慈悲啊！特别是年轻人，一定很喜欢药师如来的第十二大愿，因为他让你吃个够、玩个够。

药师如来说，希望他成佛的时候，一切没有衣服穿、被蚊虫所咬，受天气冷热、昼夜逼恼等痛苦的众生，只要听到他的名号，能够“专念受持”他的名号，你所要求的都能满愿，获得种种上妙衣服，也同时得到最宝贵、庄严漂亮的器具，包括各式各样装饰品、项链、戒指、眼镜架及华鬘等等。华鬘、装饰品等是印度男女喜欢佩戴的东西，像鼻子钻洞挂个圈圈、镶块宝石，丁零当啷一大堆，然后在身上涂各种香味。所以涂香也是供养佛的一种，烧香是中国人特有的供养，其他地方的人不一定供养烧香，而多以涂香供养佛。

鼓乐，包括一切音乐歌舞。随心所玩，你爱怎么玩就怎么玩，包君满意。娑婆世界，就是我们这个物理世界的众生，最现实、最迫切需要的就是对物质的要求，因此药师如来的十二大愿，最受此界众生欢迎。

中国的大乘佛法对于声色歌舞，则一概禁止。但是西藏密宗，对华鬘、饮食、声色、歌舞等一概不禁，走的就是药师如来十二大愿的路线。所以有许多修显教的人到密教一看，都吓坏了！怎么声色歌舞、华鬘等一切都不禁止？这就是药师如来的愿力境界，满足世界众生一切物质的欲望。

以上是药师如来的十二大愿。研究到这里，不要忘记一个重点：佛说“愿我来世得菩提时”；又说“以上妙饮食，饱足其身”，要想得到物质生活的满足，必须“专念受持”，这是前面十个大愿所没有提出来的四个字，要特别注意。

同时，还有一点要特别留意，我们综合药师如来的十二个大愿，在他没有成佛以前所发的愿力、愿心，都是使东方娑婆世界一切众生现实的需求，在人间现有的国土就可得到满足，不须另外去他方祈求，也就是说，东方国土就可以变成药师如来净琉璃光的国土。

接着，再看释迦牟尼佛对药师如来十二大愿的解说和评论。

东方净土

曼殊室利，是为彼世尊药师琉璃光如来应正等觉，行菩萨道时，所发十二微妙上愿。

佛告诉我们，上面所说药师如来的十二大愿，都是药师佛没有成佛以前，在他修菩萨道时所发的十二个愿，到他成佛的时候，他这十二大愿变成事实，成就了东方净琉璃光净土。

上次告诉过你们修药师如来的手印，这个密法手印翻过来就是药师如来成就的手印，也是长寿佛的手印。长寿佛手印的两个指头不须靠拢，发愿或念诵时，两个指头是活动的，平常打坐专念受持药师如来名号，就可结此手印，念完之后，手印在头顶上散开；夏天结定印，手指靠着很热，结此手印就比较凉快。

> 复次，曼殊室利，彼世尊药师琉璃光如来行菩萨道时，所发大愿，及彼佛土功德庄严，我若一劫，若一劫余，说不能尽。

释迦牟尼佛告诉文殊菩萨，关于药师佛在行菩萨道时，所发的大愿，这个功德、威力，以及他成佛以后，他的佛土中所有的功德，以及功德的成果和庄严等等，我拿一劫的时间，乃至一劫多的时间来介绍，都没有办法说完，翻成中文就是一句话："言之不尽"。

> 然彼佛土，一向清净，无有女人，亦无恶趣，及苦音声；琉璃为地，金绳界道，城阙宫阁，轩窗罗网，皆七宝成；亦如西方极乐世界，功德庄严，等无差别。

要注意这一段，佛介绍东方药师如来的国土。下面有一句话，与西方阿弥陀佛的国土“等无差别”，是一样的，但是构造稍有不同。阿弥陀佛修了一个观光饭店在西方，药师如来则修了一个观光饭店在东方，看我们喜欢到哪个饭店去。

佛说药师如来的国土“一向清净”，注意这几个字，要绝对真清净，一念不清净就不能往生。因此，所有的佛法，小乘就是大乘，有两句话可以证明：“自净其意，是诸佛教。”诸位学佛修道，不论你修哪一宗，要特别注意这八个字：“自净其意，是诸佛教。”这是真正佛所教的，心不清净，你再求佛也没有用。

所以，药师佛的国土“一向清净，无有女人”。女同学要对不起了，在你们的立场应该讲“无有男人”。不过，据说，无有男人的世界，恐怕女人都在那里打架，比男人打得更厉害，为什么？值得研究。前面说过，世界上众生有两件大事：饮食、男女。饮食是基本的欲望，男女是奢侈的欲望。中国文化有两句成语，也是真话：“饱暖思淫欲，饥寒起盗心。”一个人吃饱了没事干，就要思淫欲了。一个人饥饿到极点，快要死了，强盗的心念就起来了。饱暖、饥寒，是中国文学中很简单的两个字，却都是真理。饱暖，吃饱了就暖，尤其冬天，就不感觉冷；饥寒，饥饿了就冷，因为身体上的热能烧完了，就感觉寒冷。饭一吃，热能就增加。但是，生活安定了，饱暖就思淫欲。饥寒，为了生存就去抢人家。统而言之，非但人类，整个宇宙的生命过程，就是为这两个问题而繁衍出许许多多的事情，由生到死，没有第二件事。所以，假使世界上没有饮食男女这两个问题存在，就比较清净，不是“一向清净”，一向清净是个人的修养，而不是外在的环境。

佛说药师如来的世界一向清净，没有女人，也没有恶趣。恶趣是三恶道：畜牲道、饿鬼道、地狱道。

还有一点要注意，那个世界没有痛苦的声音。如果我们往生到那个世界，不晓得大家过得习惯不习惯？注意啊！你现在拼命想修到那个世界，等你真到了那个世界，未必会习惯，因为这个世界的众生已经把痛苦当成快乐。这个世界到处充满痛苦的声音，可是我们却习以为常，还当成美妙的歌声。那个世界没有叫天叫妈叫哎哟的声音。“琉璃为地，金绳界道”，马路自然有黄金铺地，有金绳分界。另有“城阙宫阁”等，一切都是金银、琉璃、砗磲、玛瑙、珊瑚、琥珀、珍珠等七宝自然构成，与西方极乐世界同等庄严，没有两样。

现在，我们暂时先保留这一段药师如来国土的研究，继续介绍其国土的内容。

药师佛的正法宝藏是什么

> 于其国中，有二菩萨摩诃萨：一名日光遍照，二名月光遍照，是彼无量无数菩萨众之上首，次补佛处，悉能持彼世尊药师琉璃光如来，正法宝藏。是故曼殊室利，诸有信心善男子善女人等，应当愿生彼佛世界。

那个世界的众多菩萨是由二位大菩萨所领导，一位是日光遍照菩萨，一位是月光遍照菩萨。这两位菩萨将于药师佛涅槃后，依次递补佛的位置。递补后的名号仍然称药师琉璃光如来。

药师佛的“正法宝藏”是什么？这就是我们大家需要深入研究了。不要忘记，十二个基本大愿就是正法宝藏，这十二个大愿的精神所在是什么？就是“舍己为人”四个字，忘记了我自己，而为一切众生着想。换句话说，药师如来的正法宝藏是一切利人，不是利己。

如果我们只晓得念《药师经》，盲目地祈求药师佛保佑我，消灾免难，又要长寿，又要不生病，又想进医院时医药费最好便宜一点，或者向医生打个折扣，最好不花一毛钱拿三包药，先吃一包，另外两包还可以留着将来慢慢吃。这种心态啊！不是学药师佛，那是三恶道的心态。

所以，我们研究《药师经》，归纳起来，就是四个字：“舍己为人”，一切为利他而着想，这才是他的正法宝藏。

佛的序文介绍完了，接下来讲药师如来的佛法。

善恶难辨

> 尔时世尊，复告曼殊室利童子言：曼殊室利，有诸众生，不识善恶，惟怀贪吝，不知布施及施果报，愚痴无智，阙于信根。多聚财宝，勤加守护。见乞者来，其心不喜。

药师如来所以能够成就东方琉璃世界，除了十二大愿以外，还有释迦牟尼佛代表药师佛所说的话。现在，佛开始说法了。

佛叫文殊师利的名字，告诉他说：“有诸众生，不识善恶，惟怀贪吝”，这是针对我们这个娑婆世界众生的个性来讲。这本经译文很有意思，叙述十二大愿时，称一切众生为“诸有情”，蛮客气的。这里就毫不客气地称“诸众生”了，佛说一切众生不能分辨善恶。

这个经典文字翻得很好，很容易懂，正因为如此，平常也就不加好学深思了。

一个人要分辨真正的善恶非常难，你说什么是善？什么是恶？除佛以外，没有人分辨得出来。世界上一切的善恶是相对的，没有绝对的善恶，例如人与人见面握手的礼节，在欧美看来是善的行为，在东方则不一定是善，尤其到新疆，西北这些地方，大家手脏兮兮、黏答答地握在一起相当难过，又怕有传染病。所以，还是汉人的见面礼貌最好，打躬作揖，握自己的手不怕有传染病，印度的合掌也不错。到了西北，也不握手，也不作揖，西北人民见面的第一礼貌是吐一下舌头，鼻子还要倒吸一下，我们都学不来。因此，到底谁善谁恶，很难说。

因此，做好事需要智慧判断，否则，看起来是做好事，其实是坏事，往往造很大的业。又譬如父母打孩子，打的行为是不对的，但父母打孩子大多是关爱的，因为他的动机是希望孩子好。所以，打孩子、打学生、教育学生等等的行为，表面上看起来是坏的，实际上没有真智慧，无法辨别真善恶。

而世间法的善恶、是非则是相对的，没有绝对的。“绝对的”在本体上，超过世间，到了道体以上，无善亦无恶，无是亦无非，那是形而上的真理。一落到形而下，必有善恶，等于物理世界必有阴阳，都是相对的。在阴阳相对之间，哪一样恰当，在哪个时间、哪个地区对人有利，那是善的；过了那个时间、地区，对人不利，则变成恶的。又如盐少放一点，味道鲜美好吃，放多了就感觉太咸，糖、香水等使用的道理都与盐相同，要用得恰如其量。

什么是布施

所以学佛要以智慧认识善恶，然而众生除了不识善恶以外，又“惟怀贪吝”。一切众生的心理在基本上是贪的，贪得无厌，自我意识非常强烈。贪是追求外面的事物，你的就是我的，这是贪；吝是我的别人碰都不能碰。学佛要时时刻刻反省自己是否有一点贪吝的心念。例如天气很热，别人需要我们帮忙，你想贪图一下凉快而心生厌恶，不愿意去帮忙，如此则犯了贪吝之心，贪求自己的舒服，吝啬不肯帮别人忙。

“不知布施及施果报”，这个世界众生不晓得什么是真正的布施，也不晓得布施的果报是什么，以为出了钱就有功德，以为帮助了人就应得回报，说什么有舍才有得，这种心态不是布施，这是做生意嘛！

从前，在号称佛地的西藏，看到一个普遍的怪现象是：工作七八天，赚了一点钱就不做了，譬如赚一千元，八百元供养庙子的和尚，剩下二百元，一家人带个帐篷上山郊游去了，唱歌、跳舞，尽情欢乐。玩了一个多礼拜，二百元花完了，一家人再回来做工，赚了钱又去供养庙子。我问他们：“为什么要这么做?”他们回答说：“这跟你们把钱存在银行的道理是一样的。”我问：“把钱放在庙子，和尚会给你利息吗?”他们说：“供养庙子，下辈子就可以大富大贵，不需要做工啦!”

这是投资嘛！这不是布施。

你说西藏有没有土匪？照有不误。土匪抢完了，跑到庙子洗洗手，跪到观世音菩萨前面，“唵嘛呢叭咪吽”拼命地念，菩萨啊！我忏悔，我是迫不得已的啊！下回不抢了。等钱用完了又去抢了，抢完了又回来磕头忏悔，就是这么一回事。所以佛经说，一切众生不知布施，亦不知施的果报。

我们晓得，布施不一定是金钱。我昨天还在讲笑话骂人，一个当公务员的，多花一秒钟，多说两句话，将来子孙公侯万代，蛮好嘛！人家来办件公事，你多花点时间告诉他要带身份证、带图章、带什么……免得人家三番两次跑，要不然就是承办人今天请假，明天不上班，害人家徒劳往返，那不是造业吗？什么是布施？处处给人家方便，嘴巴上、手边上顺便帮人家一点忙，就是布施，也是供养啊！连举手之劳、开口之劳都不愿干，然后看到别人困难的时候，还用异样的眼光看人家，这个世界的众生之可悲，真是无法形容。我看十八层地狱还不够，如果我当阎王，一定修它五十多层地狱。唉！那真是没有智慧啊！正是经典上讲的“愚痴无智”，没有真的智慧。

缺信根　多聚财

“阙于信根”，没有正信就是迷信；没有智慧的相信是迷信，一切的真理不透，佛的理不透，愚痴的相信，统统是迷信。例如你们打坐，一点念头没有，都在那里昏沉，这种愚痴的果报，他生来世堕入畜牲道。愚痴的行善，他生来世的果报是阿修罗。所以学佛是“大智度”，一切要靠般若，没有智慧的学佛，迷信的果报非常可怕。

这个世界众生愚痴无智，没有正信，信根不够。你们念佛，天地良心，自己真信吗？一边念一边在心中打问号，不晓得这样念对不对？真的有阿弥陀佛吗？真的能往生吗？搞了半天都白搞，对不对？六道轮回，三世因果，哪个真信？贪瞋痴慢疑，这个疑是与生俱来的，何以会怀疑？信根不坚固。“阙于信根”，你们研究心理学的，我告诉你们，这些都是众生心理状态的毛病。

“多聚财宝，勤加守护”，拼命赚钱，把钱看得紧紧的，变成一个守财奴。告诉你们一个现在的故事：侨泰兴公司的老板是一位泰国来的广东华侨，有好几个太太，财产一大堆，台北市立体育场也是他兴建的。有一天，以前宪兵司令李将军碰到这位大老板，问他：“你那么大把年纪了，钞票那么多，人也快死了，还拼命做生意赚钱干什么？”大老板回答说：“嘿！你不知道，就是因为年纪大快要死了，才要趁这个时候赶快赚钱啊！要不然来不及啦！”李将军一听傻了！这是什么哲学？你说天下的是非有一定的道理吗？抱持这种思想观念的人很多。过去有个守财奴，临死时看到灯草多烧一根都心疼，断不了气。这个世界的众生大多如此。

“见乞者来，其心不喜”，乞者不一定是讨饭的，任何人来请他帮忙，心里就不高兴。诸位反省反省，别人来找我们帮忙，你心里有几次是高兴的？嗯？学佛的人要反省哦！表面上说好好好，我给你想办法，心里想：讨厌死了，还不快走。见人来要求，其心不喜。

钝刀割肉的布施

设不获已，而行施时，如割身肉，深生痛惜。

这是佛经的形容，假使不得已而行布施，如化缘、募捐，和尚托钵，给一点钱，好像身上的肉被刀割一样，痛得不得了，可惜得不得了。佛经上讲这四句话形容得太文学化，我觉得四川人有句话形容得最贴切，四川人说："劝人出钱，如钝刀割肉。"快刀割肉，一下子不感觉痛，等血流出来以后才觉得痛；钝刀慢慢割，哎哟！当场喊叫，痛得不得了。所以，千万别劝人家布施，钱是拿出来了，他心里痛啊！如钝刀割肉，很痛苦。

我也曾跟法师们讲了一个故事，世界上有一次出了一个大魔王，来扰乱世界。玉皇大帝派了许多人来收妖都没有效，后来报告观世音菩萨，观世音叫孙悟空来，因为世界上的妖怪，孙悟空每个都认识。孙悟空一看，报告观世音："对不起！别的妖怪我都知道，这个魔王的来源我摸不清楚，对他没办法。"最后实在没办法，到西方找如来佛，佛一听世界上出了这么一号妖怪，笑一笑说："不要紧，我叫一个徒弟去就好了。"结果如来佛就给小和尚一个法宝，一个包袱，叫他下灵山到世上把妖怪收了。小和尚背个黄色的包袱，带着师父的法宝下山，来到魔王面前一站。魔王一看，释迦牟尼佛怎么派个小和尚来，我连玉皇大帝、阎罗王都没看在眼里，小和尚算什么？小和尚说："阿弥陀佛，你别凶，我师父派我来，我也没有对不起你，师父叫我跟你讲一句话，看一样东西。”小和尚把包袱打开，拿出法宝——化缘簿，在妖怪面前一摆：“师父讲，请你拿出一点钱。”妖怪一看，算了！和尚你滚吧！我也不在这里闹了！魔王就跑掉了。

你看，连魔王都怕化缘簿，法师们千万不要去化缘啊！

我们继续佛说布施的道理，不论大小乘的修持，均以布施为先。布施在中国固有文化中是“仁”的发挥，人字旁加个二，就是人和人之间，只有爱人，慈悲他人才称得上仁。《大学》上说：“亲亲而仁民，仁民而爱物。”亲亲是“幼吾幼以及人之幼，老吾老以及人之老”，从自己的亲人朋友开始，然后发展到社会大众乃至全人类。仁民是慈悲众生，由慈悲众生而扩及其他的生命，人只爱人类仍是自私的，最后还要爱物，爱一切生命。所以，仁是佛家慈悲布施的基本，仁慈行为的第一步就是布施。佛介绍药师佛十二大愿后，第一点就说明布施的重要，然而一切众生是不肯布施的。

前面谈到一切众生看到别人痛苦，当别人来请求帮助时，起初心里不高兴施舍，即使后来不得已而行布施，心里愈想愈痛，如钝刀割肉。佛为什么要说这些道理？《药师经》所提的布施与药师佛的修法有什么关系呢？那可大了，我们先看原文再来研究原因。

悭贪不止　累积病情

复有无量悭贪有情，积集资财，于其自身，尚不受用，何况能与父母、妻子、奴婢作使，及来乞者。

佛说世界上还有很多很多无量众生，喜欢聚积财宝、物品，他自己本身都舍不得用，更何况对他的父母、妻子、儿女、奴婢以及来乞讨的人。

悭吝是舍不得施舍，吝比悭好一点，吝是比较上舍不得，即使拿出来给人家也不过是十分之一或百分之一。悭是内心坚固的舍不得，一毛不拔。悭吝就是对他人不肯慷慨，不肯帮助人，不愿付出仁慈。不过，节省不是悭吝，如果对自己要求淡泊，严格地管制自己的欲望，却对别人慷慨则是节省。中国文化儒家的教育是“躬自厚，薄责于人”，躬是指自己，对自己要求很严格；对别人则宽容体谅，不要严厉责备别人。这类行为就属于布施。

然而，我们看到人与人之间，夫妇之间、兄弟之间、同学之间、朋友之间，几乎没有一个人真正做到躬自厚而薄责于人。责备人家，要求人家都严格得很，道德标准都是拿来要求别人，不是要求自己，这就是凡夫众生。菩萨道的道德标准是严以律己，宽以待人，如果做不到就是悭吝。凡是悭吝的人一定贪，贪的人必定凶狠，这种心念是连带的、必然的。为什么呢？因为贪欲得不到满足，相反的作用就是凶狠。一个宽大淡泊的人，一定是仁慈的。世界上一切众生几乎全体都在悭贪中，悭吝是不能舍；贪欲是侵占别人，在别人那里沾到一点利益就高兴，乃至在言语上占了便宜都高兴。总之，想尽办法以损害他人为满足。

所以，悭贪是一切众生基本的心理，这是心病，这种心病只有用心药才能医，心药就是自己了解道理后懂得布施。悭贪的心念久而久之会转变成身体上的疾病。我常对研究中西医的朋友说笑话，但也是真话，我说不管今天的医学如何高明，如何发达，中国人有两句话："药能医假病，酒不解真愁。"一切医药再高明只能医假病，不管中医也好，西医也好，真正医不好的是死病，人要死的时候，你一点办法都没有，怎么都医不好，如果能把人医到无病，人就不会死了。所以尽管医学那么发达，人还是照死不误。

佛法标榜"了生脱死"，医治生老病死的病。事实上，佛法在世间，一般信佛、学佛的人照样生老病死，原因就是人始终没有医好自己的心病。有悭贪心理的人，立即会被一个智慧高、定力深或者定慧等持的人一眼看穿。不仅是人，一切众生乃至动物如有悭贪心理，很容易被看出来，这是什么道理呢？因为心理会转变生理，心有悭贪的结，他的表情、神气，在生命的四大上就呈现出来，一望而知。所以无量众生悭贪不止，就已经在累积病情。

提一件小事，有一天香港有个朋友打电话来，这个朋友一家人做了很多好事，全家五六口挤在一个小房间。我们这里的同学到香港，他都尽量不让同学花钱住旅馆，招待到他家住，连我的儿子从美国回来经过香港，他也把他拖去住。后来我的孩子写信告诉我，很感谢香港那位朋友盛情招待，可是回去病了一个月。夏天香港很热，那位朋友又舍不得装冷气，有一点钱宁可做好事，一家人挤在一起，把房间让给客人住，结果我的孩子说他痛苦极了，热出病来了。昨天夜里，那位朋友打电话来说："老师！挨了您的骂，我下狠心啦！买了一台冷气。"我说："好啊！你装冷气可别当土包子啊！把冷气开得非穿棉袄才过瘾，你那个小房间我虽然没看到，但是同学回来都跟我提过，只要开到凉快就好啦！”他说：“我知道，我知道，我还舍不得电呢！”

他这种舍不得是节省，不是悭吝。为什么告诉你们这件事？很多人有电风扇，夜里贪凉吹一整夜，告诉他不要这样，会受寒啊！结果不听，天天到这里来拿药吃，再不然头也痛，身上刮痧刮得红一块、紫一块的，你告诉他这样会生病，他还是要贪凉。什么叫贪心？你不要认为我不贪钱、也不贪名、不贪利就是不贪，你错了，我们的心理行为随时都在犯贪。贪凉得了病又舍不得看医生，一方面舍不得，一方面倔强。有时候我拿药逼着他还得拜托他吃，拜托不了，我骂起来，他怕了，只好吃药。实际上我这里一包药成本也是好几百元，他不知道，当便饭吃，那你夜里不要贪凉吹风吹一夜好不好呢？他不干。所以众生处处犯悭贪的毛病。

回想我们小时候，哪里有什么电风扇。天气热得要命，顶多穿条短裤，套件汗衫。有些老太太们上身脱得光光的，两个大奶子像口袋一样挂在肚皮上，反正老了，倚老卖老，我们看见也不觉得怎么样，对老太太一样恭敬，老太太搬把椅子坐在弄堂，过道风一吹，手上的扇子一摇，不时喝口茶或吃口绿豆汤，那种享受劲儿，好像到了色界天天顶上啦！那样的日子我们也过了，而且过得很好。现在有电风扇又有冷气，还觉得这样受不了，那样不舒服。物质文明越发达，人类悭贪的心理越严重，不知名的病痛也越来越多，怎么来的？心理悭贪来的。

所以《药师经》提悭贪和布施这些道理，有什么关系呢？其中意义很深，能在心理上解脱得开就是内布施。譬如夏天出出汗也蛮舒服嘛！从生理卫生和养生之道来看，夏天应该出汗，一个人夏天不流点汗，毛病都积存在体内无法排出。冬天则讲究时髦，暖气开得像夏天一样，要穿夏天的衣服才舒服。在美国、加拿大这些地方，由冷暖气引起而医不好的病特别多。

再讲一件事，有一个年纪大的老学生，是坐在办公室上班的，膀子酸，抬不起来，各医院都检查遍了，没有毛病，只有一点风湿，风湿药吃了也医不好。有一天跑来看我，向我诉苦，连字都不能写，痛苦极了。我问他看医生没有？他说中西医都看过啦！我说："你的办公桌很大，桌上有玻璃板。"他说："对啊！老师没有去看过，怎么都知道？"我说："知道，因为你的两只手抗议了嘛！"他说："这有什么关系？"我告诉他我以前也学时髦，办公桌上摆块玻璃板，夏天两手肘一放，很凉快，几天以后打坐，这个地方气脉通不过，我就知道问题出在玻璃板上。我叫他们把玻璃板统统拿掉不准用，也不准用尼龙、塑胶，改用厚纸板，上面铺一层布就好了。办事的同学舍不得，说一块厚玻璃板要一千多块钱，换新的垫板又要花钱。我说花钱就花钱，那样气就通了嘛！

我告诉那位膀子酸痛的老同学，把办公桌上的玻璃板拿掉，也用不着吃药，过一阵子就好了。结果照我的办法做了，不药而愈。为什么？因为手放在凉冰冰的玻璃板上办一天公，他贪图享受，玻璃板下面垫一块布，绿油油的多神气啊！又有专人伺候泡茶，当主管的虽然不是一呼百诺，那种气派也很够味，可惜两手受不了，这个道理何在呢？讲病因病症是如此，讲原理则归咎于心理悭贪。所以科学文明愈进步，大家又不晓得求心理解脱，一味过着物质的机械的生活，悭贪愈厉害，疾病愈多。又如灯光也要越亮越好，所以眼睛的病也多了。

那么，这与布施有什么关系呢？内布施就是解脱、放下，一切外境都能够摆开。外布施是把自己的财物，一切的好东西给别人用，他要用拿去用，众生悭贪嘛！满他的愿。所以《药师经》要讲悭贪的道理。

功名富贵最迷人

“复有无量悭贪有情，积集资财”，资是资产，是有形的物质；财是金钱、钞票等。累积财物，拼命赚钱，赚了又赚，多了还要多，有了更想有。我也玩过名利，也玩过权位，功名富贵，我清楚得很。我常常听同学们讲对名利一点都不想，我说放狗屁，他们被我骂得愣头愣脑。我问：你看过名利没有？你求名利求得到吗？功名富贵不想，你做得到吗？功名富贵很可爱啊！你到了那个位子就会晓得，心里想喝茶，眼睛这么一看，一排茶叶就摆过来了，乌龙啊！铁观音啊！铁罗汉啊！清茶、花茶、菊花茶，应有尽有，因为你是名利中人、权位中人。你如果想一样东西，马上摆在面前，那多麻醉人啊！随便讲一句话，明明讲错了，下面站着几千人喊“是！”那个味道是很好，自己马上觉得长高了。我当年就有这个经验，站在台上随便说一句话，自己心里都觉得讲错了，可是大家却表示很对。我心想完了，不能再这样下去，再搞下去会把自己埋掉，这得自己有警觉性。

所以说功名富贵永远不会有满足的时候，越多越好，那真是好玩。随便到一个地方吃饭，吃完了算账，如果一餐饭一万五，好！连小费给两万，五千块小费，功名富贵要钱哪！下一次再来，随便要什么位子有什么位子，要什么菜就有什么菜，都是钱玩出来的。你们不要功名富贵，尝过这个味道没有？充其量吃碗牛肉面，还你请我，我请你的，以为这样就不要功名富贵？不要吹了，你到了那个位子一定昏头的。像你们年纪轻，什么都不要，到这里来试试看，"老师早！老师好！老师不得了！"你头都晕了！你自己也会觉得很伟大，而且越看自己越伟大，与积集资财一样，有了钱要啥有啥，山东话说："要兮么，有兮么。"那是可爱啊！迷人啊！

悭贪积聚

悭贪积聚是连着来的，悭贪后马上喜欢积聚，要了还想要，多了更想多。像我现在别的什么都可以不要，一听到香港或其他地方有本好书，就贪了，只要有人打电话告诉我："老师啊！这里发现一本好书。""什么书？"……"唔！好！好！快寄来！不管多少钱。"还是贪啊！佛像庄严的，好啊！买啊！赶快寄来！一大堆佛像围着，想想自己真是悭贪，对不对？我是有错就要坦白出来，学佛人自己要随时反省。不要认为"积集资财"是光指钱而言，钱比较明显而已，任何物质都算，所以出家人的衣服只准有三件，不能有第四件。我过去也守这个戒律，西装始终保持三套，有第四套非送人不可。不过我有好几件长袍，送也送不出去，如果送给跟我个子一样高的年轻人，穿着长袍在街上逛，人家看了会说不像话，什么东西！没有办法，只好把长袍挂起来。想把这个衣钵传出去，无奈传不出去。

下面佛说的是感叹的话，“于其自身，尚不受用，何况能与父母、妻子、奴婢作使，及来乞者”。佛说那个又悭吝又贪的人所喜欢的东西，他自己本身都舍不得好好享受。你们想想看，不要看别人，看看自己，好东西藏在冰箱舍不得吃，一个月下来，坏了，只好扔。舍不得给父母、妻子、儿女、奴婢，更不愿意拿给别人。现在讲的是我们的心理状况啊！不要看文字好像劝世文，佛经讲一切众生的心理状况就是如此，《药师经》的秘密在哪里，它明白地告诉你，身上的病是心理慢慢形成的。

不但自己舍不得用，也不给家人用，更不肯给乞讨的人，世界上都是这样的众生。因为有如此的心态，所以变成了疾病。譬如说钱财损失了，那种内心的痛苦、烦恼、懊悔，不知不觉就形成身体上的病。所以一切众生，随时要反省自己的心念。

讲到这里，我要提一件几十年前的往事。有一次我讲经讲到布施，我的一位朋友坐在下面听，听完了回去大骂我，他说：“他讲布施的意思是叫别人把钱拿出来给他，因为他晓得我有五万块美金的存款。”其实我真不晓得他有钱，唉！你说有什么办法？众生悭贪。所以，你们在座的有好几位都有经验，想在这里捐钱，无论如何我们这里不接受。为什么呢？这要看你是否真的能舍，否则你将来想起来，后悔痛苦得不得了，那个果报不可思议。不是我们这里接受的果报不可思议，而是你自己心里痛苦、烦恼的果报不可思议。痛苦的果报形成日后的病，日后指的还不是来生，就是这一生。这就是修行的道理。

悭贪的果报

现在佛继续说因为悭贪心理，来生所得的果报的情形：

彼诸有情，从此命终，生饿鬼界或傍生趣。由昔人间，曾得暂闻药师琉璃光如来名故，今在恶趣，暂得忆念彼如来名，即于念时，从彼处没，还生人中，得宿命念，畏恶趣苦，不乐欲乐，好行惠施，赞叹施者，一切所有，悉无贪惜，渐次尚能以头目、手足、血肉、身分施来求者，况余财物。

日夜在悭贪中的人，死了以后堕落恶道变成饿鬼。饿鬼的果报就是从悭贪心理而来。佛经上如何形容饿鬼呢？饿鬼众生的体积大，喉咙食道管非常小，或者胃不好，接受不了食物。你问哪里可以看到？研究生物的就知道，深海中有些生物，除了极少数如鲸鱼会浮到水面吐水外，许多都不会游到海面上，很可怜！深海下面是黑暗的，有些生物本身会发光，但是喉咙很小，也不太容易找到东西吃，如果活上几百年，几百年大多都在饥饿状态中，这就是饿鬼道。

人的饿鬼道在医院也可以看到，好多人患“吃不得”的病，嘴巴插一根管子，但是吃的欲望仍大得很，现在医学发达，打葡萄糖补充体能，病人饱尝“吃不得”的痛苦，实际上已经进入饿鬼道的境界了。所以，看世界众生相，天堂、地狱在人间都看得很清楚，只因你智慧不够，观察不出来。

傍生趣，什么是傍生呢？傍生就是畜牲；什么是趣呢？趣就是趣向。这一条路上，有许多人活着是人，但是心理的结使影响到生理，已经变成畜牲道了。世界上畜牲道的人很多，非人形的也不计其数，尤其到很痛苦的地方，如医院、麻风病院就会看到。不过你们不要轻易地去接触，麻风病传染得很厉害。

可是话说回来，我有一个学生在麻风病院已经服侍病人十六年，我真是佩服他，我问他不怕吗？他说怕呀！可能现在已经被传染了，所以跟老师讲话站得远远的，我问他不难过吗？他说不难过，愿意这一生奉献给他们。这位学生不是佛教徒，也不是其他宗教徒，真是伟大，我只有向他合掌。我说你不要叫我老师，我要叫你老师了，你这个行为就是菩萨道嘛！他说这没什么了不起，我说我都做不到啊！那里面的人都变了形，痛苦得很。差不多的动物、生物都是横行或爬行，所以叫傍生。

佛说，这些众生或者在畜牲道，或者在饿鬼道，如果多生多世以前听过佛法，听过《药师经》或药师如来名号，在遭受极痛苦的刺激下，不知不觉突然念出“南无消灾延寿药师佛”或“南无药师琉璃光如来”，“即于念时，从彼处没，还生人中”，畜牲的身体死了，解脱了，马上可以投胎变人。

这是真的，在座很多人都有经验，从来没有学过佛或念过某个咒子或结过某种手印，突然自己会念咒会结手印。有位同学有一天问我是不是有“这个”手印，我问他怎么会的？他说打坐看到自然晓得，我说对啊！这是某某佛的手印。这就涉及到阿赖耶识的问题，多生多世以来，你听过一下，那个种子留在你的八识田中，因为痛苦到极点，刺激阿赖耶识功德智慧的灵光发现，偶然把握住，自己念起来。因此，阿赖耶识那一念的种子之重要可想而知，“因缘会遇时，果报还自受”。所以，人于一念之间，不要随便轻易动贪瞋痴的念头，否则随便一动，阿赖耶识的种性便种下了恶根，以后就要结恶果。相对的，种下了善根，就会结善果。

以苦为师

要成功任何一件事，都必须因缘具足，用现代话来讲，就是要具备充分而必要的条件，学佛这件大事更是如此。所以学佛的人都发愿他生来世再得生命时，不要遭遇三灾八难。三灾即世界上的劫数：刀兵劫、瘟疫劫、饥馑劫。

刀兵灾难就是战争，你们这一代人都没有碰到；我们这一生可是亲眼看到，战争一来，首遭其害的就是老弱妇孺。当年我坐在车上逃难，车行之处，只看到老人、小孩、妇女，像钱塘江的浪翻下去一样，一排一排倒下去，回头一看，眼泪都没有了。你救谁啊？人的生命像蚂蚁一般。所以古人说：宁为太平鸡犬，不做乱世人民。乱世的人，生命不值钱，你要知道，这个色身都是母亲怀胎十个月所生，含辛茹苦所带大，一个战争一来，一声命令一下：“开枪。”机关枪一扫，人就那么一排排倒下去，没有把人当人，哪里有人就往哪里打。一颗炸弹下来，只看到血肉横飞，一条大腿吊在树上，一只胳臂挂在电线杆上……真是惨不忍睹，这是刀兵劫的灾难。

瘟疫劫就是传染病，情形严重的，几天当中，一个地方乃至全县的人全都死光。

饥馑劫，就是饥荒，大旱灾或大水灾，弄得没有吃的，持续上好几年，当然就要饿死人了。

所以古人发愿他生来世再来投胎，第一先避开三灾。但是你真避得开吗？能避开三灾，已经是多生多世修行，累积功德所得的结果。

八难，其中一难是生北俱卢洲，还有一难是生长寿天，因为这些地方没有痛苦、没有烦恼，没有苦恼的刺激，也就不容易发心学佛，活得快快乐乐的，无病无灾无烦恼，要什么有什么，就在神仙境界中，何必学佛修道？所以佛说，以苦为师啊！这个娑婆世界有苦有乐、有烦恼、有和平，差不多都是一半一半，一阴一阳，因为痛苦的刺激，往往激发你自性中善念的灵光现前，此所以阿赖耶识种性如此之重要，一念经过八识田中，有了这么一点种子，在极苦的时候，善心就会发现。

再看看世人的心理，最坏的人在临死的时候也会起善念。中国人讲："人之将死，其言也善；鸟之将亡，其鸣也哀。"这几乎是必然的。你看许多土匪、强盗，真要杀他，一身都软了，然后告诉旁人不要学他，这是在遭受最大的刺激时，善念出现了，这种心理是阿赖耶识的作用。

再说天才是怎么来的？都是多生多世喜欢在某一方面贪执，他生来世种子爆发，所以有些人生来就会画画；有些人生来就认得字，像唐朝白居易三岁能认"之无"二字，家里人不信，拿一堆乱七八糟的字试验他，他也能找出来。这就是阿赖耶识根性的问题。

所以佛说有些众生在极大苦难当中，在三恶趣中，“暂得忆念彼如来名”，阿赖耶识的种子忽然爆发，“药师如来”的名号莫名其妙地闪现脑际，就是这一念，念力坚强的话，当时受痛苦业报的身体即刻死亡，或在畜牲道死，或在饿鬼道死，然后“还生人中”。不过，生在人中也有业力重不重的差别，如果业力重，从饿鬼中来，或是从畜牲道来，或是天人中来，或是阿修罗道中来，他身上所带的业习未断，稍有定力的人一望而知。

宿命通

有些人过去生的善业重，恶业轻，一生下来就有宿命通，知道自己前生是什么。过去我有个朋友，是位名气很大的老前辈，也学佛，那时我还不到三十岁，他已经五六十岁了。他相貌很好，红光满面，白发苍苍，白头发白胡子，飘飘欲仙。抗战胜利后，我准备回南京，他知道我要离开四川，特地老远赶来陪我一天，他说这一次离别不知几时再见面，我怪他说这种没出息的话。这位老前辈文章写得很好，说他自己过去生是宋朝的欧阳修，所以这一生写欧体，字体也像欧阳修；又说他在清朝是某某人；前生的果报最坏，是一条狗，因为在前生造了一个很大的恶业，所以前生变成狗。狗报八年，烦得不得了，大便都不肯吃，后来把自己气死了。我骂他怎么说见不到面，大不了再来嘛！

我以前年轻的时候很狂妄，比你们狂妄多了，那才是真太保，跟你们现在的狂妄不一样，现在年轻人的狂妄，我连看都不要看。那些老前辈，学问好，地位高，看到我，摸摸我的头，喊我小孩，我都不高兴，我说："什么小孩？你两三岁的时候，我还抱过你呢！那时我七八十岁，为什么叫我小孩？"我那个时候就有那么讨厌，老前辈被我搞得一愣一愣的。

人，就是生生世世在轮转。有些人生下来就有宿命通，知道自己的前生或他人的前生。宿命通是从定力来的，不要认为打坐就是定，你说那我坐了三年，都坐不出宿命通？你那是昏沉、散乱，不叫定力，两条腿虽然盘得很好，心里念头却不断。定，是心境如青天白日无所不照，既不昏沉亦不散乱，也没有妄念，这么一定，身体已经忘了。你以为坐在那里不动就是定吗？那叫盘起腿来睡觉。还有，打坐坐不住的，是气脉不通，东扭西摆的，完全跟着身体搞，那是病态，你还以为是气脉通了呢！那是病，什么病？神经病，不是精神病，是神经不对，神经硬化、老化，气走不通，这里胀痛，那里难过，赶快念药师如来啊！不要误以为是功夫。

宿命通是从真正的定而来，但有些人不修定也有宿命通，这叫报通，是善的业报而来，多生多世因念佛号，或持药师如来，或念阿弥陀佛，或称释迦牟尼佛，这一生善报现起，天生就有宿命通。所以报通并非修定而来。得宿命通的人晓得前生是猫、狗、蟑螂、泥鳅，如果是蟑螂、蚂蚁、泥鳅等，还得先变成猫、狗之类高一级的动物，然后才能转换成人身，很不容易。他晓得恶趣的痛苦，因此不追求人世间的欲望，这种"不乐欲乐"不是修道成功，而是害怕。有许多人这一生清闲淡泊，不须守戒而自然在戒中，那是因为胆子小，并非有道行，受罪受够了，心理上怕那一念，不是戒律严谨，也不是智慧、道德成就，而是过去生阿赖耶识习气上变畜牲、饿鬼，受罪受够了，下意识害怕，所以很老实，不算是道，道不是这个境界。

讲一点现代人的心理，我看过也经验过很多，许多孤儿出身的人，长大后有两种极端的心理，一种是将来发达了，对别人非常好，既慷慨又喜欢帮助别人，因为自己曾经受过孤儿的痛苦，不希望人家再受。另一种孤苦伶仃成长的孤儿，日后有了成就，对社会上任何人都是仇恨，因为当时受苦没有人帮助，认为社会上没有好人。所以有些从苦难中出来的人，不是喜欢帮助别人变成大好人，就是悭吝悭贪，比坏人还要坏。这其中就有阿赖耶识发起善根、恶根的关系。

赞叹施者

因此，由于过去多生多世修习佛法，虽然这一生生命是从三恶道中来，但因善根发现，“好行惠施”，喜欢给别人恩惠，喜欢布施，甚至“赞叹施者”，看到别人布施就赞叹。赞叹施者很难啊！一般人听到别人夸赞某人，心里就不是味道，总是不以为然，总想转个弯或三天两天转过来破坏他，众生的恶业就是这么造的，不愿意赞叹别人的布施。所以，虽然自己没有力量做到，也应该多赞叹别人。

不过，赞叹也会产生反效果，根据我的经验，会出毛病。你们都知道，我喜欢捧人，尤其喜欢捧学生，结果却把学生捧坏了。被捧的人认为老师都讲他了不起，就骄傲起来。本来看他有一点善而赞叹，他就应该更善才对，结果是越赞叹越

“起不了”。几十年的经验告诉我“此路不通”，所以我现在反对奖励，非得拿金刚怒目来对待，这样才乖一点，否则，你了不起啊！了不起！最后变成起不了。

可是话又说回来，还是要行赞叹功德，因为某人原来只有一分好处，宣传他十分，某人经这么一宣扬，不好意思，一定要做到那个标准。本来赞叹的动机在此，可惜往往得反效果，可见赞叹施者多么难。

佛说这些多生多世有善根的人，因为“赞叹施者，一切所有，悉无贪惜”，自己的所有一切，肯布施出来。布施很不容易，财物布施还比较容易些，慢慢还得把自己的头颅、眼睛、手脚、血肉等交出来给需要的人。施舍身体，现在更方便，医院中的捐血、捐献眼角膜等都是。要死的时候立个遗嘱，把身体的器官都捐赠掉，更何况财物。

内布施　外布施

所以讲内布施，能够放下，解脱，非常难。人生难以布施的，第一是钱财，第二是生命，这两样做到了，不成佛也是菩萨。

现在讲一件事给你们听，是听来的故事，当时听了就不胜感慨，是学生告诉我的。

“印度某某人来了，想来见您。”

我说：“不认识啊！”

“他认识您。”

“忙得很，算了！”

“老师！这个人有道理哦！”

“什么道理?”

“创办‘眼库’，发起全世界捐献眼角膜的就是他。”

捐献眼睛非常痛苦，人在将断未断气时，把眼睛挖下来冰冻。这个人“拥有”很多眼睛，分送各个国家，分配权在他手上，所以每个国家都争取他，譬如送某国多少只，这个国家就可以医治多少失明或眼睛坏了的人。“现在我们这里的公私立医院为了争取他，都变成冤家，因为多争取几只眼睛，就能多救几个人，医院声望高，生意也会好。”

我说：“此乃布施之过啊!”做好事会出毛病的，想想看天下的好事容易做吗？所以六度万行都需要智慧。

所以，要真正布施，赞叹施者，很难！能将头目、手足、血肉……拿来布施，更难！用精神布施也难，多讲一句话，多照顾别人一点，多牺牲一点时间，绝不干。我看得很多，叫他多劳动一点，多受点委屈，绝对不干。表面上慷慨很容易，仔细反省自己，一点都没有做到，既然没有做到，你求药师佛有什么用？学佛第一条就是叫你外布施、内布施。

众生能够以医药布施给别人的，他生来世无病无痛，而且得长寿。这类朋友我也见过，一辈子没有病痛，活到八九十岁，连头痛是什么滋味也没尝过。也有一辈子没有做过梦的，这种人躺下就睡着，睡醒了就起来，不晓得梦是什么样子。多幸福啊！在人位上讲，他福报大，一生无梦，可见他心中也没有什么烦恼，但是实际上睡着了做不做梦？必然做梦，只是醒来就忘了，那是无记业重（业有善业、恶业、无记业）。

所以你们记忆力不好的，读书记不得的，那是前生造的无记业重，无记业的果报是畜牲道。所以你们打坐要小心，拼命求无念，都落在昏沉中，修了半天，结果钻到牛胎马肚去了。什么是定？定的影子都不懂，以为无念就是定，你那个无念正是往牛胎马肚里的因。小昏沉是无记，是失念，注意喔！修持不要乱搞，把这些道理真的搞懂了，本身自然就得药师佛感应。什么感应？念药师佛的名号不算感应，必须一念清净，身心内外一片琉璃光，在药师佛的境界中，自然得到药师佛的灌顶、加庇，自然无病无痛，这也就是长寿佛的修法。

以上是关于布施的一段，如果不说明，你看这一段也没什么了不起，只不过劝人为善，讲一下布施而已，与药师佛有什么关系？关系就是刚才向大家报告的。

持　戒

现在继续讲持戒。

> 复次，曼殊室利，若诸有情，虽于如来受诸学处，而破尸罗。有虽不破尸罗，而破轨则。有于尸罗轨则，虽得不坏，然毁正见。有虽不毁正见，而弃多闻，于佛所说契经深义，不能解了。

佛说：再其次，文殊菩萨啊！有些众生虽然在佛那儿受教求学，包括出家、在家的，换句话说，有些众生跟佛学习，而且是真正学佛，接受佛的一切教法。“诸学处”包括经教、教理、大小乘、显密教、戒律等。经律论三藏皆通的学佛者，“而破尸罗”，却破了戒，“尸罗”就是戒。

很多人包括我在内，口口声声说自己守戒，或以戒律标榜自己，严格讲起来，处处犯戒，因为菩萨戒第一条就是不能“自赞毁他”。自己认为是以戒为标榜，以禅宗为标榜，或以净土为标榜，其他都不好，早已犯了根本戒，根本尸罗已经犯了。

佛教有一句通俗的话，“若要佛法兴，唯有僧赞僧”，出家人必须彼此赞叹，彼此恭维，彼此讲好话，佛法才会兴盛。结果今天的佛教却是“唯有僧毁僧”，问题相当严重。再不然，还没有听过“我”的教理，就看不起他，尤其是标榜某一宗、某一派的人，这种过错犯得很严重。以我的眼光看，我是个凡夫，以可怜眼看天下可怜人，世界处处都可怜，看到学佛的人都在可怜的破戒中，很严重，很可悲。

佛又说，有些学佛（要受教义的，没有受教义不算数）的人虽然没有破戒，但是却破坏了团体的规矩。譬如各个寺庙因环境不同，有其特定的规约、原则，有些自认了不起的人，不愿遵守这些原则，就叫“破轨则”。破坏共修团体生活轨则，所犯的罪业更大，所以我们这里宁可骂你，把你赶出去，不希望你再造这个业。那是慈悲啊！共修道场所订的规则就是戒律。有些人不但不守尸罗，还要破坏规矩，佛法的真正教育就是叫人做个规规矩矩的人。你到一个团体，到一个环境，不能守规矩，可见你做人不守规矩，吊儿郎当地不在轨道上走，那还有什么用？在人中已经不算一个分子了。

佛进一步又说，“有于尸罗轨则，虽得不坏，然毁正见”，一层比一层严格，不是一层一层罪轻，轨则比尸罗严重，正见又比轨则严重。有些人学佛不犯戒，也没有破坏规矩，但他心里的眼睛已经瞎了，没有正见，对于什么是真正的佛法，什么是真正的修持，看不清楚，那是因为缺乏智慧，没有头脑。没有正见即是佛法的瞎子，纵然在修持也是盲修瞎炼。我经常看到许多人佛法讲得头头是道，自己认为比任何人都聪明、都高明，讲出来的话好听得很，实际上，一点都不是佛法，行的全是魔道，甚至是地狱道，为什么？就是因为没有正见。所以正知正见是学佛最为重要的，非常非常重要的关键。

有了正见 才能讲戒律

我们曾经讲过布施和持戒，有一点大家必须留意，几乎每一本经典都会提到菩萨道的六度——布施、持戒、忍辱、精进、禅定、般若，为什么《药师经》也提到这些呢？一般人的观念总会认为《药师经》应该是讲如何得长寿，如何消灾免难，如何使人所求如愿，怎么也讲起六度来了？这个问题的关键就在于：要想无灾无难，没有烦恼病痛，必须从心地上的修持开始，也就是从改变自己的心理行为开始做起，才能获得药师佛相互的感应。因此《药师经》亦不免重提六度的重要性。

“有虽不毁正见，而弃多闻，于佛所说契经深义，不能解了。”如果没有真智慧、正知见，六度万行有时候看似做善事，实则是做了坏事。所以一切以正见为首，因为正见能破除迷信而起正信。正见从何而来？正见必须有高度的、真正的般若，真正高度的般若又自何而来？必须要懂得方便般若、文字般若、境界般若、眷属般若。般若意即智慧，因中国文字

“智慧”一词，不足以概括般若的内涵，所以不直接译成智慧，而以梵音“般若”代替。五般若就是：

一、实相般若。悟了道，见到道体的本身即实相般若。

二、境界般若。见到道体，有“见道”的境界。

三、方便般若。见到实相般若，属于“根本智”。有了“根本智”，还必须求“差别智”，对一切差别法门要尽量透彻了知。因此，善财童子悟道后，他的老师文殊菩萨还要他再出去参学。当然，见道后有时各种方便般若会触境而发，无师自通。但我们不能因此不继续学习，要知道“法门无量誓愿学”。

四、文字般若。有了方便般若的人，文字般若自然殊胜。

五、眷属般若。包括布施、持戒、忍辱、精进、禅定。

般若就是正见，有正见的人才能谈修持与成就，否则都是在盲修瞎炼。那么，真的正知见从何而来？靠多闻而来，没有正见的原因就是自己不肯求多闻。

佛学所称的多闻，并非听闻的闻。佛经记载，佛的十大弟子中，阿难尊者多闻第一。多闻包括一切学问、一切差别法，阿难尊者因为随佛多年，对佛所讲的一切经、一切律等，一切学问都能深切记闻，所以多闻第一。

我们知道正见自多闻而来，不是光坐在那里不求多闻，不研究佛的经律论的深义而能得。

“契经深义”，契是完全相合，对佛经深义完全了解，古代翻译为契经。如果对于佛所说经典的真正意义不能了解，文字看得懂，经义重点却不能证到，因此无法成就多闻，亦不能成就正见。

举例来说，现代佛学很流行，研究佛学的人也很多获得硕士、博士学位，也能成为教育他人的大专教授，如果真要问起有没有研究佛经原典，所获得的答案多是否定的，那么这些学者所看的佛学著作是不是近代人所写的文章、注解呢？答案则多是肯定的。现代研究佛学的人大部分走此路线，情况非常严重，这就犯了“于佛所说契经深义，不能解了”的毛病。看了一点现成的佛学文章，什么空啊！缘起啊！而提出一些佛学看法，这些与真正的佛学根本毫不相干。

又譬如我们现在所看的《药师经》原文，文字都看得懂，如果要达到“契经深义”，则不但要理解文义，更要完全解了，所谓“了了见”，每一句话都要在心地上求证过、通达后，才能谓之“解”，也才能“了”。

解了佛经后，增加多闻；有了多闻后，增加正见。换句话说，我们把文字倒回去看，有了正见才能讲戒律，不破轨则，不破尸罗。那么，顺着文义下来，就是说要想不毁正见，对三藏十二部经律论必须通晓无碍，尤其是经典，因为戒律来自经典。佛所讲的称为经，律是释迦牟尼佛当时所制定的戒条，有些是佛的弟子们针对现场发生的事所订立的规范；论是后世菩萨们的著作，如《成唯识论》《大智度论》等等。

佛法经律论的真正深义在什么地方呢？在一切佛亲自所说的大小乘经典中。所以大乘经典、小乘经典均要研究，才会了解经文深义，进而增加多闻，成就正见，如此才是真修行。

众生与生俱来的傲慢

有虽多闻，而增上慢；由增上慢，覆蔽心故，自是非他，嫌谤正法，为魔伴党。

有些人学问很好，尤其是学佛的人，研究过经律论，也了解佛经，成就了什么呢？成就了一个很严重的错误——“增上慢”。一切众生，不仅仅是人，所有一切生命的贪、瞋、痴、慢、疑都是与生俱来的。贪、瞋、痴，大家都听得很多了。慢，慢是什么呢？慢就是我，我们常听见别人讲口头禅，或听到街上发脾气的人骂一句“格老子”，这句“格老子”就是我慢。世界上没有一个人不觉得自己了不起，即使是一个绝对自卑的人，也会觉得自己了不起。有自卑的人都是非常傲慢，为什么傲慢？因为把自我看得很重要，很在乎自己，但是又比不上人家。自卑与自傲其实是一体的两面，同样一个东西。一个人既无自卑感，也不会傲慢，那是非常平实自在。

中国文化里，庄子有一个比喻傲慢的典故“螳臂当车”。他说螳螂发起脾气来，举起两只细长的手臂，想把车子挡住，不让车子过，结果可想而知，不但被压扁，连浆都压出来了。庄子这句话是比喻人“不自量力”，超过自己能力、智慧范围的事非做不可，螳螂当时怎么会有那么大的勇气，想用两只手臂去挡车子？就是因为“我慢”。一般人常说：“格老子，我不在乎！”你不在乎就变成肉酱啦！

众生的我慢与生俱来，一个人如果能去掉慢心，那就快要修到“无我”了！从心理学的观点可以看出，我慢特别高的人，所做的事情都古里古怪，由于傲慢的变态心理，在某一方面就显现出来了。一个怕羞的小孩，看到人就躲，是不是窝囊？根本不是，他表面上怕羞，内心却非常傲慢。

还有疑，多疑，对任何事、任何人，尤其对修持信不过。贪瞋痴慢疑是众生的劣根性，不容易去掉。慢与疑包含在贪瞋痴中，痴是没有智慧。在修持上慢与疑比较容易看到，比较容易了解，因此通常只提贪、瞋、痴，比较少提及慢、疑。

增上慢

我们对我慢已有了了解，再看什么叫增上慢？增上慢是人本来只有慢心，因某种原因又把慢心的作用发挥得更淋漓尽致。譬如学问好、多闻的人，最容易产生增上慢。岂止学问，一切人在任何方面有些成就，更高更上的慢心必然随之增加。像聪明人本来就自以为了不起，聪明人若再加上学识、经验，如果走上坏路子，就是古人所说的“学足以济其奸”，不学还好，有了学问更助长其作恶。

中国历史上的奸臣，都是人才，都是学识一流的人才，像众人皆知的秦桧，学问之好，头脑之聪明，在一人之下，万人之上，可以一手遮天，蒙骗上面的人，其本事之大，可想而知。一个部下，能把高明的老板瞒住，看不到下面的事情，那绝非普通人所能做到。这些人往往都是“多闻之士”，学佛最容易犯这个毛病。

我经常公开告诫大家，菩萨道很不容易做到，以我自己为例，如果今天有人要我一只膀子，那我舍不得，我还要用它，我还要写字呢！我做不到。头、目、脑髓一切都拿来布施，我做不到。所以我不敢轻易说自己在学佛。但是我看到许多人一学佛以后，不管在家出家，经常犯“天上天下，唯我独尊”

的毛病，我也常提醒他们注意，“天上天下，唯我独尊”的是教主，是我们的老师释迦牟尼佛，可惜不是你也不是我呀！甚至还有一种谬论，常听有些人说：“不识字、不研究佛经不要紧，六祖还不是照样开悟，六祖并没有靠读书开悟。”我说：“那是六祖，你不是六祖半，更不是七祖，对吧？”六祖是没有读书，但是他碰到了五祖，有位好老师。像释迦牟尼佛也不靠祖师开悟，他可没说不读书。释迦牟尼佛在十八岁以前就成就世间一切学问，为什么你不肯读书？不肯跟佛陀学呢？

学佛讲皈依，皈依佛，皈依法，皈依僧；讲四无量心，早课晚课，不知念了多少遍。法门无量誓愿学，无量法门也包括邪魔外道吧！无量，你学了几个量？统统犯了增上慢戒。增上慢是个戒，增上慢的反面就是谦虚，绝对的谦虚，就是老子所讲的“虚怀若谷”。所以，大家要学习不犯增上慢，这里讲的只是戒，更重要的是：要戒除增上慢的心，才会增长多闻。

我经常碰到学术界学识很好的人，一来，一谈问题，劈头就是一句：“我问你一个问题”，我就用眼睛看看他。他再说什么，我说我不懂。他说我问你，我说我不懂。用这种态度、这种口气请教别人问题，多大的增上慢！连个请问、请教的“请”字都不肯用。

增上慢的果报是什么？往下看。

“覆蔽心故”，增上慢把自己的本心盖住了，以为自己了不起，自认自己观念是对的，别人都是错的。也许现在我年纪大了，比较少见；年轻时在大陆看到增上慢的人可多啦！他们的声望、名气都吓死人的，那种增上慢之重，那真是不得了。话说回来，我们年轻的时候也相当增上慢。

过去，看到老一辈的大居士，学识、名气都是第一流，到了生病、临死的时候，手忙脚乱，痛苦万分，一点办法也没有，这时候所有的学问、佛法都不得力。最后一大堆人围着他，大居士告诫后生晚辈："你们以后还是老老实实念佛吧！"我不提名字，一提名字就犯了增上慢戒，大概你们也可以想象得到。究其原因，没有真正地修持，因为学问好，文章比人家写得好，所以就犯了增上慢戒。

这种增上慢没有方法制伏，除非你比他还要慢，那么如何做到呢？你要多闻，学问要比他好，有正见，有真修持，否则没有办法。

佛在经典中告诉我们，学问越好，所知障越多，修道证道越难，他生来世的果报，是一个思想家、一个学者，不能证果。不但大乘菩萨果位证不到，小乘的果位也不可能。

你们常挂在嘴边的"外道"，外道并不是你们所想象的其他宗教，或是邪魔歪道，外到哪里去啊？凡是心外求法都是外道，有学问，有思想，能言善辩，讲理头头是道，叫他拿身心来证明，一无所能，因思想、念头静不下来，不能专一，不能定。所以学问越好，越容易产生增上慢，自己把自己的本心本性盖住了，"自是非他"，自己认为自己的观念才是对的，别人不对。

所以，大乘菩萨道的大戒第一条就是"自赞毁他"，大乘菩萨道首先要学习的是真正的谦虚。

我常跟同学说，我看到学者就怕，看到文人就怕，看到艺术家就怕，看到能干的人就怕，很多人我看了就怕，怕什么？自古以来，文人、学者、艺术家都犯了同一毛病："文人相轻”，看不起别人，文章是自己的好，儿子是自己的好，不过妻子是别人的好，是不是这样？

我们小时候读过一首名诗：

天下文章在三江，三江文章属我乡。
我乡文章算舍弟，舍弟随我学文章。

三江就是江苏、浙江、江西。讲了半天还是我第一。文人个个如此，人人一样。算命的、看相的、玩艺术的，都彼此“千古相轻”，相互嫉妒，甚至于打架。看别人生意好就眼红，某某人八字算得好也不服气。

搞宗教的，基督教、佛教、天主教都是“千古相嫉”。你的庙子旺，我的庙子不旺，恨死你，恨不得夜里一把火烧了你的庙子，或念个咒子把你的庙子毁掉。

“文人相轻，自古而然”是古人说的，我则加了两句：“江湖千古相仇，宗教千古相嫉”，我三样都碰到过，真是可怜啊！有时我闭眼睛一想，都觉得还很稀奇，在“千古相轻”“千古相嫉”“千古相仇”几重的压力之下，竟然还能活着，而且活到几十岁，也差不多啦！

谈这些事实和道理，就在说明人根本上所犯的错误，就是慢心太重，自赞毁他，认为自己都是对的。我经常讲，天地间的人，绝没有自己承认自己犯错的，都是别人不对。我坐计程车有个习惯，一上车就先说：“对不起！请你帮我开到某某地方。”司机回头看看我，一脸莫名其妙的表情，觉得你这个老头真奇怪，怎么说对不起？对我说：“我从来没见过你这样的人。”我说：“是啊！请你啊！麻烦你，劳驾你。”最后我下车又对司机说：“谢谢你啊！”

任何人只要一犯错，他心里也明白，脸色立刻变红，过了一会儿，自己再一想，马上又找了很多理由支持自己，认为自己的对，错的还是你。你看我们每个人是不是这样？当然包括我在内。

嫌谤正法

人都是“自赞毁他”，我的对，错的是别人，因此不叫作修行人，因此不能成道。更加严重的是：“嫌谤正法，为魔伴党。”“谤”是毁谤正法，注意“正法”这两个字。什么是正法？很难讲，你说佛教是正法，他说其他宗教也不是邪教，到底哪个宗教才是正法？宗教有一个相同点，劝人为善。信仰宗教的人总不敢劝人家做坏事吧！真正的教义，谁的高深？谁的彻底？另外再讨论，这里不谈。但是，一般的宗教徒喜欢毁谤人家的信仰，认为不是正法。

什么叫正法？没有悟道，没有证得实相，你知道什么是正法？没有正见，何以知道正法？正法又是哪一法？根据佛经，自己去看看，你去找出来哪一法是正法？

当然，三十七菩提道品、四谛、十二因缘是正法，声闻、缘觉是正法。但是到了《楞严经》，佛亲口将声闻、缘觉斥为外道；到了《法华经》，佛说没有三乘道，只有一乘道；到了《金刚经》，佛说未曾说过一个法，没有说过一个字，一概否认。请问哪一样是正法？不要认为我一学佛，我的就是正法，这是增上慢，正是毁谤正法。“正”的上面还有个“不”字，合起来念，是什么字？叫“歪”。

真的正法是无可说的，我们今天在这里讲《药师经》已经是多余的了；没有讲《药师经》以前早就大彻大悟，这才是正法。八万四千法门样样都是外道，也样样都是正法。所以禅宗六祖对当时的弟子们所开示的话，有他的正确理由，六祖说：“正人用邪法，邪法亦是正；邪人用正法，正法亦是邪。”

所以，正法在哪里？正法在正知见——正知正见。然而严格说起来，真正的正知见对不对呢？还不行，你还要无一法可得，真了了，无正无邪，无善无恶，无是无非，连无也无，那差不多进入正法了，否则一切人说法都不是正法。像我现在上课，现在说法可以说在毁谤正法，因为正法无可说。

谤字上面还有个“嫌”字，嫌是讨厌。很多人的根器不能跟他讲正法，一讲正法，他就讨厌，自然无缘，他也听不进去。你们将来年纪大了，慢慢变成善知识，就有了经验，对方不但听不进去，你正要告诉他时，他马上走开，使人内心真是无比地怜悯，无比地悲伤，那真是没有办法。所以我有时候婆婆妈妈，“你注意听，不准多说话”，这样他还是听不到，不相干的话他听进去了。重复三次以后，我就不再讲了。为什么？他的业力太重，非要等他业力消了，转好几个大圈过来再说吧。眼前你就是想慈悲也没有办法，你让他出去磨炼，消业障是大慈悲；不去受些苦，不去受挫折，业障消得慢。

所以，有许多人嫌谤正法，讨厌正法。你自己知道吗？不容易知道。很多年纪大的人跟我谈话，你跟他讲了一百次，你说你的，他说他的。我说我已经告诉你了，他又说：“老师啊！我忘记了。”不晓得多烦啊！只好用极大的耐性、极大的智慧去教导他。

这些情形都是嫌谤正法。嫌谤正法是怎么来的？就是从“我慢”“增上慢”心理而来，所以要戒慢心。

《药师经》这一段讲戒律的重点，首先要我们好好熟悉戒律，然后好好守戒，不要破戒；要不破戒必须有正见、多闻；要正见、多闻的最主要条件，必须去掉增上慢，去掉以自我为主的心理。所以，归根究底，重点还是在一个“增上慢”。经文的要点搞清楚了没有？不要又被自己的慢心盖住了。

邪见与正见

> 如是愚人，自行邪见，复令无量俱胝有情，堕大险坑。此诸有情，应于地狱、傍生、鬼趣流转无穷。

“自行邪见”，什么是邪见？在哲学道理及佛学因明的论辩中，很难下一定论。但是，我们所讲的邪见，除了正见以外，妨碍我们成道的心理观念和思想，归纳起来有五大类：身见、边见、邪见、见取见、戒禁取见。

所谓见，不是用眼睛看，譬如我们通常都会说某人有没有见解，以现代话来说就是有没有正确的观念。什么叫观念？一般人如果没有正式学过哲学，只晓得说“你的观念不对”，并不完全清楚观念的意思。观念就是见，你的思想见解构成了心理上的一个确定的模式，就叫观念；你认为这样对或不对，就是习惯性的观念。换句话说，第六意识非常坚固，认为这个理解、看法是对的，就是观念。

譬如我们老一辈的人有一个很古老的观念——穿长袍。旧社会没有电风扇，夏天要去看朋友或者见长辈，非穿长袍不可，热得汗流浃背也不敢脱。万一在家里穿个短褂，听到某位长辈或老师来了，赶紧跑进房里穿上长袍，一边扣纽子一边说："对不住，对不住，马上来。"长辈说："没关系，热天无君子嘛！宽衣，宽衣。"这边回答："不敢，不敢。"那边再说："宽衣，宽衣。"催了两声才敢把长袍脱了。在古代这是礼貌，是观念形成的一种习惯，现在唯恐不剥得光光的。古代认为是错的，现代却视为当然，这就是观念，也就是见。

我们之所以不能得正见，不能证道，便是因为我们的心时时刻刻被"五见"遮挡。

这五见，第一个是身见。你们反省反省，哪一个想修道证果？免谈了！坐在那里打坐，"哎哟！身上气脉动啦！""哎呀！这里气脉不通。"这是身见，身体丢不掉、空不掉，光说四大皆空，你来空空看！三天不给你饭吃，打坐饿得发昏，你去四大皆空吧！肠子你空吧！胃你空掉吧！不要叫饿！看你空得了空不了？为什么空不掉呢？修道人的观念问题，不是空不掉，而是你身见的观念太牢固。有时你把身体丢了一下，一会儿又回来了。刚上座那一刹那好像没有身见，蛮好；等到一坐正，手一摆好，整个身见来了，唔！这是阿拉（我）坐在这儿。全是身见，怎么成道？

什么叫初果罗汉、二果罗汉？贪、瞋、痴、慢、疑五毒加上身见、边见、邪见、见取见、戒禁取见，这十个根本你去掉多少便能证多少果。什么叫证果？你以为拿二十块钱买个苹果就叫证果啦？要用五毒、五见来测验自己，想想看你身见去掉了多少？

边见，譬如你有时候坐起来也清净，也空啊！你那个空有多大？水桶那么大。自己觉得：“唔！好空喔！唔！现在我没有了！”仍然有一个量，处处在边见中。佛法是无量无边的，你处处有量有边，还边得厉害，边到歪边去了，怎么证果？学佛、打坐、修道、念咒、念佛，念到哪里去了？求往生西方极乐世界，坐也不敢向东方，非得向西方坐，万一你死的时候是朝北方死怎么办？统统被边见困住，怎么往生？宇宙是圆的，《药师经》告诉你：东方药师佛土与西方佛土平等无差别。边见的意思，并不是说我天天坐在这里也没有看到边的那个边，而是说你心量有范围。

戒禁取见，这更严重了。什么叫戒禁取见？譬如信所谓鸭蛋教的有不吃鸡蛋的禁戒，因为吃鸡蛋会堕落，吃鸭蛋才会成道，这是戒禁取见；又如拜火教认为要拜天主就要拜火；又如有些人认为不吃素不能证果，也是落于戒禁取见，当然你不能说不吃荤不能成道，那一样是戒禁取见。所以别说是恶法，你的善法执着了一点也不能成道。

戒禁取见有很多，许多人犯了戒禁取见而不自知。不要看世界很文明，其实相当落伍。提到文明，以日常生活为例，过去我们的妈妈、祖母那一辈，她们的内裤，我们连影子都看不到，那时女人的内衣裤放在床的内侧阴干，床像宫殿一样，四周围着，绝对不能拿到外面用太阳晒干，见了天日不得了，罪犯天条。哪里像现在的三角裤挂在外面到处晾，还透明的，管他几角，像“万国旗”一样挂在高楼顶上。以前人的观念，男人的头顶不能在女人的衣服下走过，现代人在“万国旗”下走过来走过去，从来没有怎么样。

戒禁取见包括很多，又如有些观念认为，人死了，手要摆在哪里，灯要放在哪里，衣服要怎么个穿法，不那么穿不得超生等等，都属于戒禁取见，只要有一“见”存在就不能了道。

见取见，就是有所见，但却捉着不放。例如从“毕竟空”或“胜义有”的法门走进去，要是没有圆融的话，只见到“有”或“空”的一面，却以为究竟，那就是一大障碍了。

邪见，邪见当然是歪了，歪见与正见很难分辨。好比我们的嘴一样，看起来满正的，稍稍歪一点就歪了，正见有时错误了一点就歪了。

所以真正达到正见，谈何容易，譬如禅宗语录有一则公案，一位师父悟道了，但是衣钵还没有传，大弟子功夫好，打坐、不倒褡样样行，认为师父应该把衣钵传给他，不料师父临走前把师弟叫回来，把法印传给了师弟。大师兄心里很不高兴，增上慢来了。师弟回来接方丈位，一看便知道师兄不高兴。当然，这些人修养很高，表面上看不出不高兴，其实修持到他们那种境界，别说面子上，念头一动，立刻感应得知，他心通的本事很容易。众弟子替师父焚化时，接法的弟子接了位，等于皇帝传位给小太子的道理一样，小太子登上宝座，做哥哥的照样要下跪叩首。师弟看看师兄的态度说：

“师兄啊！师父传位给我没有错，你还要好好努力。”

师兄说：“师弟，你不认可我吗？”

师弟说：“不管认不认可，我问你，师父平常教我们参禅做功夫，要一条白练去，这是什么意思？”

师兄喊："点香来。"

古代丛林的香有小指头那么粗，禅堂打坐点一支香要两个半钟头。

师兄说："香烟未断，我就走了。"师弟笑而不语。

当然，生死来去自如，说走就走，要来就来，可没那么简单，难上加难。香未点完就要走了，这个本事有多大！是否能要生就生？我们看不出来，但至少他说走就走，当然不是吃安眠药，也不是上吊。

师弟在他身上拍一拍说：

"师兄啊！这样搞没有用啊！'坐脱立亡即不无，先师意尚未梦见在。'"

"坐脱立亡"，腿一盘或站着，说声走啦！就死了。这个本事只是定力的功夫而已，不是悟道。

"先师意尚未梦见在。"师弟说："你对佛法的正见，做梦连影子都没有梦到，你以为说走就走，就叫佛法吗？"

这一段公案就在说明，这位师兄修道能达到"坐脱立亡"的境界，仍未得正见。以佛法而言，证到声闻、缘觉的罗汉果位，不算得正见，乃至成就了辟支佛果还不算；唯有证得阿耨多罗三藐三菩提，弹指之间，当下彻悟，这才是正见。

所以《楞严经》提到："见见之时，见非是见，见犹离见，见不能及"，这是正见。"见见之时"：大菩萨悟道见道的时候。"见非是见"：那个见道之见，不是眼睛看到什么，也不是心里或打坐时看到什么的见。"见犹离见"：那个见道的见，离开能见所见。"见不能及"：不是你的思想观念所能达到的。这四句偈还不是正见，只是正见的第二层投影，形容词而已。

由此可知一切众生学佛，要对佛法产生正见之难，学佛没有正见，大部分都在邪见中。所以佛说一切众生因有增上慢覆蔽心故，“如是愚人，自行邪见”，自己走入邪见之路不说，还影响别人，害了别人，令无量俱胝有情，堕在大危险的深坑，永不超生。为人师者，一不小心就走入这个道路。那么，他的果报如何呢？

邪见的果报与药师佛的威力

“此诸有情，应于地狱、傍生、鬼趣流转无穷。”严重的下地狱，轻一点的变傍生——畜牲，有些变饿鬼道众生。因为犯了邪见，不得佛法的正见，有了增上慢，又因为自是非他，嫌谤正法，因此，轮转到下三道受果报。“流转”就是轮回的现象，是形容词，像流水一样在旋转流动。

> 若得闻此药师琉璃光如来名号，便舍恶行，修诸善法，不堕恶趣。

佛说这些人等如果听到药师佛的名号，抛弃了恶的、坏的观念，再转来修正法，自然不堕地狱、饿鬼、畜牲道。但是，除非他自己的阿赖耶识忆想起来，否则很难有这个机会。

这里有没有问题？你们没有问题，我替你们提个问题，药师佛有那么大的威力，咱们去地狱、饿鬼道玩玩有什么关系？多去体验，多去了解嘛！将来也好多度众生。没有做过猪，去尝尝变猪的滋味，将来懂得猪说话，到猪国留学度猪也容易一点嘛！这样行不行呢？你要注意，经典上讲一切学佛的人要先持戒。由于过去戒律持得很有基础，后因走入邪见，走错了路而不求多闻，而自是非他，而增上慢，这一类根器的人堕落三恶道中，在他的根性中，多生累劫以前持戒的种性还在，那点灵光并没有完全毁坏。所以一听到药师琉璃光如来的名号，便舍弃恶行，修诸善法。

读经要注意，尤其出家同学，将来都有机会出去弘法，不要瞎子牵瞎子，滚进一堆沙子，那就越滚越糟，流转无穷了。因此我特别跟你们讲这部经典，你们要仔细阅读，要如佛所说，“契经深义”。你说我只想修行打打坐就好啦！不想研究经典，那是愚痴心，犯了“不求多闻”的戒，将来会更愚痴。要注意哦！我们中国翻译佛经，把释迦牟尼译成什么佛？“释迦文佛”，文章的“文”，所以不要偷懒；不研究经典，不看佛经，是不行的。

这里的问题已经替你们解答了，要有多生累劫以前学佛持戒这一点灵光的“因”，才有一闻药师琉璃光如来名号“便舍恶行，修诸善法，不堕恶趣”的“果”。

> 设有不能舍诸恶行，修行善法，堕恶趣者，以彼如来本愿威力，令其现前，暂闻名号，从彼命终，还生人趣，得正见精进，善调意乐，便能舍家，趣于非家，如来法中，受持学处，无有毁犯，正见多闻，解甚深义，离增上慢，不谤正法，不为魔伴，渐次修行诸菩萨行，速得圆满。

与佛作对的提婆达多

刚才说三恶道的众生，因为过去有持戒的灵光、根器，所以能舍恶，修一切善法，因此解脱跳出恶道。但是也有众生很习惯在恶道中，这是观念问题。譬如在《法华经》中有一个大秘密：多生多世与佛唱反调的提婆达多，是佛的兄弟，当释迦牟尼成佛时，提婆达多才出家，要跟佛学神通，佛愿意教他，就找另一位堂兄弟——阿难教他。阿难闻佛说法，方法都记得，但本身没有修持。阿难教提婆达多，修了七天，就五通具足了，当然未得漏尽通，然后就开始要当教主，反对佛。

提婆达多处处与佛为难，佛出门时，他用神通施展法术，从山上滚下一块大石头，准备把佛压死，靠一位原来什么都不会，五百生以前还在当狗的徒弟周利槃陀迦救了佛。起初，佛教周利槃陀迦念经、念佛、念咒，他都不会，佛又教他念“扫把”两个字，他念了“扫”字忘了“把”，念了“把”字忘了“扫”。后来周利槃陀迦证得罗汉果位，以神通知晓提婆达多施法害佛，用扫帚把石头顶回去，石头虽然没有打中佛，却又弹回来压伤了佛脚上的大拇指。

后来提婆达多生生世世堕入地狱。他在佛面前，地自动裂开掉下去。据说现在到印度还看得到这个坑，不过很浅。佛的兄弟都很感叹，问佛何以会如此？佛叹气说：“你们不知道，他不只这一生，而是多生多世与我作对。过去有一生，我变成虱子，他变成跳蚤，比我聪明、灵光，又跑得快。有一个又穷又干又瘪的罗汉在打坐，我跑到他身上找不到东西吃，快饿死了。变成跳蚤的提婆达多吃得乌黑油亮，我问他：你老哥在哪里谋生呢？他告诉我，罗汉入定，头顶正好充满血，爬到头顶上咬一口就吃饱了。我听跳蚤的话，到罗汉头上咬一口，结果这位罗汉入定蛮好，但是身见没有忘，他一痛，手一捏就把我捏死了。”佛说他变成虱子已经够可怜，提婆达多还要变跳蚤来害他一下。

然而，佛讲到《法华经》时才说：“你们别搞错啦！提婆达多是何许人也？他是我最初发心学佛时的老师。他引导我，怕我道心退转，所以生生世世来折磨我，其实他早已成就，你以为他真下地狱啊？”阿难同其兄弟观察提婆达多在最深一层地狱。阿难请求世尊用神通把提婆达多从地狱度上来。佛说：“阿难你好愚痴啊！不是我不肯度他，是他不肯离开地狱。”阿难不信，佛把阿难送到地狱，果然看到提婆达多，阿难问哥哥在地狱苦不苦？提婆达多回答说：“哼！我在这里比三禅天还要快乐，有什么苦？”阿难问他想不想离开地狱，提婆达多说：“去！去！去！谁把你送下来的？我在这里比三禅天境界还快乐，为何要离开？”这是个大秘密。所以地藏王菩萨愿意在地狱等我们，等我们这些业障重的众生下去。

舍恶行善

但是话又说回来，有些人以恶法为乐，不肯舍，纵然度他，他也不愿意舍弃恶法，修习善法。这些人在三恶道中，“以彼如来本愿威力”，因药师如来愿力宏大的关系；“令其现前，暂闻名号”，怎么讲“令其现前”？注意哟！灵光一现，忽然莫名其妙地听到药师佛的名号；或者自己多生累劫的因缘，因为药师佛的本愿、愿力、光明、名号的力量，在他睡梦中偶然现一下；或者临死的时候见到佛或佛光现一下就消失，如《西藏度亡经》所说。

“从彼命终，还生人趣”，受到佛的威神或佛光所照，从三恶道中脱离，投生变人。“得正见精进，善调意乐”，得了人身以后，具备了正见，也相当精进修道。所以有许多刚从三恶道中来的人，因为曾蒙佛光加庇，修行精进而有正见。这些人善根具足，很容易做到“善调意乐”；没有正见，又不精进的话，很难做到这四个字。我们的思想意识，一天到晚都在烦恼、愤恨、痛苦、忧愁中，意境上没有一刹那的快乐。

这些人等，善于调整自己的意乐，因此也能出家。“非家”就是出家，不是一般人世间的家庭，而是如来法王之家。慢慢在佛法中受持七学处，也就是所有自利利他的戒、定、慧，再加上这一生有真正正见的修持，又肯求多闻，又能理解一切经典甚深意义，远离增上慢心，不毁谤正法，不为魔做伴侣，而渐渐修习诸菩萨行。修菩萨道，行菩萨万行，不是一时能够做到的，而是“渐次修行”，在大乘道上慢慢求进步，最后得到圆满菩提成就而成佛。

行到有功即是德

戒，是一切要有正见，而且最重要的是去除增上慢心，以多闻培养自己的正见，因得正见而戒行清净。不得正见，一切众生自心已经成病了，纵然闻药师如来名号，也很难相感应。

由于有正见，闻到药师如来名号，即身就得感应，即身可得成就。

其实一切佛法，不论小乘的四谛、十二因缘，大乘的六度万行，都离不开戒。所谓戒就是行，什么行呢？为善去恶而止于至善，行到了就是有功，就是德行的成就，所以千万注意古人的一句话："行到有功即是德"，也就是事到有功即是德。什么是功德呢？必须一切有成果，行为到了，有成果，有功勋，才是真正的功德。譬如有一天和大家一起吃饭，跟同学们谈起，任何一个人做任何一件事，甚至做最起码的一件小事，像抹个桌子清扫室内环境，我们可以反省自己，谁能做到"久要不忘平生之言"这句话？往往是五分钟热度。

也许同学知道我有过分的洁癖，而且还有整齐癖，东西一定要摆整齐。有一次某某教授与另一位教授谈话，在我案头拿了一本便条纸做记录，用完了又放回原位，放得很整齐。他一边放一边战战兢兢地看我，深怕自己放得不整齐。我晓得他平常在家里不是这样做，因为有太太服侍他。当着我的面，惴惴不安，特别要把纸条放整齐，意思是说：这回我总合你的意了吧！结果他放好后，我又把本子拿起来，重新放一次，这下他傻住了。当时有很多长官、客人在座，他不好意思问我，我也不会讲。过了三天他来了，我跟他提起这件事，他说是啊！老师，我晓得在你面前放东西要放得很整齐。我说你放得很整齐没错，那是表面上看起来很整齐，实际上那本便条纸下面有几张折到被压住，你却没有看到，因为你过于小心，眼睛又不断看着我，所以没有注意到下面。

一个人行菩萨道，讲到戒的行为，像这样小的一个动作都不能马虎。“莫以善小而不为，莫以恶小而为之”，这就是戒。我常跟同学们说，我晓得你们很发心，发心是佛家的话，就是一般人说的立志。但是我晓得不到三天，第四天就松懈了，慢慢地不动了。一个人入世也好，出世也好，一生有没有成就，就看他能不能做到“久要不忘平生之言”。这是非常难做到，因为环境的改变，自己马上变了。变了还找许多理由原谅自己，为自己做解释，结果还觉得自己没有错，错的都是别人，再不然就说这里的环境不好。

所以大乘佛法的布施就是戒，布施就是牺牲自我。谁能够真正牺牲自我？做不到的。朋友生病了，自告奋勇来帮忙照顾，三天？三个月？三年？乃至十年？你不会埋怨自己吗？不埋怨他，也会自己埋怨自己，唉！我当初为什么要答应呢？对不对？所以很难啊！修行要在这些行为上下功夫，由心里的行为到外面的行为，因此说“行到有功即是德”。功德不成就，想修道打坐开悟？行吗？那你早“误”了，耽误了。

学佛注重在行

所以一切在行，尤其目前世界各地风起云涌地崇尚谈禅，千万要注意，真正的禅宗是行到，不是嘴里讲的口头禅。光谈禅没有用，要行到，因此要特别注重达摩祖师所传的禅宗，达摩禅以“二入”及“四行”为要义。所谓二入是理入和行入，四行是报冤行、随缘行、无所求行、称法行，四种行都要做到。如果行不到，在见解上偶然有超脱的见解，在修定的心境上打起坐来偶然有一下空灵，那不是禅，那是任何人都可以做到的。

一个艺术家或文学家，乃至一个极度劳苦的人，挑个担子行百里路，偶然把担子一放，地上一坐，心情一松，此时没有杂念，很清净。要得到心境的清净很容易，可以用各种方法做到，但那不是禅。如果认为这就是道，学佛到最后什么都没学到，只学会偷懒，贪图那一点清净；而那并不是毕竟清净，真清净必须智慧、功德圆满。

功德是在行上来的，不是在打坐；打坐本来在享受嘛！两腿一盘，眼睛一闭，万事不管，天地间还有什么比这个更享受？这是绝对的自私自利。但是话又说回来，打坐不需要吗？需要啊！那是先训练你自己的起心动念，或者空掉念头，或者克制念头，或者为善去恶的训练。

譬如某天有位同学答应要来这里工作，结果搞了一天就不来了，而且也不告诉我一声，这就是学佛的行为吗？连这么一件小事都做不到，学个什么佛？做人连信义都没有，还学佛？什么叫信？言出有信，不来也该有个理由嘛！一天到晚婆婆妈妈说自己学佛，自欺欺人。

学佛注重在行，不在枯坐。天天在家里坐，坐一万年也坐不出个道理来啊！光打坐可以成佛？那外面的石狮子坐在那里风雨无阻地动都不动，坐了二三十年不是得道啦？行不到没有用啊！千万注意。

悭　贪

复次，曼殊室利，若诸有情，悭贪嫉妒，自赞毁他，当堕三恶趣中，无量千岁，受诸剧苦。

复次，以现代白话文解释就是再说，现在再告诉你。我们看佛经，大家往往都会被它的宗教气氛、宗教形式所覆蔽，实际上它与中国文化儒家的孔孟之道，讲做人做事的“行”是完全合一的。不过，在一致中又有所不同，孔孟之道是告诉我们做人做事的大原则；佛家讲做人做事是从检查自己的起心动念开始，从内心开始修正，所以叫修行，也叫修心。乃至慢慢观察自心，起心动念是否纯善，到了完全没有恶念还不算数，乃至恶念空，善念也空，恢复到本来非善非恶、无我无心，本无所住而生其心，这个毕竟的清净，才是正路。

现在佛告诉我们这个世界上的众生基本心理上的坏习性。佛再次告诉文殊菩萨说“若诸有情”，世界上一切有灵知、有思想、有感情的众生称为有情。“悭贪嫉妒”是四个心理习性，我们曾经讲过。悭吝表现出来的行为与节俭差不多，但有所不同。例如以儒家道理来说，我们对朋友、亲戚、父母、兄弟子女等人，乃至对社会上其他不相干的人，舍不得帮助，就是悭吝，而不是节俭；对自己要求非常节俭、舍不得，则是节俭，不是悭吝。吝是一个人对任何东西都舍不得，抓得很紧，这还属于比较浅的一层，再深一层就是悭了，内心非常坚固的吝是悭。

内心悭吝是怎么来的？要仔细反省，尤其大家学佛学禅，处处要观心，观察自己做人做事的起心动念，悭吝是从自我来的，因为一切都是我第一。比方我原来坐在一个凉快的地方，来了一个胖子，天气热得不得了，想在边上坐一坐凉快凉快，我故意不动，甚至把屁股移过去多占一点位置。连这一点凉爽的风都不愿意让给别人，不让人家占一点利益，这是悭吝，自我在作祟。

记得大概是三十年前左右，不是现在这种社会状况，有一个朋友问我是不是在学佛？大家都说我学佛，我说没有，因为我没有资格学佛，学佛谈何容易？后来他问我什么是菩萨？我告诉他，当你饿了三天，而只得到仅有的一碗饭，看到别人也没有饭吃，可以把这碗饭给别人吃，自己饿肚子，这是菩萨道。我做不到，所以我不能算是学佛的人。之后他又问我菩萨在哪里？是不是在庙子上？我说菩萨在人世间，很多不信仰宗教的人，不论佛教、天主教、基督教，甚至什么教都不信，但他们的行为却是菩萨。

贪，凡是悭吝的人必定贪，贪与悭吝是在一起的。譬如我们说某人一毛不拔，下一句一定说："攒了很多钱"，这是必然的，舍不得嘛！悭贪，所累积的钱财就多了；慷慨好义的人大多没钱，除非有特殊情况。所以中国人有一句古话说："慈不掌兵，义不掌财"，心肠慈悲的人不带兵，慷慨好义的人不做生意。有些同学出去做生意，我以八个字吩咐他，这是赚钱的原则："爱钱如命，立地如钉。"站在那里守着摊位像钉子钉在地上一样，连吃饭都不重要，可以忍一忍，赚钱要紧，这样才能发财。以佛法来讲，这个基本道理就是以悭贪为主。

其实，我们整天在这里打坐、念经，求佛、求福报、求智慧，不也是悭贪吗？绝对的悭贪。有时别人请你帮个忙，"等一下，我要上座盘腿，我功夫还没有做完"，人死了都不管。因为你贪图成道，以为这样就可以成佛，成鬼啊！成什么佛？

真正学佛在哪里学？不在你那些形式主义，也不在于你摆出一副俨然学佛修道的样子。坐在那里佝腰偻背，好像老僧入定，实际上是在贪图享受，自私自利，万事不管，哄骗人家，哎呀！我在打坐用功，全是悭贪的心理。这方面的恶业是与生俱来的，修行就要在这些根本的地方下功夫，把自心悭贪的根去掉。

嫉　妒

“嫉妒”，嫉是嫉，妒是妒。嫉妒二字都用女字旁，中国古人发现，嫉妒的情绪变化表现最明显的是女性，并不是说男人没有嫉妒心，男人同样嫉妒得厉害。凡是众生都有嫉妒心，不过女性表现最显著，嫉到了极点就生病；妒到了极点，人的心都死了，像块石头一样。

我经常跟青年朋友说笑话，嫉妒心理哪个没有？女性最明显，你到街上看看，一个女性在街上走，对面来了另一个女性，或者穿着比她漂亮，或者长得比她漂亮，或者手上拿个东西不同，她会斜起眼睛看，然后“啐”一声，嫉妒。街上走路的人比你漂亮，同你什么相干嘛！她也看不惯，要嫉妒一下。女性类似这种心理可多了，或某件事，或某一点，人家只要有一点好处，她非嫉妒不可。

男性的嫉妒心似乎比女性好一点，其实一样，但有所不同，在名利场中，在同事升迁的时候，或经理、老板对某人好一点，无比地嫉妒，“格老子，他算什么？啐！”就这么一声啐！嫉妒，其他的可多啦！

嫉妒的心理也是与生俱来，现象非常多，这两种心态是毒啊！根据佛经，嫉妒的心理是由男身转女身的根本业力，这种心理非常巧妙。大家自我检查，小时候同班同学，字写得比自己好，文章作得比自己好，功课比自己强，你真佩服他吗？你也没有讨厌他，不过你有个心理："我其他方面也很强哦""我自尊心受了伤害"。什么叫自尊心啊？嫉妒，讲好听点叫自尊心，那是给你遮羞，那是痱子粉。所谓自尊心就是增上慢、我慢，变个名字叫自尊心。为什么要自尊啊？以自己为中心，自己吹自己，天大地大我大，月亮底下看自己，越看越伟大，那叫自尊心？那是我慢，因为我慢而变成嫉妒。

我们看历史上有很多人物，谈到历史偶然想到一个问题，中国人讲五伦：君臣、父子、兄弟、夫妇、朋友，前面四伦还讲得过去，为什么加上朋友呢？朋友还是非常重要，朋友有时比父母、兄弟还重要，为什么呢？人有时遭遇某一种事，产生某一种心理，父母、兄弟、配偶不一定帮得上忙，唯有朋友才能解决。然而中国历史上标榜朋友之道的，也只有管仲、鲍叔牙的故事，难道中国几千年历史只有他们两人之间有朋友之道？当然不是，除了他们之外，在非知识分子中有很多，知识分子反而不容易做到。

据我这几十年经验，到现在更承认古人的两句话："仗义每从屠狗辈，负心多是读书人。"我最近写给别人一副与此有关的对联，"报德者寡，报怨者多"，现在的时代，你付出再多，所得的都是怨恨。古人也说"仗义每从屠狗辈"，社会上真正能够帮助别人，同情、可怜他人的是穷人，穷人才会同情穷人，痛苦中人才会同情痛苦的人，屠狗辈就是杀猪杀狗的，没读过什么书。“负心多是读书人”，知识分子知识高，自己思想解释就越多，不愿意做的时候，他会刻意加以解释；知识低的人不会解释，朋友嘛！怎么不去？为朋友没有理由不去，因为他思想不复杂。学问越高，思想越复杂，高学问而变成单纯专一的人，那是天下第一人，由高明而归于平凡。

管仲与鲍叔牙是知识分子的交情，他们之间永远没有嫉妒，为什么？管仲穷困可怜的时候，两人合作做生意，管仲的个性素来如此，结账时总要多拿一些。譬如赚一百万，他要拿八十万，鲍叔牙说拿去。这很不容易啊！到了管仲当宰相快要死了，齐桓公问他死了怎么办？宰相找谁呢？以我们的看法，管仲一定推荐鲍叔牙。齐桓公也问管仲，鲍叔牙可不可以接他的位子，管仲答说不可以，因为鲍叔牙个性太方，太求完美，要求太过分的好，胸襟无法包罗万象，不能当宰相，于是阻止齐桓公找鲍叔牙当宰相，而另外推荐其他的人。

所谓知己朋友在哪里？假使是别人，一定这么想：我跟你管仲几十年朋友，穷的时候是我培养你，在政治上也是我协助你上去的，犯了罪也是我保你不杀头的，现在你当了几十年宰相，死了这个位子也该让我坐坐，连皇帝都示意要我做，你却反对。一般人一定会骂管仲可恶。可是鲍叔牙一听到管仲告诉齐桓公不要让他当宰相，却非常感谢，“只有管仲知道我”。实际上管仲是爱护他，宰相肚里能撑船，个性太方，心胸太窄，坐上宰相的位子，会被自己搞砸；管仲为了保全鲍叔牙而反对他当宰相，也只有鲍叔牙懂得管仲的心理是爱护他。他们两人之间永远没有嫉妒的心理，这个相当难。

嫉妒的心理很可怕，以我的看法，男女之间也有嫉妒，新婚夫妇最要好了吧！彼此也有嫉妒，信不信？研究心理学的去研究看看，如果夫妇俩到某个场合，有很多人赞美太太，丈夫心里很不舒服，别说男人赞美他的太太，就是女人赞美太太多了，没有夸赞先生一句，坐在那里心里真不是味道。反过来看，在某个场合赞美先生的多，太太虽然高兴，心里不是味道，这“不是味道”的心理就是嫉妒。你以为夫妇之间不嫉妒啊？你以为兄弟之间不嫉妒啊？连父子、师生之间都在嫉妒啊！

人如果能去掉了悭贪嫉妒，它的反面是什么？只有帮助人，只有恭维人，只有培养人，都希望别人好，一切荣耀都归于老兄你，那才是做到了不嫉妒。什么叫学佛？这就是学佛啊！你以为磕头拜佛，念经吃素，求佛保佑就是学佛？你还是求这四个字保佑你好一点，你把悭贪嫉妒这四个字真去掉了，你成佛的路走上一半还有余。

自赞毁他

跟着悭贪嫉妒而来的，是“自赞毁他”。在这里的同学每天诵戒，都知道《菩萨戒本》的第一条，最严重的就是“自赞毁他”，自己赞叹自己，毁谤人家。这种心理所表现出来的现象多得很，尤其这方面心理业力重的人更厉害。这几十年我看的很多，尤其在竞选时，现在的竞选都在自赞毁他。拜托拜托！恳请惠赐一票，我怎么怎么好，某人如何如何不好，千万不要投他的票。有些毁人家的话极其高明：

“某某人你认识吗？”

“认识啊!”

“你看此人学识怎么样?品德怎么样?”

“自赞毁他”技术高明的人,可用一个字形容:“奸”。若有人问他某某人怎么样,他就说:“他啊!不知道!”这种人最坏了,很多人在我面前做这种动作(行为),我心里就知道这种人非常坏,那是一把无形的刀在杀人,也就是孔子所讲的“浸润之谮,肤受之愬”,“谮”即讲人家的坏话,“愬”是心理的埋怨攻击。这种破坏好像是浸水一样,看起来没有关系,无大碍,慢慢浸久了就烂了。历史读多了就知道,奸臣毁谤忠臣都用这个办法,今天搞一点,明天搞一点,累积多了,使皇帝不知不觉对那个忠臣生起厌恶之心,最后非杀了他不可。

自赞毁他的方法很多,再不然在他人背后讲坏话,用尽心机毁人家。你说这是为什么呢?他也不为什么,这样才过瘾啊!

有些人表面看起来很谦虚,看到人那种弯腰弓背,打躬作揖,讲起话来又那样谦恭,其实他是自赞,在谦虚中充分表现傲慢。

所以,“悭贪嫉妒、自赞毁他”的心理、行为,与修行是绝对关联的。止观法门的观心,也要观这些。你以为坐在那里观心,啊!我得一个清净,啊!气脉动了,到了屁股了,啊!到了头顶了,督脉通了,通你的鬼!你悭贪嫉妒的心理牢固得很,动都没动过。

注意啊!“自赞毁他”是两个字单独成立一个心理观念,自赞是一个心理观念,毁他是一个心理观念。“悭贪嫉妒”则是四个不同的心理观念。综合而言,“悭贪嫉妒”必然会“自赞毁他”。

佛继续告诉文殊菩萨，一切众生都在悭贪嫉妒、自赞毁他。关于这些心理行为，真正要学佛、研究佛法的人，不要轻易放过每一个字，怎么说呢？当我们看到经文，就要确实彻底地检查反省自己的思想行为和心理状况。譬如我们讲戒，传统佛法的大乘戒律，《瑜伽师地论》菩萨戒的第一条就不能“自赞毁他”。自赞毁他是菩萨道中最严重的事，如果拿这四个字与一般心理学一起研究，你看这个社会活着的人，哪一个不是走这条路线？如果不自赞毁他，就没有办法活下去，为了想出人头地，总想尽办法去伤害别人。假定有人自己站起来，不但没有伤害别人，同时使别人也站起来，这就是菩萨道，学佛的关键就在这个地方。然而一般人做不到，自己站起来都犯了菩萨戒，在自赞，在毁他，都是打击他人，自己才成功。

我们看中国文化中，唐宋以来有多少文人、文学家对乱世战争厌恶的描述之词，像唐代最有名的一首诗：

凭君莫话封侯事，一将功成万骨枯。

战争的状态岂止如此？唐末天下大乱，韩偓一路逃难所看到的景况是：

千村万落如寒食，不见人烟空见花。

清明前夕叫寒食，一路下来，走过千千万万人家，或行过一省、两省，连个人影子都没有，只见房子里长出野花、野草，那是个什么境界？

所以我常说，英雄的事业是建筑在大众的痛苦上，圣人则把天下人的痛苦一肩挑起，英雄与圣人的差别就在这个地方。

其实，讲到自赞毁他，在历史上留名的人物都是“一将功成万骨枯”。我们这个社会上任何一个行业，任何一个人的成就，都是算计了别人，以许多人的失败而成就了自己。假定有人做到了我成功，别人也得利益，那就是佛道、菩萨道。学佛的重点就在这个地方，千万要注意。

悭贪嫉妒　自赞毁他的果报

佛说一切众生如果往悭贪嫉妒、自赞毁他的路上走，当堕三恶趣中，下地狱，变畜牲，做饿鬼。在三恶道的众生中，尤其是“悭贪嫉妒，自赞毁他”的众生特别多，都是以此为根本而来。鬼道中的悭贪嫉妒更厉害，所以我们经常听到骂人的话：“你这个家伙怎么啦？撞到鬼啦！”那个鬼跟人有什么相干？嘿！他偏要整你一下，为什么？嫉妒啊！没有其他原因，习气上嫉妒。所以他们在三恶道中无量千岁“受诸剧苦”，受极大的苦楚。

我们先不说悭贪嫉妒、自赞毁他的人死了以后，堕地狱、饿鬼、畜牲道中受苦受罪。我们只要想一想，现实人生在悭贪嫉妒中，当下就已下了地狱，非常烦躁，非常痛苦，怎么想怎么不对，睡也睡不好，总想办法去整人、害人，挑拨是非，搞些名堂，此人的心理就已在鬼道中，畜牲道的样子和性情都出来了。姑且不论身后的果报，人有这种害人的心理，一望而知。现代心理学已和医学结合，人的心理有了重大改变，血液细胞立刻跟着变化。尤其发大脾气的时候，当场抽出他的血液来检验，血液都会变色，具有毒性。所以，修行的人不杀生，不吃荤，任何生物在被杀时都会起瞋心，血液含有毒性，吃多了就中毒。

人的心理如果有各种坏心思，久了以后，生理上神经细胞必定跟着变化，不过他自己并不知道。过去在大陆上看到许多死刑犯，他们的样子的确不同。所以从前做官问案，要先学会看相，犯罪的人样子就是不同。为什么如此呢？心理影响生理，现身就下了三恶道。

> 受剧苦已，从彼命终，来生人间，作牛马驼驴，恒被鞭挞，饥渴逼恼，又常负重，随路而行。

在地狱、畜牲、饿鬼道中受报完了，“从彼命终，来生人间”。来到世间还不是做人啊！来这个世界还要经过“牛马驼驴”的过程，而且还是不好的。畜牲道的命运也有好坏之分，在印度做牛，永远不会挨打，也不会被宰来吃，跑到人家家里拉屎拉尿，人家还得马上供起来拜。印度人崇拜牛，把牛当圣牛看，要做牛也要到印度去投胎，果报总是好一点嘛！

所以做牛做马也有幸与不幸，好命的马，一天到晚喝白兰地、高粱酒，吃黄豆，那舒服得很，当然跑起路来也很要命，日行千里，五百里不走，三百里也总要走的；你看做那种拖东西的笨马，真是可怜哪！你们大概很少见，我们都亲眼看到，拖东西的骡瘦骨嶙峋，瘦得和我一样还要拖，我现在也变牛变马了，瘦成那个样子，每天还要拖。我也知道自己下了地狱境界，我给自己的评语“牛马精神”就是这个意思。你以为真要变成畜牲才叫“牛马驼驴”啊！

“作牛马驼驴，恒被鞭挞”，永远挨打，为什么挨打呢？果报嘛！因为过去生悭贪嫉妒、自赞毁他的心理所得的果报。譬如妇女们的嫉妒，那还得了！历史上皇后嫉妒妃子，什么花样都想得出来，乃至把妃子的手脚剁了，放在酒缸里用酒淹死、醉死，叫醉妃，因为你漂亮嘛！要陪皇帝喝酒，把你醉死。你说那些是什么果报？你说现在不会这样，现在各种不同的花样都有，人的嫉妒心理真是无法形容。

因此，即使地狱、饿鬼的罪受完了，还要变成动物被鞭挞，还吃不饱，甚至找不到东西吃。同样是牛是马，同样是动物，如果养在动物园可舒服得很，撞到我们这里来算不定就被宰掉吃了。

“饥渴逼恼，又常负重，随路而行。”没有吃的、喝的，也没有好的地方住，又要常常载负重物。佛说由于过去生有自赞毁他、悭贪嫉妒等种种心理，而得到这样的果报。这种因果报应是宗教的迷信吗？你仔细研究看看，当一个人有悭贪嫉妒、整人害人、言语伤人等种种思想行为出来的时候，令对方遭受到比牛马被鞭挞的痛苦还要痛苦数倍，是不是这样？是这样的话，这个回转来的果报是很自然的。

什么是果报呢？就是中国文化中所讲的四个字：“天道好还。”“还”也就是回转来，你怎么样付出去就怎么样收回来，不但回来，连本钱加利息一起回来。中国《易经》的道理是“无平不陂，无往不复”，一条平路走久了一定会有起伏；也没有永远向前走而不回转的，因为地球是圆的。所以因果的道理是什么呢？也可以说是这个宇宙、地球的物理法则。人到了太空就知道这个原理，把一只手表扔出去，它自然浮一圈又回到原位。人在地球上丢手表就会落在地上，那是因为地心引力的关系。果报就是回旋、轮回的道理。当你起一种心理，“悭贪嫉妒，自赞毁他”，使人家心里难受，给人家痛苦，你已经开始了变牛变马被鞭挞的痛苦果报了。

因果报应是谁做的主？没有人做你的主，都是你自己造的，这叫自作自受。

至心皈依

> 或得为人，生居下贱，作人奴婢，受他驱役，恒不自在。若昔人中，曾闻世尊药师琉璃光如来名号，由此善因，今复忆念，至心皈依，以佛神力，众苦解脱；诸根聪利，智慧多闻，恒求胜法。

佛说有些人因为过去生这种坏的心理行为比较轻，“或得为人，生居下贱”，仍然投胎变人，但是做下等人；“作人奴婢，受他驱役，恒不自在”，永远不得自由。那么，佛说，在这样的众生中，如果过去生有一点善根，“若昔人中，曾闻世尊药师琉璃光如来名号，由此善因，今复忆念”，当他在造恶业之前，或正在造恶业那一生当中，曾经接触过佛法的教育，曾闻药师琉璃光如来名号，就是听过那么一下，多生多世不晓得哪一劫听过那么一下，这一生在极痛苦中，偶然引发他的一点通力，在凡夫就是忆念，回转去想到，莫名其妙起一个佛的念头。这个时候，“至心皈依，以佛神力，众苦解脱”。

注意唷！你说我们现在念了半天药师琉璃光如来，也没有得到解脱啊！你要晓得，“至心皈依”你就做不到。你说我跪下来啦！又磕头啦！我口袋的钱也拿出来啦！这还不算啊！这不叫“至心皈依”，因为你没有明心见性嘛！“至心”是到达了，认识了自己的本心本性，这才是真正的皈依佛法——“至心皈依”。那么，这个时候佛的力量就加庇你了，其实，也不是佛的力量加庇你，而是你自己的力量加庇了自己，这个时候，你心到了，你也就是佛了。所以要至心皈依，一切苦难才得解脱。假使自己没有达到至心的境界，以妄想心去念，是有效果，种一点善因而已。欲得解脱，必须修持到“至心皈依”。

所以啊！一边念佛，一边观佛理，把理参透，一边观心修解脱，没有不见效的，这一生就可见效。

假使有人如此修持“至心皈依”，此生就见到自己心性了，得到自己本身的佛力加持，解脱了痛苦，还要不要再修呢？那就是禅宗五祖告诉六祖的话：“不识本心，修法无益。”要明心见性，要观心，那才是真正修行。因为明心见性以后，你自己的思想行为、起心动念，善念、恶念一动，自己清清楚楚，因为“觉性常在”啊！佛者觉也，你的警觉心就高了，这叫真修行。

凡夫众生自认为打坐坐得好，清净境界啊！我悟道了！好多人狂而妄之，没得办法！自己在习气业力中，自己都看不清楚，那还叫悟道吗？佛者菩提，菩提翻译过来是觉悟，你那个觉性不高，一点警觉性都没有，怎么叫修行呢？修行就是理性的警觉性特别强，自己的起心动念，一举一动清清楚楚；是罪是福、是功是过，自己要看得很清楚，这才叫修行。

解脱后要不要修行

所以“至心皈依”以后“众苦解脱”，得了解脱以后，还起修不起修呢？解脱是解脱了三界六道一切苦难，这只是解决问题了，等于欠了债把账还光了，但是往后还要不要钱生活呢？那只是解脱，还没有成就。解脱、般若、法身三者不可缺一。得解脱后正好修行，况且我们连解脱都还没有做到，妄以为自己谈谈禅就悟了道。唉！天地间这一类狂妄之人不计其数，根本上就犯了增上慢。

所以，真得了解脱的人，正好修持，那么，他生来世“诸根聪利”，六根特别聪明。聪明这两个字，就是耳聪目明，耳朵灵敏，眼睛好，头脑清楚。有许多人，耳朵听力好，眼睛不好；有些人眼睛好，耳朵不好，再不然鼻窦炎，鼻子不好；鼻子好了，嘴不好，或者身根不好，身根的毛病最多了，身根包括心、肝、脾、肺、肾、胃等五脏六腑，乃至身上的肌肉、骨节都属身根。身心内外绝对健康的人，世界上没有一个，除了成道的人。所以，要诸根聪利极难。聪明，反应快，智慧高是利。“智慧多闻”是智慧又高，学问又渊博。什么都听过，学过，这还不算，“恒求胜法”，常常学的都是一流的东西，即使学佛，也是碰到第一流的善知识，第一流明师，学得第一流的修持方法。

常遇善友，永断魔罥，破无明縠，竭烦恼河，解脱一切生老病死，忧愁苦恼。

“常遇善友”这可难了，经常碰到、交到善知识的朋友。我们在座有年纪轻的、年纪大的，想想看，自己在社会上一辈子交到几个好朋友？半个都没有，包括你的丈夫、妻子在内，都不是真正知己朋友。人生得一知己，死而无憾，所以中国文化始终标榜管仲、鲍叔牙，那是知己；像孔子与晏婴二人也是知己，孔子赞叹齐国矮子宰相晏婴说：“晏平仲善与人交，久而敬之”，与他做朋友久了，愈觉他可爱，愈对他恭敬，这就难了。

所以，社会上到哪里找一个善友？好朋友变成冤家的太多了。学佛修道，出世法中的善友更难了。善友帮助你向上，不会引你堕落，更不会破坏你向道业的路上走。在这个世界上，我看恶知识、恶友非常多喔！

“永断魔罥，破无明縠”，永远断了生死魔、烦恼魔等等，破掉了无明的外縠，“无明縠”，注意啊！换句话说，我们本来是光明，因为业力这层外縠把我们罩住了，看不到自性光明，把无明外縠这一层破了，自性光明就显现了。“竭烦恼河”，永远不起烦恼。“解脱一切生老病死，忧愁苦恼。”我们人生在世，生、老、病、死、忧、愁、苦、恼，这八个字是永远的魔障。忧与愁的心理状况不一样，愁是今天有要紧的事情发愁；忧是永远担心害怕，前路茫茫。苦是现象严重的；恼，烦恼、懊恼则是轻微的痛苦。谁也没有脱离过痛苦烦恼，所以生老病死、忧愁苦恼是我们这个世界上永远的魔障。

那么，如何才能解脱呢？要真正念药师琉璃光如来名号，要真正了解东方琉璃世界，从内到外是一片青天一样的光明清净，此心此身内外没有一点残渣，这是琉璃光如来的境界。

人性坏的一面

接着佛讲另一个心理犯罪境界的行为。

> 复次，曼殊室利，若诸有情，好喜乖离，更相斗讼，恼乱自他，以身语意，造作增长，种种恶业，辗转常为不饶益事，相互谋害。

经典就是戒律，就是修行的范本。这一条，佛告诉文殊菩萨，众生具有劣根性，喜欢乖离，喜欢破坏人，天生地喜欢破坏团体，喜欢破坏别人的事。我们在社会上经常看到，与他毫不相干的事，他听了就去破坏。出家人或者对社会的事少接触，我们在家人在社会上接触的事多了，看的更多。

有时碰到一个朋友告诉你一件事，说了半天，三十三天或十八层地狱毫不相干的事。有人来跟我讲这些事，我说：“你啊！吃饱没有？”“吃饱了，你问这什么意思？”“你吃饱了没有事做是不是？我还以为你有要紧的事要告诉我，我忙得很，谁有时间听你这一套？我问你，你说你听来的那些事，你看到过没有？”“没有。”我再问：“你表哥看到啦？”“嘿！嘿！那也没有。”我说：“那你表嫂看到啦？” “那也没有。”我说：“你更吃饱了没事做。”

天底下有许多谣言，但是“谣言止于智者”。谁看到？我表哥；把表哥找来问，表哥说是老李；把老李找来，结果是鬼看到，人没有看到。这个原因就是人爱犯口过。

两舌，两面讲话，讨好人。所以做主管的人，经验久了有心得，很简单，来说是非者便是是非人。在上面位子坐久了，这方面头脑要清楚。甲来说乙，甲跟乙之间早已有了意见、过节，如果没有意见，好得像亲家一样，他会来说他坏话吗？他只会讲他好话。但是你也要晓得，如果甲来讲乙的好话，也同样是问题。所以主管当久了，我承认一句话：老奸巨猾。在一个聪明、高明人面前，你少说话，你一提某人好坏，立刻被怀疑，“你这家伙干什么？某人好坏我还不晓得？要你来多嘴？”

像我经常碰到这种事。什么人好坏我还不晓得？我活了几十岁，两只眼睛是瞎的吗？如果我看错了，那我承认我瞎了眼睛，但是你本身也犯了两舌戒，喜欢挑拨是非，尤其是妇女特别喜欢，无事生非，破坏人家。其实，岂止是妇女，男人也一样，不过，方式不同。人总喜欢这么做，就是古人两句话：“谁人背后无人说？哪个人前不说人？”人与人见了面，一定讲人家，两个人一见面，“嗳！你看到某人没有？”“没有看见。”“这个家伙好几天没看见，不晓得搞些什么？”这就在说人家了。在人面前说别人，这是众生与生俱来的业力。

好喜乖离　更相斗讼

“好喜乖离”，就是喜欢做破坏人家的勾当。破坏了对他本身有没有好处呢？他有时也替人家掉眼泪，但不要这样做好不好呢？他自己也控制不住，这是他的业，他的地狱业。

所以学佛在哪里学？就在这里，要检查自己的心理，做这一件事，说这一句话，是不是犯了“好喜乖离”？犯了这种戒，磕一万个头也没有用；有用啊！那是你善心磕头得的好果报，但那笔账是另外算的，两笔账不能抵消的。善有善报，恶有恶报，不能抵消、冲淡。人情可以冲淡，宇宙法则是不能冲淡的；就像黑暗与光明不能中和，一样的道理。因果报应是宇宙间的天然法则，并不是迷信，也没有人做主，天道好还。

经常有人说，因果报应很难相信。我说年纪大了，越看越相信，越看越害怕，尤其现在更可怕。我们年轻时，哪里有冷气机？夏天热得把上衣脱了，一边看书，一边摇扇子，称得上是“江上朔风清”了，尤其一阵凉风吹过来，真有说不出的舒服，那个时候看果报就慢。现在这个时代，我经常感觉到，阎王那里的地狱都是电脑作业，现世报的事情太多了。科学时代，报应也很科学。你们自己去研究，去看这个社会，去看这个人生，就能了解自己。

“好喜乖离”，乖是乖，离是离。离是离间，挑拨是非，破坏人与人之间的感情。乖是把人与人之间弄得别扭，本来大家好好的，他会把彼此搞得别扭起来。

“更相斗讼”，还有一种心理喜欢挑拨人家，与人相斗、打架。打架这个名词，在河北、东北、北方有不同的涵义，辩论也叫打嘴仗，两人对吵叫“打一架”。人性好斗，喜欢讲别人坏，有些人就利用人性这个坏的一面，使别人互相斗讼。古今中外，到处都可发现这种令人发指的事实。

讼，就是打官司，打嘴仗，嘴巴好辩也叫讼。有些人嘴巴讲得头头是道，而且道道是头，他都有理由，你跟他讲话还没有提，他理由一大堆就出来了。

斗讼两个字是相连的，这些都是人性的罪业，所以修行就要在这些地方挑自己的毛病。止观，观心法门，观什么？就是把这些病根都挑掉。

所以，好喜乖离、更相斗讼的人，“恼乱自他”，不但使别人痛苦，自己也很痛苦，自己一天到晚不开心，在烦恼，在扰乱；扰乱别人，更扰乱自己。

“好喜乖离”，一切众生的劣根性，喜欢挑拨离间，喜欢破坏人与人之间的感情，破坏别人的好事，基本上，这些都是由于人性的嫉妒心理而来。乖离的个性人人都有，不是某一个人的特性，这是一切众生的根性，是第八阿赖耶识带来的种子，这个根性的种子有三种：善、恶、无记。人的起心动念与他形诸在外的行为，不是造善业就是造恶业，没有中间路线，勉强说个中间，就是无记，无善无恶，也就是我们通常说的不知道为什么这样做了。实际上，无记也属于恶，不过，是最轻度的恶。

修行，就是把根性中善的种子擦亮，擦干净，使它开发出来。换句话说，修行就是为善去恶，自己把劣根性转过来。

人人都有“好喜乖离”的劣根性，喜欢在人与人之间闹事。只要几个人在一起，往往就有人故意糗你，逗得你左右为难，下不了台；或者故意讲反面的话，使大家一笑。甚至故意吓唬你一下，使你难受一下，逗得别人哈哈大笑，然后说是开玩笑。

这些是属于身口意业中口业的一种，口业有四种：妄语、两舌、恶口、绮语。人与人之间的相处，往往会因为一个微小而且不相干的动作，或一个很轻微的笑话而引起争斗、吵嘴，甚至打官司。有一位同学在日记中写到，他们一家人有爸爸、妈妈、媳妇、哥哥、弟弟，很快乐，很和谐，邻居一位太太喜欢把他们搞得不和睦，弄得家人很痛苦。这就是人性的基本弱点，看到别人家好，喜欢把人家弄得不好。有时候好像是无意的，严格说起来，不能算是无意。从心理上来说，是出自于潜意识的劣根性，绝对不能说无意，说无意这句话不能原谅。真讲佛法修行的人，不能原谅自己的无意。原谅别人是你有宽容的德性，原谅自己就是罪过。

所以，我们已经知道“好喜乖离，更相斗讼”的劣根性是天生的，但是结果呢？“恼乱自他”，不但使自己起烦恼，也使别人起烦恼。捣乱了别人，也捣乱了自己。所以佛说一切众生“以身语意，造作增长，种种恶业，辗转常为不饶益事”。

十恶业

我们晓得佛法无论大小乘，基本上都重视身、口、意的清净。身口意所造的恶业，归纳起来，就有十样：身体造的恶业是杀、盗、淫；嘴巴造的恶业是妄语、两舌、恶口、绮语；意念上造的业是贪、瞋、痴。像我们的身体本身也会使人乖离，拿现代语来说就是“肢体语言”，怎么说身体会挑拨人家呢？譬如眼睛是身体的一部分，有时候用不着说话，一群人坐在一起蛮好的，对方故意跟你眨眼睛，示意某人对你不好，挑拨一下，就可使你们起仇恨。那个眨眼睛的动作就是身在造业。

言语上造业更厉害，中国儒家也经常讲到言语的严重性。《书经》上说："惟口出好兴戎。"也就是说，一言可以兴邦，一言可以丧邦。如果不深读历史，不会相信这句话；看历史就知道，往往因为一句话可以使国家兴盛，一句话也可以使国家灭亡。

事实上，身、口两种业力的总指挥是意，也就是意识、意念、思想，意所造的业主要是由贪瞋痴而来。例如我们偶尔有一点不高兴的心理似乎没有什么了不起，在修行来讲，对人对事有一点不高兴，就已经犯了瞋戒。瞋的心理行为有很多，微细的较难察觉。

譬如一个好人讨厌一个坏人，这是天经地义的事嘛！然而这个起厌恶的心，就是瞋恨心。这在人道行为来看，不能说有多大的错误，但也不能说完全没有过错，因为不高兴的心理绝对是厌恶的、瞋恨的。但是在菩萨道看这个坏人，却是怜悯的、慈悲的，等于我们看到自己最疼爱的儿女做坏事一样，虽然也愤怒，也打骂，然而当父母打孩子，往往一边打，一边流眼泪，那等于是菩萨的行为，内心没有真正的嗔恨。如果没有这种父母的心肠则不然，是非太明，善恶太清，已经是瞋心的种性。

"阿修罗道"译成中文是"非天"的意思。阿修罗道也是天道，很高哦！人死后能到阿修罗道，谈何容易？我们通常所说的神道就是阿修罗道，此道众生善恶分得很清楚，因为瞋心重，不得证果，连天人的境界都谈不上，不过他有天人的功德福报。理由何在？因为他的意念上有戒禁取见，是者是之，非者非之，善恶是非清清楚楚、明明白白。所以一个人在佛菩萨面前犯错，乃至打骂菩萨，往往还可以逃过去，如果在鬼神面前玩这一套，他非处罚你不可，因为他的善恶观念分得很严谨，但是在菩提道上却犯了瞋心的戒，正因戒禁取见的观念太重了，无法证果。

贪，三毒之一，如果一个人说他能万缘放下，只喜欢清净，那也是贪喔！贪恋清净也是贪，贪恋空也是贪。所以菩提道的究竟，连空也要彻底毕竟空。清净与空还要放下，否则虽然放下万缘，住在清净、空的境界上，也算贪恋。

大家喜欢打坐，修清净的定，目前尚未得定；就算得了定，如果贪图定的境界，则是犯了菩萨戒。为什么呢？因为贪恋禅定境界不会起慈悲心，不会牺牲自我而利他，慈悲利生做不到，因此犯菩萨戒。

痴，那更多了。总而言之，在没有明心见性、大彻大悟成佛以前，乃至于在菩萨地都是痴，都没有到达究竟。

杀、盗、淫、贪、瞋、痴、两舌、恶口、妄语、绮语，叫“十恶业”。我们修行的重点在哪里呢？不论大小乘，它的基础是先修十善业道，把身口意的恶业转成善业，这才叫修行。所以修行是随时随地检查自己的思想、言语、行为。

佛说一切众生“以身语意，造作增长，种种恶业”，意是在思想上制造，制造什么呢？时时走上错误的思想，“好喜乖离，更相斗讼”，总认为我的观念对，你的观念错。“恼乱自他”，一有这种心理，第一个烦恼就是看不惯，我讨厌，跟着也使他人受害。

我们看到世界上有许多人做善事，看似种了善因，结果所得的却是恶果，其理由就因为欠缺般若智慧。修行在智慧，不要自认为在行善，往往身语意在造作增长种种恶业而不自知。

身、口、意这三种恶业相互辗转，譬如意识一动，嘴就讲话，身体也起行动，面部等六根的表情也出来了。或者看了别人的表情动作，受了外在境界的影响，而更增加自己内心的烦恼。“辗转”两个字，就是由别人的因助自己的缘，或以自己的因助别人的缘。因缘相互轮转，像一串连环图一样，相互连锁发生关系，一切众生常在因缘辗转之间做不利他人的事。

“相互谋害”，就是你害我，我害你。谋就是在打主意害人家，假如没有办法明着干，就在暗地里加害，即使信了宗教，还是一样。

画符念咒

> 告召山、林、树、冢等神，杀诸众生，取其血肉，祭祀药叉、罗刹婆等；书怨人名，作其形象，以恶咒术，而咒诅之。

信仰宗教而有一点宗教迷信或宗教情绪的人，这些情况更多。世界上有很多人想害人家，但是力气又打不过人家，怎么办呢？就去拜山林树神，或者到祖宗坟墓，对鬼神祷告，或念咒、画符。害得你生病，使你家人不安，或使你们夫妻永远吵架，那么，懂得的人，又去画一张符把这个法术破掉。以前大陆非常普遍，画一张符念念咒，死人就附身到迷迷糊糊的女人或小孩身上讲话，然后开出条件，向你要一只猪头或一只鸡，要你怎么拜怎么念。这些都犯了极大的过错。

还有些人拜些邪神，“祭祀药叉”。《药师经》中说到护法的大将是药叉，又名夜叉。男性叫夜叉，有地上的夜叉、虚空中的夜叉、天夜叉三种，为恶鬼之流，但有些是菩萨化身。一般而言，虚空中与天人中的夜叉大部分是好的；地上的夜叉则有部分是坏的；地球上的夜叉、神之类众生，喜怒好坏不一定。这些讲起来好像很迷信，但是本身没有经验过，对迷信一词不要贸然下断语。

譬如到西北的新疆、内蒙古一带，或者到西南的云南、贵州等边疆，乃至西藏、西康①，经常会碰到一种怪现象：一个人在山里面走，会听到有人叫你的名字，像我们以前就有经验，很小心，决不随便答应，不管你是外国人或中国人，只要一应声，你就昏倒了，就死了，这是叫魂。然而这是什么道理呢？大概有个科学的原理，我们一直在研究，还不能下断语。

这些山精鬼魅之流不可思议的事很多，即使在科学时代也有很多这类神话，不过大家没有去注意。所以人的生命、鬼神、宇宙等奥秘，我们到今天为止，始终无法搞清楚。

“罗刹婆”是代表女性一类的夜叉，属恶鬼之流，多半很漂亮并不丑陋。专门拜这类神的人，过去有许多各种派别的修法，譬如在四十九天或一百天内专修一种符咒。修成以后有小通，小事很灵光，大事就不知道了。

记得七八年前我在大学讲课，有位学生问我相不相信符咒，我说相信啊！我问他问这个问题是什么意思？他笑了半天

① 西康，旧省名，1955年撤消，原西康省所属金沙江以东区域并入四川，金沙江以西的昌都地区并入西藏。

也不肯讲。我说你会，他说对。我又问他为什么学会这些？他说是家传的。我说你会些什么东西？他说例如替人家止血啦！很灵吔！我告诉他不要搞坏的东西喔！他说坏的没有学，而且老一辈的也不肯教。

这位同学很年轻，他说他已经念到大学了，对科学不能说没有相当基础，总有一点常识，以科学道理来说，他始终想不透那是什么原因。你说它没有用吗？它有，但不知那些作用是什么道理。

有些学了这些东西的人，专门拿来对付自己的仇人。像我们老一辈的都不随便拿八字去算命，如果要算，也不告诉算命先生是谁的八字。有些算命先生也会作怪，因为算命看相的与这一套古里古怪的东西相关联，一般通称为“江湖”。据我所知，也有人把别人的照片拿去做这类怪事的，画符，念咒，慢慢使冤家生病，这也是“好喜乖离，更相斗讼，恼乱自他，以身语意，造作增长，种种恶业”。

在中国儒释道三家的看法，这类果报非常严重，就是在西方国家的宗教，如基督教、天主教、伊斯兰教等，也不许可这类事情，非受大果报不可。

可是，这个世界上真有这种邪门的事。例如从前西藏有一教派叫黑教，所用所穿都是黑色。四川人称黑为乌，而四川土话则称为乌教，乌即是黑的意思。四川人骂很坏的人说“你这个家伙是乌教”，“乌教”代表骂坏人。黑教也称苯教，专搞这一套。

中国历史上有名的，如三国时代的黄巾贼五斗米教，元朝的白莲教等，演变到同善社、一贯道，都是这么来的。不过，现在的一贯道恐怕没有这个本事，只晓得扶鸾，现在连扶鸾也渐渐不用了。

如果真有这一套本事的，那很好玩，你们坐在这里，他随便一画符，一念咒，不需乘飞机，这个位子就飞走了，任凭你到想去的地方。或者剪张纸鸢，咒语一念，小纸鸢变大，人坐上去就飞走了。所以，相传以前西藏人逃难，乌教的人全逃出来了。现在，乌教在欧美也很流行，有人专传乌教的书，但是乌教派的人很少。西藏人逃难，仅有少数的剌嘛逃出来，怎么乌教的全能逃出来呢？喇嘛说他们有法术嘛！把全教的人叫来，站在一张席子上，教主一念咒，席子就起飞了，飞到尼泊尔、印度，所以全教连法器都没有损失。相传如此，是否属实不可知。

不过，这些旁门左道本身也不是叫你害人，但就是瞋心大。学密宗的喜欢看密勒日巴传记——《木讷祖师传》。密勒日巴开始学害人的法术，就是乌教法术，后来他能放冰雹，一念咒，天上就下冰雹，把人、畜统统打死，所以他痛切忏悔才得救。

现在科学时代，不会有这些玩意儿，但是用化学药品、麻醉药品害人的太多了，同这个道理是一样的。这一类人很可怜，过错犯得非常大。

魇魅之学

魇魅蛊道，咒起尸鬼，令断彼命，及坏其身。

魇，也叫厌，包括密宗的降伏法，但现在中国藏传的密宗，大部分把这个法门去掉了。如对某人不满意，有仇恨，硬是把他咒死，这是厌胜的做法。

魅，传说有些符咒可以派鬼来把人迷住。修炼这些方法都很残忍，胆子要大。我真服了他们，必须挖坟开棺，把刚死之人的头颅拿下来，要五个集中起来念咒。难的是还得晓得生辰八字，几时生几时死都要知道。叫我们把死人棺材打开就已经做不到了，更遑论把头割下来念咒。偷来死人骷髅念一百天，死人的灵魂就不得超生，跟着你，成了你的奴隶，任凭你指挥。这就叫魔魅。

一九五四年，我在基隆讲《楞严经》的时候，有位同学特地跑来告诉我，他听了一个月的课，受益很多。他的国语又讲不好，碰到我闽南语也讲不好，两个人对起话来很滑稽。他告诉我是他父亲叫他来这里听经，我问他是什么意思？他说他父亲会“符箓”，我又问他父亲会些什么法术？

他说：“是当年大陆老师来台湾传的，我爸爸法术可大了，他姓简，很正派，台湾所有这一类的人一提到‘简老伯’都怕死了。我爸爸刚死，临死前就吩咐我不要学这一套，要我来老师这里听经。”

我说：“你回去把你爸爸那些书拿来我看看。”

他说：“我妈妈统统都把它烧了。”

我说：“哎呀！真可惜！”

因为他父亲走的完全是正道，台湾这一类人很多，做了坏事的，一听到他的名字吓死了。相传他父亲把干坏事的人叫来，也没有绳子，手这么一指，人就悬空吊起来，好像很多人打他，打得他求饶说以后不敢再做坏事了，他父亲用手一指一划，人就下来了。

这位同学讲得活神活现，又说：“夜里父亲一个人睡觉，我半夜睡醒总听到父亲房间有好多人讲话，也听不懂说些什么。等我进去看，一个人也没有，只有父亲一个人，夜里也不睡觉。父亲一辈子在外面到处做好事，人家有病的就替人家医病。在南部还替人家割稻子，农忙的时候，一个穷农家请不到人割稻，我父亲看他可怜，夜里帮他割完。在外面做好事，别人给他钱他也拿，但是从来不把钱拿回家，专门放在一家药店，什么人有病，他给人家看病吃药，都用他的钱。所以我妈妈气死了，我们家穷一辈子，有机会发财也不要。因此父亲一死，妈妈就把书全部烧掉，不准我们学这些。”

我问他父亲有没有教他一点，他说：“我也想学，父亲带我去学过，小时候跟着父亲到坟墓多的地方睡觉，在死人棺材上我怎么睡得着？不过挨在父亲身旁只好睡了。等睡醒了，一看父亲不在，四面都是棺材、死人，我真吓坏了。吓过四五次以后，也慢慢不怕了，我总算训练到这一步，在死人堆里睡觉不怕。后来父亲认为我不该学这些，就不教了。”这个人大概还在，我也有很多年没有看到他。

若讲中国文化，这一类东西也算是中国文化，但属于坏的一面。一个累积几千年的文化，好的坏的人那么多，好的文化固然多，坏的流传也不少。这一类就是魔魅，修鬼道的一种。

小心中了蛊

“蛊”，修蛊道的在台湾看不见，过去，到了云南、贵州，我们就害怕了。到了少数民族地区也不敢随便在人家里吃东西、喝茶，恐怕里面放了蛊。无色无味的毒药，吃进肚子也没有问题，如果你被当地的漂亮又多情的小姐看上，男法师去，照爱不误，你吃了她一餐饭，喝了一杯茶，你就非跟她结婚不可，不娶她就离不开那个地方。传说，结了婚以后，如果你要离开当地回家，说好三年回来就必须按时回来，超过时限，病就发作，死得很痛苦。

西南边疆有很多放蛊的，西北边疆则又是另外一种，蛊是细菌性的动物。所以我们到边疆先把防蛊的药准备好，即使没有防蛊药，也要先叫穿："喂！这里头有没有蛊啊?"我们晓得西南边疆，像四川的川东、川南，西南角靠贵州一带，传说有这个东西。到饭店吃饭，地上、桌子擦得特别干净的一定有蛊，因为放蛊的人家一定要干净才能养蛊。真是害怕，无声无嗅、无色无味，在哪里中了蛊道都不知道。

此外，传说还有飞蛊，边疆风景很好的地方，夜里看到一点一点的亮光在飞，碰到就不得了。

我们这个国家，地区这么大，比美国都大；文化之优厚，好坏的玩意之多，可惜你们年轻，书也没有读破万卷，路嘛也没有行万里，这些稀奇古怪的东西见都没见过。

咒起尸鬼

刚才讲到蛊，还有一种"咒起尸鬼"，传说用咒语可以使死人的尸体起作用。过去，听说在湖南的西部、广西的北部一带，就有赶尸的。在中国人的观念里，人死在外地，同伴都希望把他的尸体送回家里，这是很大的道德，但又没有钱，怎么办呢？就请赶尸的。请到这一类人，尸体就听他的使唤，跟着他走，可以走上半个月或一个月，也不发臭。怎么走？电影上看过吧？我是没看到过，不过听他们讲过，一个道士在前面带路，敲个锣，敲一下，走一步，后面跟着尸体。据说有些法力大的，可以跟上几十个，一个个排队跟着走，一家一家送。大部分都在夜里走，他们也住旅馆，所以，我们在西南边疆住旅馆，就要先打听清楚，这一家里面有没有赶尸的。假如先住进去，半夜碰到赶尸的来，那也没办法。

后来我有个军人朋友，他叫了一个人专门去学，他说有个令牌往尸体背上一插，而且，插的时候有个办法，有个手势这么一比划，手法不对，尸体就赶不动。详细情形如何？我们也搞不清楚，反正听说有咒起尸鬼这么一回事。

传说如果把尸体拿掉，咒起鬼，又是另一种法术。这些都是旁门左道，有些人练成了，干什么呢？“令断彼命”，叫鬼去把人掐死，害死。或者不弄死人家，“及坏其身”，故意把人弄瞎了眼睛，或者把人家弄断一条腿，为什么呢？好喜乖离，更相斗讼，学这些旁门左道来害人。不过，学这一类的人，也要付出代价，一辈子要在外面流浪，过年也不能住在家里，要住在茅坑，要在厕所过年。另外，也要一辈子穷，孑然一身，什么都没有，而且还要绝子绝孙。

这一类的人，我们以前也听说过，本事很多，怪里怪气的。我以前在成都碰到一个人可以看得到鬼，可以把鬼招来和你讲话。那个人的眼睛是蓝的，不像外国人那种蓝，眼睛一块蓝，白白的，没有神，蛮可怕的。一看就很怪，站在他身边就觉得不舒服。我也当场要求他弄个鬼来给我们看看，一边讲，心里还是有点怕，毛孔也都立了起来。跟我去的人都说看到了，可是我始终没有看到。

我年轻的时候，听说哪个房子有鬼，我偏要进去看看。不能睡，我来睡睡看。他们都看到了鬼，我进去了就没有事。奇怪！大概是我人太坏了，鬼都怕。

世界上有没有这一类人？有。学这一行的，多半是仇恨心理、乖离心理，喜怒特别无常，有一点不对，脸一下子就变青了，很难相处。所以，追根究底，这是第八阿赖耶识的根性，喜欢以这些方法来造作坏事，这种果报是很惨的。

> 是诸有情，若得闻此药师琉璃光如来名号，彼诸恶事，悉不能害。一切辗转，皆起慈心，利益安乐，无损恼意，及嫌恨心。各各欢悦，于自所受，生于喜足，不相侵凌，互为饶益。

佛说：“是诸有情，若得闻此药师琉璃光如来名号，彼诸恶事，悉不能害。”就是说人家念咒或用蛊毒谋害你，如何避开呢？唯有念南无药师琉璃光如来的名号，可以免除了外界这些坏东西的干扰，人家想害你也害不到。“一切辗转，皆起慈心，利益安乐，无损恼意，及嫌恨心。”而且你心里至心在念药师琉璃光如来，反而使对方心理起了转变，起了慈悲心，使他们也得到利益，得到安乐，没有损害，没有烦恼，也不会起怨恨人家的心理。

“各各欢悦，于自所受，生于喜足，不相侵凌，互为饶益。”换句话说，因为念药师佛的名号，可以改变这些坏人的心理，使他们的仇恨心变成欢喜心，发起一切欢喜心，不会再想害人。如果你以这样的慈悲心去修持，你自己可以免除灾难，也可以改变坏人的心理，可以相互得其利益。

佛教的称谓

复次，曼殊室利，若有四众，比丘、比丘尼、邬波索迦、邬波斯迦，及余净信善男子、善女人等。

四众弟子是佛学上的专有名词。庙子上常说四众弟子，佛的四众弟子也是佛教所称的四众弟子。所谓四众，就是比丘、比丘尼、男居士、女居士。

出家的男众比丘，普通称为和尚。“和尚”两个字很大哟！佛教流传了几千年，现在大家都搞不清楚，把和尚两个字当成笑话了。其实，“和尚”就是上师、法师、大师。真正佛教的大庙子、大丛林，只有方丈一个人可以称为和尚，其他的不能叫和尚，也不能随便叫法师。过去几十年在大陆的佛教，始终还保持这个传统，我们到了大丛林，只称方丈一个人为“和尚”，其他一般的出家僧众，我们称“某某师”，一个“师”字就含有很恭敬的意义。通常大陆的在家俗语，把庙子上的大和尚、男众出家比丘，称为“大僧”；把女众出家的比丘尼称为“二僧”，也是僧，很少称法师的。法师不论在修持方面或教理方面都相当有成就。所以过去有太虚法师、印光法师、圆瑛法师等，全国没有几位被称法师的。

到台湾以后，很多名称都变了，尤其现在，今天出家，明天就称法师，而且男众比丘、女众比丘尼都称法师，这对传统佛教而言，很不习惯。不过天下事有时将错就错，现在不那么叫，变成我们不对了。所以天地间的是非善恶很难讲。

过去在大陆，对年龄大的比丘尼尊称为“师太”，非常恭敬。其实“尼姑”两个字在中国佛教之初，毫无轻慢之意。“尼”是印度“女性”的译音，等于中国文字“女的”意思。“姑”，称出家的女性为姑姑，等于父亲的姐姐或妹妹，我们叫姑妈一样，合称为“尼姑”。现在“和尚”“尼姑”两个名称变成不好听的名词。

真正佛教的大丛林，只有一个方丈才能称为和尚，和尚代表了佛法僧三宝，从密宗观点来看，更代表了肉身佛、现在佛。对于比丘尼，我们在家人看到年龄大一点的称师太，一般的就称某某师，极为恭敬。

“邬波索迦、邬波斯迦”（按：今多译为优婆塞、优婆夷）是讲真正的男居士、女居士，受了三皈五戒的居士。庙上称普通在家人为居士。

以前在大陆人家叫我居士，我不大接受，为什么呢？不敢当，真正的居士也同法师一样，很难当，年高、有道、有德，而且能真正为佛教做弘法工作，能真正供养三宝，能真正做在家出家人的善知识的，才有资格称居士，不是普普通通一个在家人就称居士。女居士亦然，甚至更严格。

现在这里的宗教形态，对皈依的信仰者称为“信徒”，我非常反对。过去在大陆，真正的佛教没有用这个字眼的。“信徒”二字是日本佛教乱用传过来的，其他宗教也用。“徒”有奴役性、控制性。大陆上对四众弟子，尤其对在家弟子称“信众”。“信众”多好！为什么要称“信徒”呢？我的信徒，你的信徒，变成党派了，非常犯忌讳。如果严格研究宗教管理的话，这个名词就要修正。

我们看旧的小说上，可以看到“檀越”二字，就是居士、大护法的意思。“檀”是六度的布施波罗蜜，叫檀波罗蜜，大护法就是布施者。“越”是梵音的称呼，是很恭敬的长者的意思。所以，在唐宋之间，出家人称在家的道友为“檀越”，就是爱布施、有功德、有道的长者。到了明清以后，习惯上称“大护法”。

关于这些道理我们要了解，还有一点要留意，出家同学将来写信给信众，以很恭敬的心称年纪大的为居士；如果年龄更大的称某公居士，并不失礼，也很合戒律。但是我曾发现出家同学写给居士的信，有称某某维摩的，这是绝对不可以、不通的。维摩是维摩居士，在逻辑范畴上属于特称，其他的居士纵然到达与维摩居士一样的境界、程度，也不能叫他某某维摩。你们不要犯这些错误，否则被人家笑文化程度低落。

“净信善男子、善女人”，有些经典，尤其玄奘法师翻译的经典，称“近事男、近事女”。普通没有受过三皈五戒的，也天天跑庙子拜拜，充其量也只能称近事男、近事女，慢慢接近，慢慢向佛道这个路上走。

佛的弟子有七众弟子，比丘、比丘尼、沙弥、沙弥尼、学法女、近事男、近事女。如果说今天庙子四众弟子都来了，我们一听就知道有和尚、尼姑、男居士、女居士。如果说今天法会七众弟子都来啦！那就很盛大了，乃至刚刚对佛教、佛法有一点印象的都来了。

如何得到佛菩萨的感应

讲到这里要插一个问题，你们注意啊！与《药师经》的念法、修法和念佛都有关。

这几天我事情特别忙，尤其各地的中国人、外国人来信问问题的非常多。有一位住在多米尼加的同学，来信前还打过长途电话。有一天夜里，打来电话说，他父亲突然死了，他又急又气在电话里发脾气。我劝他人生终归要死，他说不是啦！父亲是被人家打死的。他说《药师经》念了多久，《金刚经》念了多久，结果父亲反而还被打死，佛法有没有道理啊？他在电话里大吼。我说："这个道理怎么跟你讲呢？你现在情绪不对，先稳定下来。"我说你记不记得《金刚经》有一段话："受持读诵此经，若为人轻贱，是人先世罪业，应堕恶道，以今世人轻贱故，先世罪业，即为消灭。"为了这两句话，在长途电话中一个字一个字解释给他听。

后来他又写信来问，根据《药师经》该如何如何，已经念满十万声以上的药师佛，又如何如何，然后还遭遇如此的痛苦。

而且还有要求："老师你要告诉我，第一，我父亲刚刚被打死送医院那个时辰，我的姐姐刚好肚子痛生下一个孩子，很多人说那个孩子就是我父亲投胎的。老师你要给我解答，那个刚出生的外甥是不是我的父亲？"

唉！为人千万莫当人家的老师啊！什么事都要负责，都要给他解答。生病找老师，有问题找老师，吃不下饭找老师，大便秘结也找老师……反正啊！做人家老师是倒了八辈子霉，我是深深感到痛苦。如果你们是老师，他的第一个问题你们怎么答复？我也没得神通，就是有神通也不能说，决不能讲，否则犯菩萨戒。你们说我该怎么答？

第二个问题，我一接到电话，第二天就请从智法师给他父亲做法事超度了，当然现在也已经入棺埋葬了，他要老师显神通，把他父亲复活过来（众笑），因为我叫你老师嘛！老师啊！大家都说你有神通，这下你非显个神通把我父亲复活不可！你说这孩子不是发疯了吗？

这封信很严重，等于外交上“哀的美敦书”一样，再不然我跟你宣战了。你说怎么答？世界上有很多近事男、近事女就是这个毛病，一不对就好像跟老师成了冤仇。这种人还学药师佛哩！可是你说他有没有罪过呢？对父母的孝心激动得几乎疯了一样。

然后第三件事告诉我，本来要出家的，现在不行了，因为父亲被打死，不管怎么样，先找个女的给他生个儿子要紧。

这三个问题都是我很难答复的。所以你们千万注意啊！年轻人，为人千万莫当人家的老师，当了人家老师，倒了八辈子霉！

我提这件事要注意啊！你们也会觉得《药师经》讲得那么神妙，我们又念《药师经》，又念药师咒，又拜药师佛，怎么照样生病呢？

这个道理我在前面也讲过，首先，药师佛有十二条大愿，你检查自己的行为，有哪一条做到？没有做到而想得到药师佛最大感应，未之有也。第二，药师佛的每一条戒律、心行（心理上的修行），自己反省有哪一点做到？没有做到，要求菩萨感应很难。好比你是部下，长官对你要求的行为，你做好了没有？没有做好，只一味要求上面应该对我好，应该给我待遇高，不可能。

所以，“感应道交”四个字要特别留意，要想菩萨加庇，你本身不是那个材料也不行。比如杯子里装满了尿，你想装茶水进去，能吗？你必须把脏的倒掉，变成空杯，才能再装茶水，才能感应道交。

所以，一个学佛的人、信仰宗教的人，没有把自己修持好，一信就要求那么多，好像念一念药师佛就有天大的不得了。像这位同学，又要父亲好，又要发财，又要公侯万代……你看多自私啊！如果上帝、菩萨是这样偏私的话，对不起！我想我是不敢信了。那是偏私，跟普通人一样，拍马屁的就照顾，不拍的就不理，这还叫佛叫菩萨吗？

大家学佛要把道理搞懂。接下来就要讲这些道理，学佛要想得感应，要怎么做呢？

> 有能受持八分斋戒，或经一年，或复三月，受持学处，以此善根，愿生西方极乐世界，无量寿佛所，听闻正法，而未定者，若闻世尊药师琉璃光如来名号，临命终时，有八大菩萨，其名曰：文殊师利菩萨，观世音菩萨，得大势菩萨，无尽意菩萨，宝檀华菩萨，药王菩萨，药上菩萨，弥勒菩萨。是八大菩萨乘空而来，示其道路，即于彼界，种种杂色，众宝华中，自然化生。

这一段是《药师经》最重要的关键，要特别注意。你说没有感应，现成的就有个例子：有位丁老师，是位医生，他刚刚告诉我，学佛很多年，奇怪，当他听到药师佛发心这一段，突然心境到了另外一个境界，非常平静，持续好几天。当然以后怎么样我们不去讨论，这就是真的、自然的发心。他学医多半在布施，与《药师经》特别有缘，我心里有数，讲这本经他一定到。讲别的经、别的佛学课，有时诱惑他，叫他来陪衬陪衬，他说：老师啊！不是不来，实在没有空。这是半真半假的话。这回他也真是没空，因为他跟《药师经》有缘，有兴趣，就来了；他来了就会有这个感应，所以因缘生法，各有不同。

要想得药师佛的感应，第一，要“能受持”，受是接受、领受；持是保持。譬如你今天皈依三宝，或者皈依某某法师，受了皈依，没有永恒保持皈依时那一刹那的境界，不算“持”，只能算“受”，能够有受有持才是真修行。

修行没有成就，是因为不能受持，所以读经典、看经典要特别注意这些地方。

受持八分斋戒

“有能受持八分斋戒”。注意啊！“八分斋戒”，不管在家出家，这是学佛的初步。什么是八分斋戒呢？要注意，普通一般人对佛法的经、律没有研究，一提到八关斋就想到吃素，就想到过午不食，对，但不完全对。

现在我们正式看看经典，一切戒律的根据是经典，好比政府的一切法律是依据宪法，宪法是一切法律之母。一切大小乘的经典是戒律之母，所以真正的戒律必须根据经典。现在戒律来了，想修药师佛、药师法，要受持“八分斋戒”。拿白话翻译要加一个字，“八分斋的戒”，就容易懂了，观念就清楚了。这句话的意思是说：有人能够受用保持八分斋的那一种戒律，或整个意念在又受又持中；换句话说，就是当时受戒的境界在一念中一直保持下去。不要说上午念了经，打了坐，心境很好，下午为了一点小事，又恨人，又骂人，又恨不得杀人。那还叫受持啊？那叫受持魔戒，受持地狱戒，马上又是一分果报累积下去。

受持八分斋的那种戒，或者经过一年，或者经过三个月。做什么呢？这三个月、一年当中专修，保持那个境界，昼夜不变，一心不变受持八分斋的戒。

“斋”不一定吃素，把斋字解释成吃素是大错而特错，错得一塌糊涂。但是说斋不是吃素，难道是吃荤？那又不对了。斋是中国文化，语出《庄子》的“心斋”，心里一点杂念、妄想、欲念都没有，保持清净的念头叫“斋”。这个无关乎吃素，真的吃素是内心素到了极点，素净、干净到极点叫“心斋”。中国文化几千年来讲斋，是讲心的清净，而不是佛教的吃素。

所以古代的皇帝碰到国家大事或大灾难的时候，就要“斋戒沐浴”。譬如有三百年历史的清朝，在关键时刻，要决定国家重要大事之时，皇帝与皇后、妃子都要分房，不准亲近。斋戒沐浴不是光洗头、洗身体，你以为光洗了澡就干净啦？心里头还有一点杂念就已经不是斋了。所以孔子告诉颜回，你要“心斋”，我才传给你。禅宗也是一样，你心不清净，想靠人接引？接引什么？有很多同学叫老师接引一下，你能够做到心斋吗？

所以，能够在心斋的阶段，保持心清净、念清净、意清净，如此经过三个月，你想想看，不成道也成道了。

吃素归吃素，吃素在戒律上严格而言是不吃荤，荤是指五荤，并不是持斋。一提到八关斋就想到吃素，逻辑观念错了，对于佛法的思想也错了，要特别注意。

我们就依据太虚法师的注解，来解释八分斋戒，分者，支也，就是说有下列八条戒：一不杀，二不盗，三不淫，四不妄语，五不饮酒，六不着香花鬘、不香涂身、不歌舞倡伎，七不坐高广大床，八不非时食。

这八条戒，居士、沙弥都可以受，换句话说，不管在家、出家，基本上都从受八关斋戒开始。

小姐们受八关斋戒，香水、口红都不准擦，当然身上要洗干净。头上不准插花，不准唱歌，不准跳舞。有时洗菜，一高兴起来，边洗边唱一下歌都不行。

何谓不坐高广大床

第七条不坐高广大床，一般说出了家的沙弥不坐高广大床，受八关斋戒的出家人、居士，不能坐高广大床、大椅子。这是什么道理？一般人不懂戒，好了，为了守戒，只敢坐矮板凳。我在大陆上看得很多，老朋友几十岁了，一大把年纪出家。出家同学注意，尤其是老沙弥，佛门是先进山门为大，哪怕他是六岁小孩，昨天出家，你是九十岁老头儿，今天出家，六岁小孩就是你师兄，而且对师兄要恭敬，早一分钟出家就是师兄。在大陆上，有位老朋友出家，我们看到叫老沙弥，实际上他在庙子上是小沙弥。真正的小沙弥，准备受沙弥戒，尚未受的叫“驱乌”，在山里头晒谷时赶鸟的，还称不上是沙弥。那么这些人怎么不准坐高广大床呢？

我过去在庙子里看到这类事，心里就觉得好玩。我有个老朋友，讲起地位都不错，结果出了家，年龄七十岁，是老沙弥，那时候我还年轻，交了很多忘年之交的朋友。有一次我们在庙子上碰到，我说我要看老和尚，那是老沙弥的师父。他说可别让老和尚叫我哦！要不然我得端张矮板凳坐在旁边。我问为什么？他说不准坐高广大床啊！我说：“岂有此理！你这个老不正经，怎么这样呢？”他说：“老兄，不要乱来，我现在是出家人。”我说：“我知道，你没有办法，我有办法，你的师父也是我的师父。不过，我是居士，可以在他旁边坐。”

这位老和尚名气很大，我一进去给老和尚顶礼之后，老和尚说：你来啦！中午在这里吃饭。我说：当然啦！当然在这里吃饭。我问：“师父！某人在这里出家？”师父说：“对啊！”我说：“找他也来谈谈。”师父说：“好嘛！”我说：“不过不准坐在矮板凳上噢！”师父说：“这是庙上一般的规矩啊！”我说：“师父啊！我们俩今天要谈一下了，您是我师父，我也皈依您了，我想请教，为什么受了八关斋戒的人，同沙弥不准坐高广大床？再说大床有多大？单人床还是双人床？六尺长还是八尺长？师父请您解释。”

我那个时候很恭敬啊！说“请解释”的时候，站起来合掌跪下请法。不像你们问老师一个问题，老师慢一点回答，就摆出那个脸色，就好像老师该死，唉！造什么业！不晓得我造什么孽！

我那个时候很有意思，如果记载下来写小说也蛮有意思。老和尚答完了，我磕个头，站起来说："师父啊！您讲错了。"

居士不可以谈戒啊！可是我这个居士向来有人称是魔王居士，头号的。错了就是错了，对了就是对了，非者非之，是者是之，魔王称号就是这么来的。

"不坐高广大床"是印度的制度，在中国古代也用得通。中国在唐朝以前，秦汉时代没有椅子，印度也如此，都是席地而坐。现在日本的榻榻米，就是汉朝以前，秦始皇时代传去的规矩。到了唐朝，看历史就知道，某某人或皇帝坐在"胡床"上。什么叫胡床？是西域传进来的，我们的高脚八仙椅，打坐用的"绳床"，绳子编的，也是唐朝以后才有。

北方人叫"坐炕"，钉一个又宽又大的架子，那是给年纪大的、地位高的或腰腿不便利的人坐的，免得坐下来腰痛，坐骨神经痛，所以要坐高位子。北方人看老一辈人来，说"请上座"，晚辈人站在下面陪着。因此学佛的人要谦虚，不准坐高广大床，意思就是说不准坐上位。

我说："师父您去查，看你对还是我对？"老和尚说："你完全对！完全对！"我那位师兄终于不必坐矮凳，可以一齐同坐。我到庙子就是这样办，所以许多老和尚看到我去，很欢迎也很头痛。

有一个朋友出家，要把妈妈也带去出家。他妈妈一辈子有酒瘾，不喝酒要死的。这下可要命了，出家要受戒，把酒戒了，非死不可。可是不受戒又何必出家？我说我来送，送到上海龙华寺，我对龙华寺方丈说：“请师父开遮，我有一个朋友的妈妈来受戒，三四百条，包括毗尼耶戒，不管七百条、八百条，什么戒都可以受，我这位伯母当了比丘尼，有一条戒，我现在给您跪下，请求允许不受酒戒。”

龙华寺长老好开通啊！他说：“南居士，你讲的！你作保。”我说：“是啊！”师父说：“好！我答应，收了，进戒坛。”

这一条酒戒，这位比丘尼不受，因为她以酒为药，没有酒就要死。所以，通达的老和尚对经律论都要通。

不坐高广大床就是说比丘、比丘尼、受八关斋戒的人，要处处谦虚，坐下位，不要坐人家上位。更不要看到好位置就先占住，腿一盘，然后人家挨过来，还“异眼”看人，那就是七关斋、六关斋戒了。

过午不食

所以讲戒，怎么讲呢，有时真想讲戒，但真不好意思。又想从出家人当中找讲戒的，但不知道有哪一位真把戒律研究通的？因为我也没有出去探访，居士代为讲戒，总是不大好。如果讲菩萨戒，可以，但是我不愿意那么做，因为一般人不懂佛法。

真讲戒，有很多问题，譬如有位同学问我“过午不食”的问题，他说：“糟糕了，我们十二点下课，再吃午饭已经十二点半了，持过午不食的戒怎么办？”当时我很忙，用眼睛瞪着他问："什么叫午时?"

上午十一点到下午一点是午时，十二点五十分吃饭也没有超过午时啊！一点零一分开始是未时，十二点半怎么不能吃饭？你一定要守这个时间，吃快一点嘛！我们当年当兵，一声口令"开动"，大家一口接一口塞进去，五分钟就把饭吃完了。添饭都是没良心，饭瓢硬压，几口拨完了，赶紧再抢一碗。在座很多老辈子当过军人的都有这个经验，后来才规定半个钟头的吃饭时间，现在当军人的更是优待，舒服得很。

以子、丑、寅、卯、辰、巳、午、未、申、酉、戌、亥十二个时辰和太阳行度来计算，午时是日正当中的时候，也在十二时辰的中间。如果非讲戒不可，你们就统统不守戒，我们中午吃饭时间，在美国则是夜里睡觉与鬼打交道的时候。如果以西半球为标准，美国的中午，正是此地的夜里，怎么那么不通啊？

再看佛教历史，南北朝时期的梁武帝喜欢布施斋僧。他把自己布施给庙子做奴隶，然后由宰相、大臣凑钱把他赎回来。他经常玩这一套，结果把国家也玩掉了。有一天梁武帝斋僧，过了午时皇帝才到，大家等着他没吃饭，以为要饿一天。当时住持是有名的一代大师，老和尚说："怎么不能吃饭？皇帝是天子，天的儿子刚刚到，日正当中，此时正是午时，开动！"戒律是那么不通人情的吗？那么不变通的吗？

像我吃饭，经常都没个准，昨天晚上到今天我只吃了一碗稀饭。吃多了昏沉，懒得跟你们上课，就想睡觉打坐去了。为了上课、做事保持头脑清醒，就经常不吃。但是我真吃饭时是在夜里，准备睡觉了，吃饱一点昏沉没有关系。饮食吃多了，营养好了，容易昏沉，不清爽。那么，我修的岂不是鬼道？那才不呢！当我吃饭的时候，是夜里十一点到一点的子时，正是天人吃饭的时候。

所以，这些道理讲不完啊！总而言之，学佛要通经、律、论，做人、做学问都要通。不通，就是头脑秘结，和大便秘结是一样的，那样怎么做学问？怎么修道？

吃素问题不谈，应该吃素啊！此中有密法，以后再说。以上是讲到戒律问题，顺便把过午不食附带说了，接下来就言归正传讲到“不非时食”了。

吃的问题

据佛经说：早晨是天人吃饭的时间，中午是佛、人道吃饭的时间，晚上是饿鬼吃饭的时间。据说如此，早餐与天人同食，午餐与人同食。

《金刚经》是最平实的经典，一开始就说到佛出去化缘，吃了饭，洗足已，收衣钵。佛不依靠人家，他自己把衣服、袈裟叠好；打水把钵子和脚洗干净，可见他老人家出去化缘，还是踩在泥巴地上，并没有踏在莲花上走路。洗足已，敷座而坐，自己把位置摆好打坐。释迦牟尼佛的规矩，饭后打坐入定，坐到申时，大约下午三、四点。所以，所有佛经的对话都是下午三点以后的记录。研究佛的戒律要仔细研究《观佛三昧海经》，佛的生活，佛的教化，平常得很，不像我们后世把他塑造得头顶上放光，脚底下踩莲花，一天到晚放光，戴个电灯泡一样，多难受呢！

英国人主张早餐吃得丰富，午餐马马虎虎，晚餐喝酒。美国人习惯晚餐吃得好，辛苦一天，晚上总要吃好一点，都有理由。中国人、印度人中餐要吃得好。不过，中国人不管了，三餐都要吃得好，而且宵夜要更好。世界各地吃饭的风俗，哪一个民族注重吃哪一餐饭，你去研究看，这些都是学问。

我们信佛教吃素的人，出门很不方便，到了当地就打听哪里有“教门”馆子，炒青菜用素油，干净得很。这些常识都要内行。所以，你研究了世界各国的饮食风俗后，天人吃早餐，难道英国人是天人？那美国人都是鬼啊？这些道理都是方便。

那么，为什么要“过午不食”呢？有没有道理呢？有绝对的道理。中国人有很多毛病都是吃出来的。中国人最注重吃，尤其乡下，我们到四川乡下帮忙割稻子，乡下人好客，劝饭真是受不了。客人不管年轻、年长都坐高广大床——上位，家中小孩或佣人很有礼貌地站在你旁边，端着饭碗给你添饭，他们怕你不好意思站起来添饭，眼睛盯着你的碗，你刚一吃完，立刻又给你扣上一碗。主人家就是劝你多吃饭，中国人是讲究吃的。饭都舍不得给吃，那还叫请客啊？所以，要命啊！主人注意你，佣人也注意你，这一碗饭，你剩下了没有礼貌，硬塞进去，肠胃不舒服。后来搞得我们外省人饭一吃完，就赶紧把碗往桌底下塞，连忙说谢了谢了，实在吃不下。在座很多在大后方经过的都晓得，到四川朋友家吃饭就怕，后来有些大家庭，我们就先交涉好，把这个规矩免了，否则，主人家一碗接一碗地添，而且还要添得高高的，添平了没有礼貌，你说怎么办？

抗战的时候，德国人粮食不够，第二次大战打败了，他们研究中国人吃饭，如果把全中国人大便中的养分再提炼出来，制成粮食，可以供德国人打三年仗。

中国人以农立国，讲究吃饭。其实一个人身体真正需要做燃料、能量的饭量只有半碗，如果吃三碗，其余两碗半都浪费了。有许多未经吸收的部分，变成大便排泄出来，还有许多是供给了身体内的蛔虫、细菌等。

中国人喜欢吃，肠胃都吃坏了，而很多病都是肠胃堵塞，中气不足所引发的，要少病就得使肠胃健康。

绝　食

你说不吃会饿，那是假饿。我有二十八天不吃饭的体验，告诉你们经验，饿是饿不死人的，但是要懂得气功，使胃肠内的气充满。胃肠的功用就是不停地动呀动的，把吃进去的东西摩擦消化掉。东西消化完了，胃肠内是空的，它一样要蠕动，如果气不充满，胃摩擦破了就出血。

有位学佛的老居士看我既不吃饭又不睡觉，真好，可以多做好多事，跟着学不吃饭，十四天就进医院了。我去看他，胃已经割掉三分之一，问他为什么会胃出血？他嘻嘻笑，说不好意思，“我学你嘛！不吃饭。”我说：“你真是跟自己开玩笑，这不是好玩的，那要有方法，你不懂方法，怎么可以乱搞？”

不过，一般人如果一星期中，一天一夜不吃饭，清理清理肠胃，那是非常好，非常合乎生理卫生。

因此，伊斯兰教有斋戒月；天主教、基督教真讲修持的也有不吃饭的一天；学瑜伽术的人，一个礼拜也禁食一天，很健康。中国佛教的丛林制度是百丈禅师创立的，他也告诉你："疾病以减食为汤药。"不管什么病，先要把肠胃清理一番，比吃什么药都好。

"不非时食"，不仅有卫生的道理，还有要头脑清醒，欲念不起，就要过午不食。为什么不起欲念，因为你把欲念饿死了嘛！格老子！你不乖，不听话，老子就饿死你。真饿了一夜，也就乖了。欲念不起，脑子清醒，才容易得定慧。"不非时食"有这么多好处，中国人早就知道这些道理，所以有一句土话："晚饭少吃口，活到九十九。"可惜大多数人却喜欢在晚上拼命吃。

至于庙子上的过午不食，真是受不了。我所看到当年虚云老和尚的丛林——南华寺——六祖的道场，戒律之严，规矩之严，到了晚上就受不了，连锅粑都有僧人偷去吃，所以虚云老和尚连锅粑都锁在柜子里，我说："师父啊！太过分一点了吧！""嘿！不这样不行嘿！"

我年轻的时候也练习过"过午不食"，我那个时候一顿饭都要吃三碗，怎么办？先从三碗减为两碗，两碗减为一碗半，训练了好久。后来慢慢改为一碗、半碗，最后剩一口，这一口最难戒掉了。一口戒掉以后，还不行，用七颗生的花生米咬咬也很舒服。七颗减为三颗，三颗减为一颗，最后可以不吃了，但是一到晚上，嘴里淡淡的，总想弄点东西吃吃才有味道。我在峨眉山上怎么办？泡茶喝。山上的雪水泡清茶，又没有油。想吃而没有东西可吃，把茶瘾学上了，胃也喝寒了。最后变成什么情况呢？大便的时候，自己一看，大便没有颜色，白的，我就晓得一点营养都没有了。到了这个样子才把饮食完全戒掉。

所以，现在得到一个结论：过午不食，乃至完全不食，不难，困难的是饮食的习气难断。在我二十八天不吃饭的过程中，最难过的是第三天，要饿死就是第三天到第四天，像死了一样，别说手拿不动，连指头想动一下都没有力气。不过，我晓得，老一辈告诉我这个经验，一到第四天，精神恢复了，精神好得很，那眼睛像电灯泡一样发亮。第十一二天不吃都没有关系，可是家里孩子们或朋友来吃饭，好菜端上来，站在饭桌旁转，告诉朋友这个好吃、那个好吃，自己何尝不想吃？当场发现这个现象，修行就得这样修，自己起心动念都要晓得。

饮食的念头，阿赖耶识的种子、习气很难去掉，不吃饭有什么用？这一念想吃的习气转不过来，一点用都没有，冤枉不吃饭。你还自以为已经三天不吃饭，了不起，坐在这里想，过了一百天后大吃一顿，什么鸡腿、牛肉、红烧豆腐，你的修行统统完了。甚至我还有一回在梦中大吃起来，一醒来，我知道，统统完了，为什么？因为你所有习气的种子都爆发了，假修行，这不能欺骗自己，在梦中习气爆发了，有什么用？

八关斋戒与六斋日

这八条叫“戒”，不是“斋”。“八关”是不要犯这八条戒，等于关门一样，把坏的一面关起来不要犯。

持斋的时候，当然吃素最好，甚至到达不吃，光喝点清水，心中不动妄念，那才真叫持“斋”。

都懂了吗？你们当法师的将来出去要教人，不要教错了，教错了说是南老师那里学的，到时候我的脸不是变红，而是变绿了。千万要记得啊！前七条为戒，最后一条“不非时食”包括在“斋”里头，叫“持斋”，总合说叫“斋戒”。普通人没有受过三皈五戒，只在佛前磕头的，也可以持八关斋戒；已受五戒的，可以在每月的阴历初八、十四、十五、二十三、二十九、三十（小月二十八、二十九）这六天持斋戒。

为什么要在这六天持斋戒呢？你们可以去研究《大宝积经》。我先提一件事。最近飞机失事，他们在山上招魂念经，经一念，山上的沙子岩石都滚下来，现场的人都傻住了！有位记者打电话问我究竟有没有灵魂？有没有鬼？我听同学说有人来这么一个电话，我说交给秘书蔡先生答复，蔡先生是老新闻记者，他回答以后向我报告答复情形：

蔡：“请问找南教授有什么事？”

记者：“想访问南教授有关鬼魂的事情。”

蔡：“哦！访问这种事，你还年轻，我告诉你，这个世界也有很多灾难，天下国家大事也很多，为什么很多大问题不来问，专门问南教授这些鬼话呢？‘不问苍生问鬼神。’其次，你认不认识南教授？他不是道士，不是画符念咒的，他怎么答复你这些问题？”后来那位记者连说抱歉、对不起。

蔡先生报告完了，我说你答得好，真对。有时候不敢叫你们年轻人办事，接电话不会接，问题也不会答，换成你们，就会客气地说：“小姐啊！你贵姓啊？老师啊！很忙啊！不在啊！”搞了半天抓不到重点。能干的人，干脆利落几句话就很清楚。

如果叫我自己接这个电话，我就会训他一顿，我头一句就问：“你认不认识他？”“不认识。”“他没有空，你访问什么问题？”“鬼的问题。”“他还没有死，没有经验。”

真是莫名其妙！所以，做事要懂事，尤其是我，一听到问问题，问不出好问题，我火气就大了。

那么，“六斋日”的问题同这个问题一样，为什么每个月要在这六天斋戒呢？

这要研究三界基本的问题。我们在欲界中，而与世界有关的欲界天天人、神等，是非善恶很清楚。拿现代话讲得漂亮点，就是外太空那些神，在这些日子坐飞碟来视察，你们哪些人做了坏事，心思意念不干净的，他都登记下来。所以你在这个时候清心寡欲，斋戒沐浴，就要得福报了，这是一个原因。更严重的道理是要研究《易经》阴阳学，那就深了，与宇宙自然的法则合一。不但每个月的这六天是六斋日，你们吃长素的、出家的，天天都在斋戒中，那更好了。

六斋日都知道了，那么每年有几个月份要守八关斋戒呢？正月、五月和九月是三长斋期，吃一个月的斋，受一个月的斋戒，功德无量，什么理由呢？太虚法师这本《药师经讲义》解释说：“佛说四天王于此三月中正巡至南赡部洲，持斋修福者，功倍于常。”因为这个时候，正是天人下来审查人世间的人为善为恶的情形。

我年轻时学佛也持过八关斋戒，后来知道为什么要在这些日子持斋的理由，我不持了，我做好做坏随时检查自己，如果怕让鬼神看到而假充好人，岂不是拍马屁吗？大丈夫做事要让自己看到，学佛要真做好人，为什么怕鬼神视察？做错了，自已就要忏悔，随时要检查自己。

如果根据普通经典，是为了怕鬼神看到而持八关斋，这是小乘理由；大乘经典另有高一层的道理。

如何往生

现在回到《药师经》原文。刚才讲到“有能受持八分斋戒，或经一年，或复三月”，接下来是“受持学处，以此善根，愿生西方极乐世界，无量寿佛所，听闻正法”。

你能够接受，修持此事，受持戒学，什么是学处呢？经、律、论都有其学处，经学学处、戒律学处、论学学处，这是学佛的善根基础。以此善根愿生西方极乐世界。你在生时以修八关斋戒的基础，培养善根，发愿死后生西方国土，因为阿弥陀佛的极乐国土与药师佛相连，是连锁国土，万一你活着修不到药师如来的境界，死后一定到西方极乐世界国土，阿弥陀佛就是无量寿佛。换句话说，这是《药师经》的秘密，真正密宗的药师佛就是天青色的形象。因此，修药师佛就是长寿佛，就是无量寿佛。

药师佛手中端的东西像一个钵，里面的百宝囊中放着无量的药。药师如来为什么是天青色？一个人如果把色身转化了，也就是报身修成功，中脉通了，一天到晚身心内外都在万里无云、蔚蓝色的境界中，那才可以转报身而得长寿。所以，密宗修弥陀法的人，一定同时修长寿佛的法，尤其修“破瓦法”的人，同时修长寿法，不然很快就短命去了。无量寿佛与阿弥陀佛，如同一个球的两面，是圆的、通的。诸恶莫作、众善奉行的人，八关斋戒修持好的人，善根成就，一定会往生西方极乐世界无量寿佛所，听闻正法。换句话说，你善根不到这个程度，想要往生，很难啊！那怎么办？慢慢来，有一个补习班可以留学，在哪里？在东方，就在我们这里。药师如来怕我们善根不够，就在这个世界办了一个分校。所以“而未定者，若闻世尊药师琉璃光如来名号，临命终时，有八大菩萨”。

有些人善根没那么深厚，或善、恶、无记业力在不定阶段，假使曾经听过药师琉璃光如来名号，耳根听一下，临命终时，有人助念，帮你提起注意，你要专一，记住那个影像。或者有人参加我们的课，记住这里现在正在讲《药师经》的情况，效果一样。那时，虽然快要死了，身体也不属于我的啦！不要管身体的疼痛，只要记得这个境界、这个形状，阿赖耶识的影子像做梦一样，意识境界迷迷糊糊的，啊！我要走了，心里念一下如来名号，你就想到了，或者记住现在的情景，立刻就有八大菩萨在你面前现身，接引你走。

这八大菩萨是：“文殊师利菩萨、观世音菩萨、得大势菩萨、无尽意菩萨、宝檀华菩萨、药王菩萨、药上菩萨、弥勒菩萨。”药王、药上菩萨是东方药师佛的侍者，等于西方阿弥陀佛的二位侍者观世音菩萨与大势至菩萨一样。八大菩萨在你面前现身，你现在看不见，临命终时提起那一念，一定现前。

“是八大菩萨乘空而来，示其道路，即于彼界，种种杂色，众宝华中，自然化生。”注意“乘空而来”，很多学佛的人都搞错了，打坐就想：啊哟！好像飞机或流星从虚空中下来，那全错了，这个虚空是你意识境界的妄想。什么叫“乘空”？是你不知道，一下子冒出来了。这个空的道理很重要，无所从来，亦无所去，不知道从哪里来的叫空，不晓得内外中间，自然而来，一下子自然看到一尊佛，告诉你这样、那样，就是“乘空而来”。懂了吗？如果想从虚空来，是有相的，不对，那就永远走入外道了。

那么，这八大菩萨乘空而来，示其道路，指导你的灵魂，来，这边走，跟我来，或者他的光推你一把，向那边去，或者笑一笑，你就懂了。那个时候，不用说话。我们人靠说话才懂意思，变成中阴身（灵魂），不用靠说话，菩萨眼睛注视你一下，你一切都懂了。

还有“示其道路”，你不要搞错了，以为像新生南路的马路一样，或者像山路一样，全错了。这个道路是形容词，没有形象的，到了那个境界，菩萨现前，或一笑，手一摆，你就懂了，自己就晓得如何与佛相感应。这一念一感应，你这边气一断，那边已经往生。“即于彼界”或西方、或东方，“种种杂色，众宝华中”自然化生出一个你，同莲花生大士一样，你自己又得一个身体，这个身体不是中阴身了，这种身体叫意生身。

如果想现生修到意生身那就很难了，等于道家所讲的出阳神境界。意生身要怎么修？一念专一，不是“空”，光懂得空不是真正的佛法，是“有”啊！好好记住今天的境界啊！一辈子都记住，临命终时就可以去了。今天是什么境界？就是这样一个境界！

上面讲的是《药师经》的中心要点，说到要想得到诸佛菩萨，尤其是药师佛的感应，最好受持八关斋戒或三皈五戒。八关斋戒的戒律，上面已经非常详细地跟大家讲清楚了。

至于八关斋戒为什么要规定在每个月的那几天，以及每年的那三个月持斋？如果详细研究解释，那是自然科学的道理。六斋日的原因，与《易经》所言太阳、太阴（月亮）运行的法则有关系，不只是天人下凡审查人间的善恶。三个月份的原因，与太阳行度和地球人类道德的规则、生理的规则和心理的规则有关联。如果深入解释，必须花很多时间，同时还牵涉到《易经》象数、中国天文与过去东方天文的连带关系等等，涉及范围甚广，因此暂时讲到此为止。

受持八关斋戒，心能行善又能一心不乱修持药师佛的名号、法门，不但现生能得药师佛的感应，同时临命终时，亦能随你当时的一念，往生西方极乐世界。假定有人差一点，所谓差一点就是业力、愿力不足，功德与戒行不够，亦能生于天上。

天堂在哪里

> 或有因此，生于天上，虽生天上，而本善根，亦未穷尽，不复更生诸余恶趣。

由于业力、愿力及现生行为比较差的，不能往生阿弥陀佛与药师佛的世界，但却因此而生天。“生天”的观念要搞清楚，不是我们一般认为的生天，也不是其他宗教所说死后上天堂的生天。

世界上一切学问、一切宗教所讲的天人，天与人之间的关系，以佛学分类得最清楚。佛学有三界天，欲界、色界、无色界。欲界中又分很多天，比方我们在庙子上看到的四大天王等，也是天上的人，是道德、智慧都比我们高一点的生命。

有一点大家要注意，尤其是学科学的都有一种看法，世界上所有人类文化，每个国家民族所画的天堂、地狱各有不同，中国画或外国画所表现的天人，也各有其民族特色。东方的天人就像东方的人模样；西方的神就像西方人的样子；中东的天堂、地狱的众生就是中东人的样子。如果推开宗教立场看世界人类的宗教，全在欺骗人，每个人都是凭自己的想象，而构成他的天堂、地狱，几乎没有一个相同。

再说，世界上玩弄那些相似于神通的人更妙！譬如西方有很多高明的看相术、占卜，能知前生事之类的，像美国、南美就很多，能知他人的过去未来，台湾有很多人不惜花大钱买机票去问前生事。妙的是，他们所看到的前生大部分都说你是印度人、埃及人，没有一个说是中国人，为什么呢？因为他们的意识范围没有中国的印象。中国人看前生前世的，则不会说你是希腊人或西班牙人来投胎的，再不然说你是高雄投胎到台北的。如此看来，世界上所有知识的范围，和一切宗教观念，都是个人意识内的构想，并没有人真正证到天堂地狱的形态。

又如现在科学已经触伸到地球以外的其他星球，有些星球看不到生物，因而有人推翻一切，说星球上没有人。然而，我始终坚持一个道理，要他们特别注意，比方，目前我们最了解的是月球，月球的表面没有生物，人类也不能长期留在那里。假定月球上有生命，但和地球人类不一样，不需要空气，而此生命是在月球星体的中心，未来我们又如何解说呢？科学尚在求证阶段，不能凭今天有限的科学知识，就说月球绝对没有生命，这点即使在美国研究太空科学的人都不敢断言，只敢说不知道。

因此，不要假想、猜测，也不要用自我意识去做解释。如以普通哲学推理的话，其他星球的生命不一定是地球人类的样子。我们自认两只手、两条腿蛮漂亮，在其他生物看则不然。密宗有许多画像，包括人、佛菩萨都不是人的面孔；而是狮子、老虎等怪里怪气的面孔；手也不像我们只有两只，而是十几只、几十只、多得很；脚也不同。有人认为密宗的佛像、神像是表法，表达显教的道理；三十六只手加上一个头，代表三十七道品；十八只脚代表十八空，那是我们自己的解释，假如他方世界的生命，其业报和我们不同，而是另外一种样子，你又将做何解说呢？所以，这种解释也相当大胆，大胆的假设不一定可靠。譬如四大天王画的都是中国衣冠、面貌，在整个人类学中属于亚洲系统的蒙古种面孔，如此看来，四大天王天莫非都是亚洲人生天？难道欧洲等其他民族就没有好人？都不会得天人果报？这实在不一定。像这些学问，是只学佛、只学宗教的人所听不到的，这些都是大学以上，研究比较宗教学的范围。所以，我们站在学术立场看所有的宗教，会觉得这个知识很浅陋很可怜，关起门来站在自己的立场乱辩证，这个辩证不一定可靠。

不过，话说回来，站在比较宗教学的角度来看，我可以跟大家证明一点，到今天为止，还是佛学比较可靠。佛学所说的天人，比世界上任何宗教都要完备，天人不只一种，天堂也不只一个。就拿欲界天最低层的四大天王天来说，是与我们最接近的天人，换句话说，四大天王天还在太阳系的范围，以科学来讲，太阳系之外还有许多其他星球。因为根据佛教宇宙观的解释，人类祖先是来自另一度空间，是从光音天来的。

生天的道理

所以，生天，生到哪一种天？大有问题。修持到生天相当不容易，因此，我们也不要毁谤、看不起其他的宗教。任何宗教，有一个基本的共同点，都是教人做好事、做好人、行善道，行善程度的深浅是生天的根本。行善道，接近于禅定。一般人以为只有形式上的念佛、拜佛、打坐叫学佛，如果心理行为、外在行为、喜怒哀乐等种种习气没有转变，你纵然修了一辈子，能不能生到初级的天还成问题，而且相当成问题。能够一生修到人中再来，死后不走入畜牲道、地狱道，已经是第一等了不起了。

所以，要想生天，必须有道德，有心理行为的善行与禅定功夫的配合。禅定不一定是打坐啊！而是心理行为的宁静。真行善的人，心理行为自然宁静。宁静是禅定根本的基础，宁静程度的深浅就是禅定层次的深浅。那么，要想心理做到宁静，必须改进心里的情感、情绪、思想和外在的行为，绝对的静止，才能进入真正宁静的状况。

一般人盘腿打坐、练气功、听呼吸、念佛、持咒、观想，这是非常消极的修定，几乎不可能得定，因为这是你坐在那儿，暂时把自己的思想、心理行为，找了另外一个东西作寄托。譬如听呼吸，到临死时，呼吸停了，你听什么呢？又如你念咒，到了四大分离时，念头、意识提不起来，你又念个什么呢？你马上失去依靠。在没有依靠之时，你的心理状态，平生坏念头的习气，统统彻底地浮现、爆发。那个时候，你说我会打坐、念咒、听呼吸，想宁静下来，几乎是不可能，当然也不是完全不可能，除非你有见地，定力够。所以，光靠禅定打坐的功夫而想成道生天，那是自欺。

成道生天的道理很简单，从心理、行为开始，往善的方面来努力，要把自己的脾气、个性、思想、动作、言语等种种不好的习性、习惯，痛下决心地彻底改正过来。因此，从行善入道，念念为善，才有生天成佛的希望。

佛学不是大、小乘的分别，真正的佛学是五乘道，首先修“人道”——八关斋戒是天人的基本；其次才能修小乘的“声闻道”；再进一步修小乘的“缘觉道”；然后才是大乘的“菩萨道”。当然，五乘道只有一心，因此也可称为一乘道，本来一心而已。换句话说，就是从修正心理行为开始。

了解这些简单的道理，就要晓得检查自己一生的心理行为、善恶业的功德，检查自己可能往生六道中的哪一道。这本经典没有说明生天是生哪一种天。如果要详细研究，必须看《俱舍论》《瑜伽师地论》等著作。如果不研究这些经论，而像一般人看一点现代佛学文章，听一点佛学课程，便自以为在研究佛学，那不但可以说大门没有进来，连排队挂号都没有摸到。尤其在这里研究佛学的同学们，以禅、佛为标榜的，更要注意，不管你的论文是否与佛学有密切关系，至少这里的教育宗旨就是往这方面发展，连这个基础都没有，能写些什么呢？有些同学问我论文写些什么？我还正想问你要写些什么呢！你要我教你写什么呢？因为你什么都不清楚，坐在这里，首先就要检查自己为学为道是否对得起自己？如果辜负光阴，白过日子，光在烦恼妄想中打发时间，而自认为在修行，我告诉你，那正合了苏曼殊的一首诗：

生天成佛我何能，幽梦无凭恨不胜。
多谢刘三问消息，尚留微命作诗僧。

你们看到我背书，光是抄，怎么不学学老师苦读的精神呢？哎呀！老师是天生的，难道你是地长的？真是！老师是妈妈生的，你也是妈妈生的，老师为什么能记得？用心苦读嘛！对好书、好句子集中全力硬是把它记住。你们不用心，还说老师是天生的，难道你是红薯长的？没这个道理！

这是苏曼殊有名的诗句。刘三是他的朋友，写信问他最近生活怎么样？他回了这首诗。学佛是假的，生天、成佛我一样也做不到，一天到晚烦恼、妄想不堪，做的梦也乱七八糟，多谢你来信问我状况，现在只能说还有半条命在，还会作作诗，谈不上是真和尚，不过是诗僧而已。

你们不是蛮喜欢苏曼殊吗？苏曼殊的诗，我们也喜欢啊！有些句子蛮高明，有些不怎么样，喜欢的好句子我们就背下来。读书用功不是要你花时间，而是要用心，用心没有什么困难。

我们讲天上的问题，引申牵扯了这么多，还引出了苏曼殊“生天成佛我何能”的诗，所以，不要小看生天，不容易啊！

现在《药师经》鼓励我们，只要你平时受持八关斋戒，好好地真正修心行善，纵然临命终时不能往生西方极乐世界或东方药师如来世界，“或有因此生于天上”，这里没有告诉你生天的阶层。不管怎样，以做生意的眼光看，生天总比做人好一点。

学佛对鬼神也要恭敬

我们年轻时学佛也皈依，皈依佛，皈依法，皈依僧。皈依这个僧、那个僧，僧了半天，永不皈依什么邪魔外道、天魔、天人！当然，这是一套过程，初步学佛必须如此。那时我们也信得不得了，我经常跟着袁焕仙老师一起走路，每天回家都经过一座狐仙的庙。袁老师是学佛的，当然三皈五戒、菩萨戒、密宗戒，戒了一大堆，只要他经过狐仙庙、土地公庙、城隍庙等等，一定照古礼合掌，然后一路走过去。中国古礼就是如此，读书人不管官做得多大，宰相也好，状元也好，回家若是从自己祖宗坟墓或祠堂前经过，骑马的赶紧下马，决不敢骑在马上耀武扬威地过去。我们年轻的时候就受这种教育，甚至经过外公家的坟墓，原来躺着或坐在船上，赶快起身合个掌或抱个拳，过了以后再躺下来睡觉。

袁老师受了儒家的教育，经过这些地方就合掌。有一次我实在忍不住了，跟青年人一样好奇，我问：“先生啊！（那时不叫老师）学了佛，三皈五戒，不皈依天魔外道。”袁老师说：“这是什么话？大菩萨的戒律对一切众生都要恭敬，你看土地公庙有没有神？如果有神，一个普通人死后当土地公，还得是好人才能当呢！坏人还做不了土地神。既然到了好人前面，就该合掌行个礼，这是菩萨道。”

我听了真是冷汗浃背，对，是这个道理。后来我也跟袁老师一样，到了任何神庙都合掌行礼，不管什么公，就是个精怪，狗修成的妖怪，这只狗的本事也比我大，人还修不成人怪呢！他虽然做狗，也是狗中的善狗，才有一点小精怪的本事，也值得尊敬。学佛的人对一切众生都要尊重，何况鬼神？不要看自己受了三皈五戒，不这样，不那样，你死后能不能变个土地公、土地婆？还是个问题，你没有那么好的善果，恐怕变个饿鬼都做不到。差一点的，死后下阿鼻地狱，永不得翻身。

这是袁老师的教育，这一生我就“依教奉行”，对任何一个小神明都很恭敬、很重视，他有他的善果。人有一点长处都值得恭敬，何况是神。

善根退失　福报享尽

所以说，不够资格往生他方佛国而生天，生天也很值得恭敬，这些是《药师经》的重点，并不是吃饱了叫一万声“南无药师佛”，供了一个馒头、一根香蕉、一盘素菜，最后端下去自己吃，药师佛还吃不到，他就使你又消灾又生天，这个生意一本万利，谁不会做啊？如果以这样的心情学佛，你想想看对不对？一点善心都没有，然后一边念经，谁要是把你衣服碰到了、鞋子踢到了，那个位置被人家坐久了，一肚子气！气得一边念南无消灾延寿药师佛，这样会有善报？如果有，佛法你不要信了。此心多狠、多坏、多恶啊！学佛是行善行得善果，至善才能得感应。

《药师经》告诉你，因为你做不到至善而得不到佛道的感应，因此而生于天上，虽生天上，由于有药师佛所教育修持的根本，而你根本的善根没有退失。注意这个“善根”，我们现在学好人、做好事，你那个善心发的究竟是真是假？发了善心究竟能不能生根？都是问题。今天高兴了，心情好，偶尔露一点善根的曙光，却根本没有深植在心，等一会儿逗你一下，环境一不如意，一脸凶神恶煞的相就现出来了，那有什么用？所以要深植善根。

因此，学了《药师经》，本来的善根功德没有退失，天人寿命终了时也不会堕落到恶趣。你要晓得，很多天人福报享完了，照样堕落到恶趣。不要说天人，现实人生就看得见，不过年轻人不大容易看到，像我们看了几十年人生，现在就看到这种果报。过去在大陆有许多出身好、家庭好的大少爷、大小姐，那真是无比地享受，吃馒头又怕脏、怕传染，都要剥了皮才吃；豆芽两头都摘掉，只剩一寸，吃的、穿的极讲究；等到抗日、二次大战一来，那些大小姐们逃难，路也走不动，饭又吃不上，颠沛流离极可怜，最后从身上拿出一两黄金，想跟人家换个东西吃，老百姓没看过黄金，问干什么用的？不能当饭吃，不要，硬是换不到东西吃。逃难的少爷、小姐，连米长在哪里都不知道。恐怕你们有些人也不知道，饺子皮的来源知道不知道？是不是哪棵树上的皮？（众笑）只看过富贵半生，最后孤苦伶仃，死于沟壑。

在台湾的老朋友中也有很多，听说某人死了，问怎么死的？倒在阴沟里死的。当年在大陆做什么大官，家里有多少钱，太太七八个，子孙满堂；死了七八天才被发现在阴沟里，身上没有身份证，也不知道是哪里来的老头。这些人半生以前是天人的境界，生活极享受，死后则是堕泥犁的果报，死在臭水沟里。有好几个还是一辈子修道学佛的，我不讲名字，老一辈的都知道是什么人。

你们注意啊！我们今天坐在这里乱讲乱讲，自己今生最后的结果如何？不好好修持，很难保住，天人境界也会堕落，好难啊！我们经常写挽幛挽联送给人家，很难用上“福寿全归”四个字。福寿全归起码要活到八九十岁，两老俱在，要功名富贵齐全，儿孙好，道德也好，才有资格称得上“福寿全归”。

这就是人一生的因果，天人也如此。所以《药师经》告诉我们，修了药师佛法门，有善心配合，再加上斋戒的清净，才能生天。虽生天上，福报享完了，下来也不会堕恶趣——地狱、饿鬼、畜牲道，至少还能做个人。

转轮圣王

> 天上寿尽，还生人间，或为轮王，统摄四洲，威德自在，安立无量百千有情于十善道。

因过去修十善道的善行，受持八关斋戒，天人寿尽了，生到人世间，也不是普通人，而是治世的帝王，佛经称“转轮圣王”。转轮圣王不是几百年才出啊！也许好几千年、万年才出一个。治世的帝王分四种：金轮圣王、银轮圣王、铜轮圣王、铁轮圣王。《华严经》上说，真正治世的转轮圣王，功德同佛一样，也就是在家佛，是十地菩萨转生的。这一点很妙，真正转轮治世的圣王是十地菩萨转生，真正示现十恶法的大魔王，也是十地菩萨转生；一个是走善的教化而治世，一个是走恶的教化而治世；虽然善恶教化不同，但都必须是十地菩萨才有此资格。

研究佛学的同学要注意了，一般研究佛学的人，动辄喜欢在空、有的形而上哲学方面搞，或者拼命在文学境界上研究。至于形而下，宇宙和人类及一切生物、生命的关系，如三界天人、六道轮回、三世因果的最基本道理都没有研究。譬如讲到转轮圣王的问题，我们看到佛法中释迦牟尼佛似乎比较偏重出世，这是因为大家对佛学的研究不彻底，实际上释迦牟尼佛最注重的是入世。所以《金刚经》再三提到转轮圣王的功德即同如来，两者只有一点之差，一个是走出世路线证得菩提道，一个是走入世路线证得菩提道。因此佛经里又出现一个在家佛——维摩诘居士，处处都在点你们，不摆脱世间法形态，而心能出家。这是大乘菩萨道，比出世还难。

所以，治世的转轮圣王是“不世之出”，也就是说不是每一个时代都能出生一位如此的圣人帝王。

以中国文化历史经验来看，孟子说：“五百年必有王者兴。”有一次我在孔孟学会做历史分析的演讲，我把孟子这句“五百年必有王者兴”的账算了一下，中国文化命运与社会政治的关联，的确是四五百年间就有一个变更。从周公以后算起，到现在是第八个五百年，未来的际运应该是有王者兴。但这个王者，以佛学的标准来讲，尚非转轮圣王，只是五百年出个英雄。

我常说个笑话，戏剧界写剧本、当演员的朋友来看我，我经常鼓励他们说：“中国历史五百年出一个英雄，三百年出一个戏子。”一个好演员能演得像里根一样，真不容易，里根是演员出身，美国的历史还不到三百年。过去唱京戏的名角如梅兰芳，过后就很难再出个像梅兰芳这等好演员。梅兰芳是中国三大美男子之一，在那个时代真是风靡一时，其演技之好、之高明，真是无以形容。

元朝有个名家画两只牛打架，很多人看了都叫好。一个放牛的小孩经过，钻进去看，“去！去！这算什么好？狗屁都不值。”人家问他是干什么的？也会画吗？哪里画不好？他说是放牛的，不会画，但是他知道画得不对，牛打架愈打得厉害，牛尾巴夹在屁股愈夹得紧；牛尾巴翘得直直的，不是打架嘛！就这一句话，完了，这幅画也没有价值了。

宗教电影演《观音传》《释迦牟尼佛传》，哎呀！后来我都不去看，叫他们先去看，为什么？我怕看了当场发呕，受不了。譬如《释迦传》，释迦牟尼佛由谁演？有这个修养没有？气质、神情必须靠演员本身的修养才能自然流露，纵使透过高度技巧的化妆术也没有办法；一举手，一投足，神态不对，就是两样，摆对了还差不多。经常有朋友来这儿吃晚饭，从夹菜的姿势就可以看出某人练过武功。有一次跟一位朋友握手，一拉就知道他练过福建莆田少林寺武功。他谦虚说没有，我说一定年轻时学过，他才肯承认是年轻时玩过一下。

这和做学问、做人的修养一样，骗不了人的，你说你学问好，看你的风度，走两步路就看得出来。肚子没有学问，样子就是不对。你说你开悟了，看你走两步路，就晓得是悟“开”了你。所以古代禅宗祖师说一个人有没有开悟，走两步路就能看出你的命根子在哪里，一点也没错。

修养这个东西真不容易，治世的转轮圣王更是不容易。真正的佛法，注重在这方面，你们再去研究，我算是给你们开了窍。若是把佛法拉到深山的山顶去，你全错了。佛法的真义是救一切众生，救一切众生不是拿一把剃头刀把你的头剃光，就能解决得了的，另外还要好几把刀才能解决。转轮圣王就有七宝庄严，七宝里面就有一把大刀，虽然没有讲出来，你们去研究佛学就会懂。

不过，佛法真正标榜的是什么样的人呢？也就是说，佛法当家的是什么人？等于说世界上任何一界的领导人都必须受教育，然而各界有成就的人不一定都是教育家，对不对？对，教育家专搞教育，但培养出来的人才各色各样，不一定都当教育家，对不对？对啦！所以佛法，当家的是出家比丘，专管佛的教化。出家人当的是这个家，所以叫住持。而学佛者，不一定要出家，度一切众生要百千万亿化身，百千万亿个不同的姿态。了解了这方面道理，你们可以写论文了。但是不要听了这么一点道理就说懂了，还有很多青蛙跳到井里面，扑通——不懂！慢慢去研究吧！

因此，我大声疾呼，近百年来的佛学错误百出，方向完全错了。这里是讲到转轮圣王，所以牵扯出这些道理提醒你们注意。

现在佛经告诉你，转轮圣王统摄四大洲，严格讲，扩大地讲，地球不过是四大洲之一，叫南赡部洲，如果拿地球来讲，亚洲是四大洲的一洲，范围有大有小。

转轮圣王统治了全世界，在人类历史上还没有出现过，即使东方的成吉思汗，甚至成吉思汗的子孙也都没有做到；中国的汉、唐、明、清也没有做到，只能勉强地与铁轮圣王的境界比一比而已。我们的老祖宗神农、黄帝、尧、舜，勉强可比作治世的转轮圣王；等而下之，出英雄则有之，出圣王则未必。

转生人间好果报

> 或生刹帝利、婆罗门、居士大家。

神农、黄帝、尧、舜之流的圣人是道德的感化，不是权威的控制与统治，他们或者不生为转轮圣王，而生为帝王之家，或生为英雄世家，或生为刹帝利。印度到现在，阶级制度仍然十分明显，十分不公平。刹帝利是统治或帝王的阶级，印度的名门望族多半是刹帝利阶级，释迦牟尼佛的血统就是刹帝利。或生为传教士，如婆罗门教是印度几千年文化的重心，其他还有佛教的居士大家等等。

> 多饶财宝，仓库盈溢，形相端正，眷属具足，聪明智慧，勇健威猛，如大力士。

“形相端正，眷属具足”，你看多难！这还不是转轮圣王，我们做人做到形相庄严，六亲眷属具足，包括父母兄弟姐妹、妻子儿女、朋友、学生就已不容易。另外，“聪明智慧、勇健威猛”都要具备，“如大力士”，并非本身一定是大力士。这就是说修过药师如来的法门，加以至心行善的配合，而转生人间的果报。那么，你说这些是宗教的迷信，真有他生来世吗？

这是哲学也是科学上的大问题。

若是女人，得闻世尊药师琉璃光如来名号，至心受持，于后不复更受女身。

“至心受持”，专心一志，至心接受并修持，不因环境、不因任何阻碍而放弃，从这一生以后，再也不会变成女性。女性当然有许多不方便和痛苦，不过，我有一位朋友认为女人比男人好，愿意生生世世永远变女人，还讲了许多理由，我听了真是无可奈何。

众病消除

复次，曼殊室利，彼药师琉璃光如来得菩提时，由本愿力，观诸有情，遇众病苦，瘦挛、干消、黄热等病；或被魇魅、蛊毒所中；或复短命，或时横死；欲令是等病苦消除，所求愿满。

药师琉璃光如来开出他成佛悟道的第一个志愿发心——为什么学佛。像有许多人来找我学打坐，我就问他为什么学打坐？他说为了身体。我听了如同吃了冰淇淋，从头凉到脚底，原来你那么小的目的，那就不用找我，随便找个人教教就好了！

如果有人说要成佛，要求证得菩提，本人还会稍稍动心一下，唔！此人还值得一教。问一百个人为什么要学佛？有五十双回答身体不好。身体不好不找医生，找我？换句话说，这是以自我为中心，出发点是绝对自私。因此我比吃冰淇淋还凉快，心都冷了，我说好好好，应该应该，我找个同学教教你。为身体不一定要学打坐，打坐效果慢，我劝你们还是学运动好。

你看药师佛、诸佛大菩萨，一开始学佛就是为了证得菩提，这是大丈夫的气概，要成为天上人间第一人。佛菩萨开始学佛的本愿多是为了拯救一切众生，譬如药师佛的十二个本愿，我成佛要为众生如何如何，要怎么救这个世界，他的动机是如此。这就留给学佛的人一个榜样，不是自私地为自己而学佛，但也可以说是使自己成就，更要使众生共同成就。

药师佛哀悯世界上可怜的人，病痛的人太多了。药师佛本愿的力量，看一切有情众生都在病痛中。“瘦挛、干消”，瘦、胖都是病，尤其急剧消瘦就有癌症的嫌疑，过胖也不是健康。

十九世纪威胁人类的病痛是肺病；二十世纪是癌症，二十一世纪初将会有癌症的特效药问世；二十一世纪威胁人类的是精神病、心理病，会到无可救药的地步。你们年轻人活到八九十岁就可以看到未来的世界，都是因为生活的压力、物质的引诱而患精神病。

“干消”，是干瘪。古代中医有消的病名，消的病有上消、中消、下消，现在只讲糖尿病，是属于下消。“黄热”是肝胆病，“魇魅”是鬼病，“蛊毒”是细菌、传染病。或“短命”“横死”，飞机失事，车祸等。

药师佛看到未来世界，尤其我们这个世界的众生，被生、老、病、死困扰得太痛苦了，所以他发愿要拯救这个世界，由他的愿力传一个法门。

观世音菩萨在东方世界看到女性的痛苦比男性更大，所以他在东方世界化身为女性，代表女性的母爱和慈悲，实际上观世音菩萨是男性。

炉火纯青

现在讲到药师佛的本咒。修密宗的药师法就严重了，不过现在我也不管了。我从来不传密法，因为密法到我这里也没有秘密可言，所以我素来不喜欢、也不赞成把任何法变成密法。道是天下的公道，没有什么秘密。道也不属于哪一个人，只要善心够了，福德够了，这个法门就可以传给他。善心福德不够，当然不能传，就像你要一只小狗小猫读中文，可不可以？不可能的。

现在修药师佛法，也用不着完全照密宗的修法，否则很麻烦，密宗修法是富贵修法，光是供养，你就供养不起。

药师佛像大多绘成蓝色、天青色，为什么？这就是密，因为一个人修道学佛，修到气脉、中脉完全通了，父母所生肉身转化了，他的境界永远是天青色，所以佛像是蓝色的。

不过，如果真是有一尊天青色、内外透明的活佛站在你面前，你怕不怕？我看你吓都吓昏了，夜里黑漆漆地坐在那里，一看，一定吓死。平常“药师佛啊！药师佛”！这个时候就是“我的妈呀！我的妈”！

实际上，修持到家，气脉通了，就是非常庄严、清净的颜色。研究科学的人就知道，你们在中学大约也做过实验，七色的变化是有程序的：红、橙、黄、绿、蓝、靛、紫。

画家也好，练功夫也好，境界高了，就被形容为“炉火纯青”。到炼钢厂看就知道，红火火力不够，白火火力强，所以写文章常会写到“白热化”；铁炼到最高温是青色。

你们现在打坐又腿痛、又这个、又那个，还三昧真火哩！连瓦斯火都没有。三昧真火起来，色身转化了，到了那种境界才晓得什么叫“炉火纯青”，才可以祛病延年。

药师佛的修法

长寿佛法，密宗不传之秘，现在我传给你们，出去不要冒充善知识乱说，知道就好。那么，要如何修呢？密宗的药师佛修法，把佛像供在坛场中间，坛场非常讲究，每天用酥油、牛奶供养；印度中东一带以酥油（西餐所吃的奶油）点灯；中国用青油灯。几千盏、几万盏的灯供养在坛场，真是庄严无比。还有供清水一千杯，每天光是换水的时间都不够；三白供养是芝麻、白糖、糯米做的糕饼，天天要换，随时要换，就像供养活佛一样恭敬。

十种供养：香、花、灯、水、果、茶、食、宝、珠、衣。香不一定要烧香，烧香污染空气，对呼吸系统不好，涂香、抹香都是香，地上涂满了香水，你做得到吗？用檀香水涂满这个楼上，一个晚上起码要上千元。

近几年台湾忽然出现好多的密宗，真正的坛场是什么样子都没有看过，坛场之庄严，令人肃然起敬，每天身体洗得干干净净，一进佛堂立即清净。香、花、灯、水、果、茶、食、宝、珠、衣，随时要换；你们帮我泡茶，一天也是换好几次嘛！佛的茶怎么可以只换一次，夜里发霉了你也不管，佛该喝发霉的茶吗？食是饮食，真正学佛的人，等于孝敬父母一样，吃东西以前先供养佛，然后自己才开动。

宝，一切珠宝。衣，乃至新衣服自己不敢穿，要先供养佛。佛像一年四季早晚要换衣服、洗澡。所供的水，这一杯是给您老人家洗澡的，这一杯是洗脸的，这一杯是给您老人家随缘布施众生用的。一杯一杯端上去，都要发愿说明，哪像你们端水？嚷着“拿来！拿来！这里还要加点水啊！”不晓得干什么？香灯师注意啊！我到佛堂看到这种情形，转一圈只好下去了。你们到我的佛堂看，就说老师的佛堂好庄严，其实真正的庄严还谈不上，因为没个道场。

真正的密宗坛场，庄严富贵，修不起啊！一天供养下来要花多少钱啊！有人问老师为什么不修财神法，我说修不起啊！财神坐在坛场中间，天天要用牛奶、酥油、香水供养，每天要洗多少次澡，洗了还要香、花、灯、水、果、茶、食、宝、珠、衣供养，我有了这个本钱，做小生意慢慢累积财，就不修他老人家啦！那一套供养要花多少钱，还要用金杯、银杯给他洗澡，那还得了，算了，不修了。第一，我花不起这个本钱；第二，我没有时间。一天到晚供养、洗澡，对不起！诸佛菩萨，我要读书，我还有很多事要做。招呼他老人家，我就没有时间招呼你们这些活菩萨啦！

学密宗要先拜佛，先磕满十万个头再说。头磕得都长出包包，佛像供在前面，拜了以后，头还得向前面的供桌碰一下，才算拜佛，代表你碰到佛的脚了，哪里像我们拜佛还弄块棉花垫，还怕裤子弄脏。那样至诚地拜佛你们做不到，所以我也不传，你只要照着咒子诚心念、诚心观想也可以。

药师佛长寿佛手印，再教一次，平常打坐，把手印放在肚脐下面的小腹和两腿中间，也可以放在胸前。有所请求的时候，两个大拇指头在勾召，等于在按无线电报。散手印要往头顶上散，不要随便散，手印最好不让没有学过的人看到。通常修法时，手印都用布盖住，各派不同，黄教用黄布盖，白教用白绸子，红教用红绸子，那不重要，没有关系。此法不要乱传乱讲，除非对方很至诚。

> 时彼世尊，入三摩地，名曰除灭一切众生苦恼。既入定已，于肉髻中，出大光明；光中演说大陀罗尼曰：那谟薄伽筏帝，鞞杀社，窭噜薜琉璃，钵剌婆，喝啰阇也，怛陀揭多耶，阿啰诃帝，三藐三勃陀耶。怛姪陁，唵，鞞杀逝，鞞杀逝，鞞杀社，三没揭帝，娑诃。

“三摩地”是入正定境界，此境界是什么境界？灭除一切苦恼的境界。进入了这个三摩地，从头顶上“出大光明”，于“光中演说大陀罗尼”总持咒语。这是全咒，显教、密教所有关于药师咒语都集中全了。这个咒子平常至诚念满一百万遍，效力很大。用药或干净的净杯盛装蒸馏水，不能有空气、细菌，修好后盖好，保存好。医治病人，结药师佛手印，配合大悲咒；拯救临命终人时，配合阿弥陀佛名号和往生咒，减少其临死时的痛苦，快快往生。

修满一百万遍的净水，倒出来加入开水，喝了就可以治病，但是要至诚去修。有要求饮食或茶水治病的，结此手印，然后以手印在上面印二十一遍，加上念药师咒，念多少遍，随你发愿。基本上，先念满一百万遍，都很灵验。

药或净水，使一切众生灭除苦恼，非常灵验。即使不用药、不用水，随意结手印一加持也灵验，灵验的道理是什么？至诚一心，不可说不可说，不要加理解，这时候绝对不要用任何推理，有一点解说推理就不灵了。而且，有一点最重要的要记住，要想此咒语灵验，必须记住传咒语的上师，现在就要记住我，记住我什么样子，平常的样子还不算数，而是现在的样子，现在穿这套衣服的样子，等到我换上西装或别的衣服，你再拿我的照片来想象，不灵了，原因是什么？不要问。这个时候是什么样子，什么姿态，什么样的讲话神情，什么环境，你千万要记住，这就是密法的道理。

那么，你在帮人家治病或自己急难的时候，你就这样一念，你的头顶上是上师，上师的头顶上是药师佛，没有理由，不要加解释，所有学问都要丢掉，很至诚地，为父母亲友而念，念多少遍随你发愿，但基本上要先念满一百万遍。

> 尔时光中，说此咒已，大地震动，放大光明，一切众生，病苦皆除，受安隐乐。

大藏治病药

> 《大藏经》曰：救灾解难，不如防之为易。疗疾治病，不如避之为吉。今人见左，不务防之而务救之，不务避之而务药之。譬之有君者，不思励治以求安。有身者，

不惜保养以全寿。是以圣人求福于未兆，绝祸于未萌。盖灾生于稍稍，病起于微微。人以小善为无益而不为，以小恶为无损而不改。孰知小善不起，灾难立成；小恶不止，大祸立至。故太上特指心病要目百行，以为病者之鉴。人能静坐持照察病有无，心病心医，治以心药。奚伺卢扁，以瘳厥疾。无使病积于中。倾溃莫遏，萧墙祸起，恐非金石草木可攻。所为长年，因无病故，智者勉焉。

喜怒偏执是一病。亡义取利是一病。

好色坏德是一病。专心系爱是一病。

纵欲无理是一病。纵贪蔽过是一病。

毁人自誉是一病。擅变自可是一病。

轻口喜言是一病。快意逐非是一病。

以智轻人是一病。乘权纵横是一病。

非人自是是一病。侮易孤寡是一病。

以力胜人是一病。威势自胁是一病。

语欲胜人是一病。货不念偿是一病。

曲人自直是一病。以直伤人是一病。

与恶人交是一病。喜怒自伐是一病。

愚人自贤是一病。以功自矜是一病。

诽议名贤是一病。以劳自怨是一病。

以虚为实是一病。喜说人过是一病。

以富骄人是一病。以贱讪贵是一病。

谗人求媚是一病。以德自显是一病。

以贵轻人是一病。以贫妒富是一病。

败人成功是一病。以私乱公是一病。

好自掩饰是一病。危人自安是一病。
阴阳嫉妒是一病。激厉旁悖是一病。
多憎少爱是一病。坚执争斗是一病。
推负着人是一病。文拒钩剔是一病。
持人长短是一病。假人自信是一病。
施人望报是一病。无施责人是一病。
与人追悔是一病。好自怨憎是一病。
好杀虫畜是一病。蛊道厌人是一病。
毁訾高才是一病。憎人胜己是一病。
毒药鸩饮是一病。心不平等是一病。
以贤贡槁是一病。追念旧恶是一病。
不受谏谕是一病。内疏外亲是一病。
投书败人是一病。笑愚痴人是一病。
烦苛轻躁是一病。挝捶无理是一病。
好自作正是一病。多疑少信是一病。
笑颠狂人是一病。蹲踞无礼是一病。
丑言恶语是一病。轻慢老少是一病。
恶态丑对是一病。了戾自用是一病。
好喜嗜笑是一病。当权任性是一病。
诡谲谀谄是一病。嗜得怀诈是一病。
两舌无信是一病。乘酒凶横是一病。
骂詈风雨是一病。恶言好杀是一病。
杀人堕胎是一病。干预人事是一病。
钻穴窥人是一病。不借怀怨是一病。
负债逃走是一病。背向异词是一病。

喜抵捍戾是一病。调戏必固是一病。

故迷误人是一病。探巢破卵是一病。

惊胎损形是一病。水火败伤是一病。

笑盲聋哑是一病。乱人嫁娶是一病。

放人捶挞是一病。教人作恶是一病。

含祸离爱是一病。唱祸道非是一病。

见货欲得是一病。强夺人物是一病。

此为百病也。人能一念，除此百病。日逐检点，使一病不作，决无灾害痛苦，烦恼凶危。不惟自己保命延年，子孙百世，永受其福矣。

《大藏经》曰：古之圣人，其为善也，无小而不崇。其于恶也，无微而不改。改恶崇善，是药饵也。录所谓百药以治之：

思无邪僻是一药。行宽心和是一药。

动静有礼是一药。起居有度是一药。

近德远色是一药。清心寡欲是一药。

推分引义是一药。不取非分是一药。

虽憎犹爱是一药。心无嫉妒是一药。

教化愚顽是一药。谏正邪乱是一药。

戒敕恶仆是一药。开导迷误是一药。

扶接老幼是一药。心无狡诈是一药。

拔祸济难是一药。常行方便是一药。

怜孤恤寡是一药。矜贫救厄是一药。

位高下士是一药。语言谦逊是一药。

不负宿债是一药。愍慰笃信是一药。
敬爱卑微是一药。语言端悫是一药。
推直引曲是一药。不争是非是一药。
逢侵不鄙是一药。受辱能忍是一药。
扬善隐恶是一药。推好取丑是一药。
与多取少是一药。称叹贤良是一药。
见贤内省是一药。不自夸彰是一药。
推功引善是一药。不自伐善是一药。
不掩人功是一药。劳苦不恨是一药。
怀诚抱信是一药。覆蔽阴恶是一药。
崇尚胜己是一药。安贫自乐是一药。
不自尊大是一药。好成人功是一药。
不好阴谋是一药。得失不形是一药。
积德树恩是一药。生不骂詈是一药。
不评论人是一药。甜言美语是一药。
灾病自咎是一药。恶不归人是一药。
施不望报是一药。不杀生命是一药。
心平气和是一药。不忌人美是一药。
心静气定是一药。不念旧恶是一药。
匡邪弼恶是一药。听教伏善是一药。
忿怒能制是一药。不干求人是一药。
无思无虑是一药。尊奉高年是一药。
对人恭肃是一药。内修孝悌是一药。
恬静守分是一药。和悦妻孥是一药。
以食饮人是一药。勖修善事是一药。

乐天知命是一药。远嫌避疑是一药。

宽舒大度是一药。敬信经典是一药。

息心抱道是一药。为善不倦是一药。

济度贫穷是一药。舍药救疾是一药。

信礼神佛是一药。知机知足是一药。

清闲无欲是一药。仁慈谦爱是一药。

好生恶杀是一药。不宝厚藏是一药。

不犯禁忌是一药。节俭守中是一药。

谦己下人是一药。随事不慢是一药。

善谈人德是一药。不造妄语是一药。

贵能援人是一药。富能救人是一药。

不尚争斗是一药。不淫妓青是一药。

不生奸盗是一药。不怀咒厌是一药。

不乐词讼是一药。扶老挈幼是一药。

此为百药也。人有疾病，皆因过恶阴掩不见，故应以疾病，因缘饮食风寒恶气而起。由人犯违圣教以致魂迷魄丧，不在形容，肌体空虚，精气不守，故风寒恶气，得以中之。是以有德者，虽处幽暗，不敢为非。虽居荣禄，不敢为恶。量身而衣，随分而食。虽富且贵，不敢恣欲。虽贫且贱，不敢为非。是以外无残暴，内无疾病。然吾人何不以自维自究，以百药自治，养吾天和，一吾胸臆，以期长寿之地也哉。

（唐　释灵澈）

这份《大藏治病药》的讲义，是唐代灵澈法师所编写的。

唐宋之间对中国文学有很大影响的是诗僧，譬如影响宋朝文学的，有九个和尚，所谓“九僧诗派”。在中国文学史上很有影响力的灵澈法师，也是唐代有名的诗僧，但他不是禅师，是法师。在过去，禅师与法师的区别很大，法师称为义学沙门，义学沙门是讲教的，解释教理。灵澈法师是讲经教的大法师，这篇讲义是他看了佛教的《大藏经》节录出来的，是《大藏经》中佛法的治病心药。

以佛法来讲，一切人生理上的病，多半是由心理而来，所谓心不正，心不净，人身就多病。什么叫净心呢？平常无妄想、无杂念，绝对清净，才是净心。有妄想、有杂念、有烦恼，是因喜怒哀乐、人我是非而来的。里面提到很多病，一条条都是关于我们心理行为的毛病。

“喜怒偏执是一病”，因大喜大怒或偏执自己的成见，偏见固执得厉害即是一病。尤其大喜，心会受伤；大怒，肝就首先受影响，将来都是问题。

“亡义取利是一病”，做人做事不讲仁义，对朋友不讲义气，光是图谋利害，这是一大病。

“好色坏德是一病”，因为好色而不顾人伦的道德。这些病是讲人的病根所在，心理行为，属心理学范围，心理学是现在新的科学。

我们晓得，今天世界上一切领导人，不论是政治上、工商业或社团的领导人，最重要的必须要研究心理行为，心理行为是今日领导人必修的课程。真正讲心理领导的人，就要进一步研究佛学的唯识与这些佛所说的心理病态，而且这已经变成最新的科学了。其实世界上没有一样学问是新的，都是旧的，只是创了一些新名词，写了一些新理论，至少我看了觉得好笑，只不过换了一个名词，就蒙蔽了现代人。假如拿佛法所讲的这些病态来研究人的心理行为，尤其是研究领导心理学的必须要知道。至于讲做人修行，这里每一条都是戒条，应该天天念的。现在你们在座的年轻人，五十岁以下的大都不清楚，讲中国文化，过去我们小时候念书，最早背的是《昔时贤文》，我们七八岁就念得相当顺口了，一辈子做人都用得着。

其次，我们小时候念书，先背《朱子治家格言》，不但会背，像我所受的家庭教育，父母管得很严，再冷的天也要叫起来扫地、扫雪，手都冻得发肿，非做不可，所谓“黎明即起，洒扫庭除”硬是要做到。

另外有一本书也很重要，每个读书人案头都有一本《太上感应篇》。换句话说，我们以前念这些书，好比你们现在念的公民道德的课，都是必须读的。

我跟几位老朋友、老教授谈，我们当年所受的这些教育，一辈子无法忘记。我们那个时候，最差的人做得再差也还有个标准，这个标准就是在这些基础上；拿学佛做人来讲，这些就是标准。如果到大乘经典去找，老实讲，我还一下想不起来，这是大家的机缘。因为各家书店有新书出来，都会寄通知给我，有家书店很有意思，出了书，一部一部寄给我，上面注明你要就留下来，随便几时付钱都可以，不要则请退回。既然寄来就留下吧！结果我打开一看，第一本就发现有这个资料，我说太好了，免得我找。所以今天影印给大家，诸位真正想要学佛，做人做事从这里开始。

有讲义的不要再拿，下次要记得带来，不要掉了又拿，这也是一病。第一，容易忘记就是头脑病了，佛学叫失念；第二，想多拿一份是贪心，也是病，并不是说一张纸有什么了不起，我们做起来蛮困难，影印一张纸也要好几块钱，所以要惜福，懂得珍惜。

下面讲治病的药，“动静有礼是一药”，这一条太难了，动静包括很多，做人做事，处处有礼，礼还包括了合理，这是一药。“起居有度是一药”，就是生活有规律。“推分引义是一药”，推分就是说一个人要守本分，什么叫本分？人有人的范围，男人有男人的范围，朋友相处，讲话、做人、态度各有范围，超过了范围就是过分。过分了就容易出错，不要做过分的事，不要说过分的话，不要做过分的行为。做人做事要晓得自己的本分，本分就是立场；讲话、做人、做事都要有立场，不要任性乱讲话，一句话讲错了，没有办法改变。

引义，引用义理，尤其读书人要合理，就是讲道德的义理。现在研究中国文化，中文底子不好，看过去似乎也懂，中国字嘛！怎么不懂？但是一考你就完了。如果看佛经，这条就没有看懂了。你看，还不要说外文，中文都没有弄好，想把佛经翻成外文，那不是贻笑大方吗？

所以，写中国的这些古书，尤其翻译佛经，不但要义理通，文学境界也要高，才能够长久流传。

现在白话的书尽管出版，当时流传一下，三年、五年以后就下去了。你看我们推行白话文几十年下来，现代人的著作，有几本我们愿意把它留在书架上？几十年舍不得丢的有几本？没有。

上回我买了一本老歌大全，同学们笑我还唱老歌，我说对，总感觉现在的新歌越来越不对，没有那个味道，老歌还有点内容。像好几年前流行的一首新歌“一年三百六十五天”，我不晓得它在说什么？我就给它加上一句：“心中好比滚油煎”。

这些地方要注意，在座都受过高等教育，文字不好，中国文化非常危险，这样搞下去，文化要断了。

“虽憎犹爱是一药”，虽然我讨厌这个人，瞋恨极了，但是我总觉得他也是一个人，应该改变他，还是慈悲他、爱护他。这是治心病的一帖药，如果做到，每个人都有道德、都得长寿。我看世界上男女之间感情久了，或成为夫妇的，都在这个病中，须吃这个药。讨厌到了极点，不过，好久不回来又担心，走开了又舍不得，都是在虽憎犹爱中。如果扩充男女夫妇之间的心理，爱一切人，那就是大药了。

“教化愚顽是一药”，这里所讲的“一药”是一件功德的事，功德是行为，功德成就了，才能证道、悟道。你们平常喜欢讲禅宗开悟，开悟那么容易啊？功德不成就，做人都不行，悟了干什么？况且你也不能悟，即使悟了干什么？悟了以后再去“误”人，那还得了！

所以，有此机缘将《大藏治病药》这一篇影印发给大家，应该自己再抄写一遍，作为做人品性的标准，这也是学佛的基本。还有，出家的同学千万别弄掉了，初一、十五诵戒时，都要带上来，这与戒行有密切的关系。

上次讲到修药师法的咒语与手印。药师法最好配合准提法和阿弥陀佛净土法门这两种法门修。配合准提法的净法界咒、六字大明咒，如果帮助有病的人，念三遍或七遍准提咒，然后就专念药师咒，这是求加持，希望他早一点病愈。如果看到这个人实在很痛苦，真正的悲心，不是慈心，除药师咒以外，再为他念往生咒，不如早一点往生，免得受这个痛苦，所以要配合准提法或净土法门修。

药师法配合这两种法门修非常有效，至于以饮食或净水救人，不要随便啊！自己若无相当的修证，不要随便开玩笑，那反而有罪过。自己有效验征兆，一念，开眼闭眼都是光明一片，那就绝对有效了，非常之有效。这个要特别注意，不要随便。

菩萨五明

曼殊室利！若见男子女人，有病苦者，应当一心，为彼病人，常清净澡漱，或食，或药，或无虫水，咒一百八遍，与彼服食，所有病苦，悉皆消灭。若有所求，至心念诵，皆得如是，无病延年；命终之后，生彼世界，得不退转，乃至菩提。是故，曼殊室利，若有男子女人，于彼药师琉璃光如来，至心殷重，恭敬供养者，常持此咒，勿令废忘！

修持药师法的人，看到别人有病，要尽心为人家治病。这里讲到用咒语治病，实际上，真正一个修持的人或菩萨，必须要懂五明，要懂得医药，其目的是要救世救人。

好几年前我到国防医学院演讲，大家说笑话，说老师又去骂人。我说你们学医，没有一个人是真正来学医的，因为学医的人第一个动机必须是为了救世救人。中国文化中有一句话，范仲淹也说过这句话，大丈夫立志，“不为良相，必为良医”。要么，就做一个有名的良相，可以救国家、救世界。范仲淹年轻立志，不做宰相就做良医，因为这两样都可以救人救世。今天放眼望去，会场有一千多人，从联考挤进医学之门，你们的目的并非在救人，而是要多赚点钱，这就成了问题。而且今天专攻医理的非常少，都是学医技，某一种病，用什么药，用什么方法治疗，这个不是医学，而是医的技术。好比一个电器坏了，水电工人也会修理，但他不是学电机，更不是电力学专家。譬如我们这里管照明设备的专家吴先生，照明设备坏了，修好后经过他检查，我就放心了。要动手修，他往往还不一定比电机工人熟练，电机工人毕竟是个匠。现在学医的多半学成医匠，没有学医理——医学的哲学。

同样讲到学佛学菩萨的人，你们要真学佛，一个菩萨必须具备五明，这才叫大乘。因明，相当于西洋的逻辑学、中国论理学。声明，各国语言文字都要懂，乃至演讲术也要包括进去，上课要有上课的技术，上课如果能把死人说成活人，那当然技术高明；如果把活人说睡了，就是上课技术有问题，学问虽好，技术却有问题。

再来就是工巧明，换句话说，百工技艺都要会，修水电、打字……都可以帮助人家。你到朋友家，他家水电出了毛病，找不到水电工人，急死了，刚好你到了，一下把它弄好了，这就是有利于别人。

还有内明，自己要明心见性，要悟道。

声明、因明、工巧明、医方明、内明，这是菩萨五明之学，不然不能行菩萨道。严格说来，这五明包括了古今中外一切学问要都会，才是大乘菩萨道。尤其是修道的人，不懂医没有办法，若讲果报，前生不布施医药，不以医药与人结缘，这一生就多灾多难、多病多苦。你看我始终注意这点，抽屉、口袋到处都是药，一看到谁有病，赶快拿药。从小看习惯了，过去家庭也是这样做，冬天及夏天送药、送茶，这些都是中国文化。我要你们好好学会医药，尤其到了乡下，没有医药，没有医生，遇到病人，你会针灸、推拿，即使凭两个指头都可以救人。碰到人昏倒在街上，懂得穴道，立即可以救活，然后再送医院还来得及，否则当时没有急救，再过半个钟头，可能人就死了。

这就是学佛的人什么都要会的道理，不是为自己学。我看你们年轻人身体比我老头子还差，大部分都吃过我的药，一天到晚病兮兮，前生不肯施医药，又不会照顾病人，只管自己。做社会工作，就是用医药帮助人家，现代所做的社会福利工作，以前就叫做好事。

伸腿瞪眼丸

所以，你们要知道，《药师经》教我们念咒就可以治病。实际上，你懂得医药，加上念药师咒，没有治不好的。你看准了是什么病，甚至没有药，像济颠和尚一样，人家生病找他，他夏天不洗澡，流了汗，随便往身上搓一搓，搓下一团污垢，叫人拿回去给快断气的人吃，吃了就好。问是什么药？伸腿瞪眼丸。人的腿一伸，眼睛一瞪，不是死了吗？这个药明明是身上的污垢，结果，拿回去吃，就治好了。

事实上，人身上每一部分都可以做药，没有哪一点不是药，而且，不只是人，连动物的大小便，用得合适，用得恰当，都可做药。譬如牛黄、马宝很贵，那药还得了！牛黄、马宝是牛、马身上的结石，是大药，一吃就好。

所以，要把医药学好，才是真慈悲，处处方便，可以帮助别人，甚至一粒米、一颗花生，再加上药师咒，用对了，病就会好。

这里的同学常常看到，我也不是医生，有位医生的儿子患小儿麻痹，医生的弟弟是我们这里的同学，这位同学的侄儿十几岁，走路歪歪倒倒，话也讲不出来，父母都是医生，找上了我。所以我常说千万不要当老师，倒了八辈子霉，弟弟赖到我身上，三毛钱的药，我说要服一百天，一百天以后真的好多了。他父母是留学日本学西医的医生，问我什么理由？我说不要问理由。其实我还没有念药师咒呢！他们说女儿也是这个样子，要一起治，我说不干，因为我晓得他当医生赚了很多钱，我说你要孩子好，先拿五百万出来。这下我要钱了，不然我不干，因为我已经调查了他们的为人。后来他五百万不拿，我也不医了，其实他拿了我也医不好，本事只有那么大，那是开玩笑。那男孩是好多了，后来却给他娶太太，我听了吓死了，这不是害了那个女孩子吗？他们说女孩子家里很穷，很愿意，给女方二百万，然后嫁过去，我说："唉！真是！好事真难做，那不是间接害了女孩子的幸福吗？"后来听说先给二十万，已经娶过门了。

我为这件事心里一直不痛快。你们看！做好事、做功德之难，你救了一个人，这个人也许去害另一个人，这等于我们间接害了人，所以善事之难为啊！这件事还不是个大坏事，不过却是一个遗憾。后来我又打听到，那个女孩子嫁过去不到一两年，又回家了。所以做好事、做好人，要特别注意。

持咒禁忌

现在告诉大家，修药师法的人，为病人“常清净澡漱”，就是说我们要为病人念药师咒，自己要洗澡，内外要干净。洗过澡，漱过口，最好吃素，不要吃荤，万一吃荤，最好不要吃大蒜、葱，不然咒语不灵，只有准提咒一切都不避讳，其他咒语都有避讳。

这是个戒条，“常清净澡漱”，如果要加持一杯水，最好是蒸馏水，没有细菌。自来水勉强可以喝，但我发现有时不够干净，最好用蒸馏水。药师咒念一百零八遍，应该很灵，如果你懂得医药更好，用那个药给他吃，所以说“若有所求，至心念诵，皆得如是”。

平常心里念，做事也好，开车也好，出门也好，随时念，无病延年，可以保健康。即使死了，因持药师咒，命终之后，往生东方药师琉璃世界，“得不退转，乃至菩提”，到那里再去留学进修，释迦牟尼佛说：“是故，曼殊室利，若有男子女人，于彼药师琉璃光如来，至心殷重，恭敬供养者，常持此咒，勿令废忘！”不要忘记。

万里晴空的境界

> 复次，曼殊室利，若有净信男子女人，得闻药师琉璃光如来应正等觉所有名号，闻已诵持，晨嚼齿木，澡漱清净，以诸香花，烧香涂香，作众伎乐，供养形像。于此经典，若自书，若教人书，一心受持，听闻其义。

这一段，佛告诉我们要如何修药师法，听《药师经》，念药师咒。他说，假使有净信的善男子、善女人，净信也等于正信，什么是净信？经典所讲的净信比正信又更进一步，无妄想，无烦恼，无杂念，这是净信，连信这一念都不需要，已经进入清净无念境界，心里已到达净土境界。

这些人听到药师琉璃光如来名号，闻已诵持，恭敬供养药师佛仪轨原理。这里有藏密的药师佛像，不是天蓝色的吗？修成功了就是天青色，像晴天，一点浮云都没有。真正修到色身报身成就了，气脉通了，随时都在万里晴空无云中，不是在白光、金光中，始终内外都是万里无云，绝对的清净、干净。蓝色代表绝对的清净、干净。

我不晓得台湾有没有这样的地方，我没有多走，本地同学应该知道。我们江南，尤其江浙一带，杭州以下，一直到金华，所谓万里云山入眼中，山青水绿。我们小时候看水是绿色的，青山绿水。

水不流动是死的，也是绿的，但绿得可怕。我们那里的水是清的，一清到底，溪水下有多少鱼在游，多少沙子，都看得一清二楚，清澈见底，那真是水绿山青，典型的江南风景。

山青水碧，青色表示内外通体透明。有些人拼命讲密宗，讲气脉，讲任督二脉通了。人的任督二脉通了，已经无病了；中脉通了，昼夜都在水绿山青境界。

像这样内外清净透明，无杂念，无妄想，才真正称得上是净信的善男子、善女人。同时还要自己供养药师佛。所以在西藏密教的区域，他们很内行，你到了某一境界、某一情形，不管你是在家居士或出家和尚，经过你面前，他马上顶礼膜拜，因为他晓得此人已经修持到某一境界、某一程度。这一点，现在的人很差，一般人学佛，哪个有没有修持都不知道，因为没有药师如来智慧的关系。

古代人如何刷牙

“晨嚼齿木”，什么叫晨嚼齿木，尤其出家同学一定要知道，现在当然不需要，但是要知道。齿木是牙刷，世界上最早发明牙刷的是释迦牟尼佛，佛最讲究卫生，在几千年前，吃了东西马上刷牙，用什么刷？杨柳枝。你看画上的观世音菩萨，净瓶里画的就是一枝杨柳。杨柳枝泡在水里，要刷牙时，用牙齿一咬，纤维就散开了，很好的牙刷，也是很好的牙签。所以，我们称释迦牟尼佛是第一智人，样样都晓得，那么早，在几千年前就发明了牙刷。

古代的比丘出家人有个戒律，我们小时候看到出家人刷牙，那时候很迷信，很多居士看到这种情形，“哎哟！某一个出家人用牙刷吔！用牙粉吔！犯戒！”那时候的牙粉是什么做的？是墨鱼骨头做的，墨鱼中间一块白骨头，晒干了磨成粉，牙粉是用那东西做的，那时候只有牙粉，还没有牙膏，所以出家人用那个刷牙等于吃荤，犯戒的。

我们小时候，牙刷、牙粉才刚发明，我看到丛林里老和尚，照旧不采用牙粉，这是几十年前的事，我建议他们用牙粉刷牙，"唉！那是荤的。"我说牙粉是化学的，不是荤的啦！"听说用墨鱼的骨头制的。"我说现在没有啦！你放心啦！你不放心，我给你揹过好了。开始时都不干，慢慢后来就改了。

所以修密宗很麻烦，的确是个富贵修法。修密宗每天昼夜洗好几次澡，有些人还依照道家的方法，一天洗四次澡，早晚——子午卯酉都洗澡。修密宗的道场非常麻烦，那真是一点脏的都没有，绝对的干净、清洁，然后以香花供养。

如何供佛

香分好多种，我们中国的庙子习惯烧香，在其他地方不一定用烧香，我现在不大采用，有危险性，而且像抽香烟一样，空气污染。香有很多种，其他有涂香，照样可以供养。涂香是擦在身上，在佛像前面到处洒。

学密宗的人，以香、花、灯、水、果、茶、食、宝、衣、珠供佛，其实不只学密，我们看到所有学佛的人，尤其是出家人，当执事有单独的寮房，都有自己供的佛堂，那个坛场都很庄严，有些太华贵，我看供瓶供杯都是用金银宝贝做的。

这是释迦牟尼佛告诉我们对于药师佛的供养，这等于供养佛的像法——报身。供养法身是流通经典，或者自己写，因为古代印刷不发达，为流通经典而自己书写；或者请人家写，“一心受持，听闻其义”，研究《药师经》的道理。

> 于彼法师，应修供养，一切所有资身之具，悉皆施与，勿令乏少。如是便蒙诸佛护念，所求愿满，乃至菩提。

所谓“资身之具”，戒律上有四种：饮食、衣服、卧具、汤药，佛学所讲资身之具包含这四种，供养人的，上供养法师、诸佛、三宝；下供养是布施一切众生，四事供养，这都是资身之具，要统统供养布施出来，“勿令乏少”，不要使人缺少。拿现在话来讲，是肯做社会福利的事，使人家蒙福利。如此便得到诸佛的护念，所求如愿，乃至证得菩提。

如何受持此经

> 尔时，曼殊室利童子白佛言：世尊！我当誓于像法转时，以种种方便，令诸净信善男子善女人等，得闻世尊药师琉璃光如来名号，乃至睡中亦以佛名觉悟其耳。世尊！若于此经受持读诵，或复为他演说开示。

“尔时，曼殊室利童子白佛言”，佛经上不管男女老幼，到了登地以上的菩萨都称童子，所以“童子”又是菩萨的一个别称。

“世尊！我当誓于像法转时”，我们这个时候还是像法时期，怎么叫像法？我们的老师释迦牟尼佛已经过去了，他的佛像、经典还流传，这叫像法。

“以种种方便”，用各种方法。“令诸净信善男子善女人等，得闻世尊药师琉璃光如来名号”，使他们有机会听到药师琉璃光如来的名号。“乃至睡中亦以佛名觉悟其耳”，文殊菩萨说，因为他的功德够了，使他在梦中得感应，晓得这个佛号。在座的朋友大概经验很少，不过，我所接触的有两三位同学，就常有这种经验，第二天跑来问我，是否有某一个手印，在睡梦中看到菩萨告诉我，这个要这样，念了什么，对不对。我说这是某一个菩萨，什么颜色、什么形状，他说一点也没错，就是那个样子。有一个同学常常如此，教他一个法门，我还没有教手印，他第二天跑来就结给我看。我说对啊！你又看到啦！他说看到了，佛现身告诉我这个手印，我说对，就是这个手印。这种情形不要执着都是对的，执着就不好了。所以睡梦中有时有这种感应。

“世尊，若于此经受持读诵”，自己接受，身体力行，修持，或平常念诵。“或复为他演说开示”，演说，把经典要点演绎出来给别人听；开示就不同啰！开示是要把佛法的真正要点，乃至离开经典，打开佛法的精要，把那个精要表示出来，使他了解，这叫开示。

若自书，若教人书，恭敬尊重，以种种华香、涂香、末香、烧香、花鬘、璎珞、幡盖、伎乐，而为供养，以五色彩，作囊盛之。扫洒净处，敷设高座而用安处。

香有好多种，中国人喜欢用“烧香”，现在要特别小心，好在现在有卧香炉，香平放。我记得在二三十年前，我要做卧香炉，没有人会做，我画出来以后，第一个做出来，现在很普遍了。立着烧香，人睡着了，香没有插好倒下来，很容易引起火灾。所以香躺下来比较安全，我们这里大厅，用的都是卧香。

这是古代对佛经的重视，一本佛经用五色彩缎包起来，除了念时打开，平常都覆盖好。那时候印刷不发达，所以对佛经的保存非常用心，我看了真是佩服。

在大陆上常常看到有人刺血写经，舌头的血刺下来写经，至于指头的血刺破写经那很普遍。不过，当时听他们说，血流下来马上要用中药白芨散开，否则马上凝固，就不能写。血书的经典是黄褐色，淡淡的，我们常常看到。

像我们过去看《大藏经》好困难，好几省才一部。尤其清末，《大藏经》要到皇帝那里申请，皇帝批准了才颁送一部。四川峨眉山只有一部《大藏经》，几大名山各有一部，要看《大藏经》谈何容易啊！现在《大藏经》到处都有。那时我们在那种困难之下找《大藏经》，自己关起门来闭关把它看完，那真觉得无比的舒服、难得。现在我看大家买书、买经典很方便，拿来供养书虫，每个庙子一部大藏，也有两部、三部的，书店只要出《大藏经》，我说尽管出，一定发财，反正有人买，买了去供养书虫，他觉得买了经就是功德，放在那里给书虫慢慢去咬，让书虫去成佛，嗯！都是这样干。过去对于经典之尊重，“以五色彩，作囊盛之。扫洒净处，敷设高座而用安处”。一般佛经安设的位置很高，供在上面，像我们以前都做有很好的套子。

> 尔时四大天王，与其眷属，及余无量百千天众，皆诣其所，供养守护。

“诣”，读“益”，不读“旨”，我常常听到广播，把“造诣”说成“造旨”。法师将来出去弘法，不要像我，我有许多口音，从前念的方言，懒得再查辞典，但是重要的地方千万不要马虎。

> 世尊，若此经宝流行之处，有能受持，以彼世尊药师琉璃光如来本愿功德，及闻名号，当知是处，无复横死，亦复不为诸恶鬼神，夺其精气；设已夺者，还得如故，身心安乐。

“横死”，譬如被车子撞死，非命而死，都叫横死。诚心修持，有此功德，不会横死，也不会被诸恶鬼神夺其精气。这种事有没有很难说，告诉你真有，有时候睡眠时间、黑夜时间，经常会碰到这种事。有些人说得什么病，查不出病因，那就是鬼神病，但是你不去迷信它，就没有事。不要随便去拜拜，越拜鬼神越来，等于人一样，鬼神也怕凶人，格老子不理你，他就没有办法。否则你就照佛法的正路走，尤其女居士们，不要随便拜拜啊！搞这些不好。心净一切都没事，既然学了佛，碰到这种事，你念“南无药师佛”“南无药师琉璃光如来”就行了。

“设已夺者”，譬如精气被夺，男女都有，不过有些女人自己并不知道。像有些男性有遗精现象，有些不是病，而是他力把你吸引走了。我们小时候，同学们研究这些还做过实验，等同学们睡觉了，不过不告诉他，用来证明由外面力量的影响，会发生这种毛病。我们拿了个鸡毛一玩，等他醒来，我们就问他：“你出去留学啦?”“对啊！不晓得什么道理？也没有梦啊！”大家都笑了。这个实验证明了人体内部的精气，会被外物摄走。这个道理不多讲，讲多了，你们调皮的同学用这个方法去害人，不好。

这里就是说，修了药师琉璃光如来的法门，假使碰到这种事，“还得如故，身心安乐”，立刻精神可以恢复，没有问题，而且下次不再遭遇到这个问题。

佛告曼殊室利：如是！如是！如汝所说。

就是这样，照你所讲。

如何修药师法

曼殊室利，若有净信善男子善女人等，欲供养彼世尊药师琉璃光如来者，应先造立彼佛形像，敷清净座，而安处之。散种种花，烧种种香，以种种幢幡，庄严其处。七日七夜，受八分斋戒，食清净食，澡浴香洁，着清净衣，应生无垢浊心，无怒害心，于一切有情，起利益安乐，慈悲喜舍平等之心，鼓乐歌赞，右绕佛像。复应念彼如来本愿功德，读诵此经，思维其义，演说开示。

“造立彼佛形像”，就是塑药师佛像，把佛像供起来。

“七日七夜”，专修药师法的人要注意，坛场要这样布置，等于打七闭关一样，七日七夜，专在坛场不离开一步，自己受“八分斋戒”。

“食清净食”，这就有好多种了，吃素、过午不食算是一种清净食。真正清净是吃淡食，不吃盐。过午不食，你们不要随便去尝试，功夫不到不要随便乱玩这一套。第三种最严重，七天七夜吃气，不吃东西，光喝水。清净食有专门的修法，这只是大概告诉你们一点。

“澡浴香洁”，随时要保持干净，而且每次大小便以后，不只洗手，大小便要随时清除，人身的九窍要随时清洁干净。

“着清净衣，应生无垢浊心”，心中念头绝对清净。

“无怒害心”，不能发一点脾气，不能动一点不如意的念头。

“于一切有情，起利益安乐，慈悲喜舍平等之心”，对一切众生、一切人，生起帮助人家、利益人家之心，和慈悲喜舍之心，平等之心。

“鼓乐歌赞，右绕佛像”，用铃子唱念，或者用密宗的念法，或者一点声音都没有。念佛号，右绕佛像，就像修般舟三昧一样，七天七夜，专修药师法，念佛号。

“复应念彼如来本愿功德”，这是可信的修法，同时应随时想念药师佛的十二大愿，心中起心动念仿照这样做。

“读诵此经，思维其义”，对整个经典，想它的意义何在。

“演说开示”，这是修法，那么照这个修法的人就“随所乐求，一切皆遂”。譬如我所看到西藏的一位喇嘛，他用阿伽陀药，这是佛经里记载的药，一颗药可以治百病，就像我们讲的仙丹。一个普通的玻璃瓶，里面放些藏红花，这是他们的阿伽陀药，任何人有病来求他，他就是从这里头，倒出来一颗，但那颗药还在里头，拿去吃了就好。这是他修药师如来法修来的。不过，这位喇嘛很恭敬，我问他修了多久？他说三个一百天。那等于一年嘛！他说：我修了三次，第一个一百天没有成功，第二次我再发心，还是没有成功，第三个一百天，瓶子原本是空的，修下来以后，恳求啊！围绕佛啊！藏红花就长出这颗药，我晓得已经得感应了。喇嘛一生就修这个法门，他治好的人的确很多。他也不懂得医，反正有病来求的，他就倒出一颗药，然而那颗药母始终还在，那是他修来的，“当！一下，一颗药来了。”那讲起来真是神话，但是我亲眼看到这个人。当然，你们不要随便学，老实讲，我还没这颗药呢！我是讲我经历的故事给你们听。

> 随所乐求，一切皆遂，求长寿得长寿，求富饶得富饶，求官位得官位，求男女得男女。

所以修这个法门，要发财就发财，求生男女就生男女，所求如意。

这是专门修法，坛场的布置就这样庄严，专修药师如来法当然要场地，不准闲杂人等进来，不准有一点不净之物，那真是庄重、庄严。我常讲最好在高山顶上修，但有时也有缺点，高山顶上有虫很麻烦。现在最好在高楼的顶楼，将来你们有机会这样修持很好。

消灾免难

> 若复有人，忽得恶梦，见诸恶相，或怪鸟来集，或于住处，百怪出现。

睡觉时梦到怪梦。乡下有些人家门口会来一些怪鸟，北方怪兽很多，在荒山野岭特别多。

“或于住处，百怪出现”，或家里怪事出现，譬如有些人家门口、屋顶上有条虫掉下来，或丝丝挂下来，一定出问题，这是家里不平常的事，百怪出现。

> 此人若以众妙资具，恭敬供养彼世尊药师琉璃光如来者，恶梦恶相，诸不吉祥，皆悉隐没，不能为患。

家里碰到怪事出现或做恶梦，你心里不安的话，以众妙资具，供养药师佛，这些就不会有了。

譬如本省有些害人的，据我所知，乡下有画符、念个咒子，把女孩、男孩害了，本省乡下很多，现在还有。破除的方法，只要虔诚供养药师佛。

> 或有水火，刀毒悬险，恶象狮子，虎狼熊罴，毒蛇恶蝎，蜈蚣蚰蜒，蚊虻等怖，若能至心忆念彼佛，恭敬供

养，一切怖畏，皆得解脱。

尤其在山岭边远地区，庙子在山林中的，这些事情免不了，蝼虫蚂蚁非常多，困扰得厉害，普通庙子上念普庵咒，不过大丛林上不大念，除非不得已，初一、十五念一次。普庵咒一念，所有蚂蚁立刻消失，很怪的，咒一念很灵光。

最近有同学要做实验，来找我学普庵咒，我印了一份教他们，一念之后，他们吓住了。我说不准念了，蚂蚁也是生命，一念，蚂蚁立刻搬家，都要逃。所以丛林上的庙子不随便念普庵咒。

普庵咒是宋代普庵禅师传下来的，是真悟了道，开悟了，到八地破了重关境界，八地以上菩萨都能自说陀罗尼，自说咒语。普庵咒效果非常厉害，药师如来咒也是一样，住山的时候可以用。

若他国侵扰，盗贼反乱，忆念恭敬彼如来者，亦皆解脱。

国民党政府在重庆对日本抗战时，虚云老和尚还在。国民政府主席是林森先生，总统府前面所立的就是他的铜像，他是虚云老和尚的皈依弟子，把虚云老和尚特别请到重庆护国息灾法会。显明法师就是跟着虚云老和尚的首座，我跟他在重庆就认识，师兄弟就是这一段结的缘。密坛是贡噶活佛，还有根桑活佛好几位，密坛当时也念《药师经》。不管这个法门如何，过了两三年就胜利了。

复次，曼殊室利，若有净信善男子善女人等，乃至尽形，不事余天，唯当一心，归佛法僧，受持禁戒。

就这一辈子，肉体到死的时候，一口气断了，叫“尽形”。“不事余天”，不乱拜，不迷信。“唯当一心，归佛法僧，受持禁戒”，全心全意，皈依三宝，好好受持佛戒。

若五戒十戒，菩萨四百戒，比丘二百五十戒，比丘尼五百戒。于所受中，或有毁犯，怖堕恶趣。若能专念彼佛名号，恭敬供养者，必定不受三恶趣生。

就是说自己犯了戒，怕堕落，如果能够专念药师佛的名号，恭敬供养，必定不会堕落到三恶道。这是药师佛帮忙把一切破坏之戒，给你弥补过来。

或有女人，临当产时，受于极苦，若能至心称名礼赞，恭敬供养彼如来者，众苦皆除。

女性碰到难产时，现在医院很方便，但生产到底痛苦，如果当时至心念药师如来名号，不但众苦皆除，而且还有以下好处：

所生之子，身分具足，形色端正，见者欢喜，利根聪明，安隐少病，无有非人，夺其精气。

生下来的孩子不怕鬼怪。小孩子在两三岁时最怕外力的侵夺，这种非人，不属于人，属于鬼，或属于看不见的一类精怪。念药师咒、药师佛号有效果。

念佛功德难解了

尔时世尊，告阿难言：如我称扬彼世尊药师琉璃光如来所有功德，此是诸佛甚深行处，难可解了，汝为信不？

释迦牟尼佛谦虚地说，假使要我详细讲出药师佛的所有功德，以我的智慧成就，我还做不到，说不完，为什么？你们要懂一个要点，药师佛的修法，是包括了一切佛最高深的秘密的修行法门，不是普通人所能了解；同时也暗示了我们，父母所生的这个报身是可以常在的，自己真修这个法门的话，当然功德也要到。譬如佛有四大弟子如迦叶尊者、宾头卢尊者、罗睺罗尊者、君屠钵叹尊者等，都还是常在人间的。为什么他们的肉身能够常在？他说此中有诸佛甚深秘密之行，“难可解了”，很难了解。

“汝为信不”，释迦牟尼佛问弟子，你信不信？

阿难白言：大德世尊！我于如来所说契经，不生疑惑。

阿难说，佛啊！你何必问这个问题，我对您老人家所讲的话，没有一句不相信。

所以者何？一切如来身语意业，无不清净。

什么理由呢？一切成佛成就的人，他的身口意三业，没有不干净的，所以《金刚经》上说："如来是真语者，实语者，如语者，不诳语者，不异语者。"

世尊！此日月轮，可令堕落；妙高山王，可使倾动；诸佛所言无有异也。

这是阿难说的话。他说：佛啊！我可以证明，太阳、月亮、地球、宇宙将来也有毁灭的一天。妙高山就是须弥山，等于地球上的喜马拉雅山，真到了大地震时，妙高山也会受地震影响，也会倾塌。他说我绝对信任一切佛所说的话，也就是说宇宙会有毁坏，佛所说的绝对是真实之言。

世尊！有诸众生，信根不具，闻说诸佛甚深行处，作是思惟：云何但念药师琉璃光如来一佛名号，便获尔所功德胜利？由此不信，返生诽谤，彼于长夜，失大利乐，堕诸恶趣，流转无穷。

阿难说，佛啊！世界上有些人的根性里头信根不具足。信根不够，不是不信，而是他的智力、信根不够，福报不够，听闻佛所说的最深秘密行，他反而心里怀疑，为什么佛只教我们念药师琉璃光如来，只凭这样一句、一个佛的名号念啊念的，就真能得到这样多的功德，靠不住吧！等于我们普通念佛一样，阿弥陀佛、阿弥陀佛……尤其年轻知识分子，嘴里念佛，心里在怀疑，有时嘴里念，心里还在笑，阿弥陀佛，搞什么东西？尤其我看现在的年轻人很怪，这是时代心理。我讲宗教心理，从小开始就看见，到现在还如此，青年学生到教堂觉得很时髦，很威风；到庙子上拜拜，心里想拜不敢拜，站在那里半天，看到没人看见，赶紧跪下去，然后赶快起来，因为怕人家看见说迷信，对不对？

你们都有经验，到天主教堂，那很威风。我年轻也都跑过，一个礼拜跑好几个地方，也去做礼拜、听道，我一出门，唉！这个没道理，你讲的没道理我听不进去。又跑伊斯兰教，跑这儿跑那儿到处找，因为我在追这个东西。到了佛寺，看到老太太叫我跪下来拜，我心里早跪下来啦！可是我穿的那个学生服中山装，实在跪不下来，东看西看，等人家看不见的时候，赶紧跪下去磕个头就起来了。这种日子我都经历过。

你看问题在哪里？你们诸位出家同学研究看看。所以，今天要复兴中华文化，复兴佛教，以这种情形复兴，你说怎么复兴？你到别的庙子看看，到天主教、基督教教堂看看，你比比看，跟人家比就比不上了。

换句话说，到了每个庙子，我看到女的比男的多，老的比少的多，到最后，很多庙子剩下几个老太婆在那里，七老八十，到处看到的都是她们，在那里阿弥陀佛、阿弥陀佛，最后两个人在那里埋怨媳妇不好、儿子不孝，然后阿弥陀佛。你看这个宗教怎么办？这是个问题。

所以说，一般人对药师佛不信，因为信根不足。由此不信，甚至有人生出毁谤，这种心理很可怜。

“彼于长夜，失大利乐，堕诸恶趣，流转无穷。”长夜就是茫茫的一生，永远在黑暗中，在愚昧中，这是阿难说的。

今天讲到这里，希望各位珍惜保存发给诸位的这份《大藏治病药》，乃至返照自己的行为，不管在家出家，这都是自己修功德，也是自己守戒。

上次我们讲到“堕诸恶趣，流转无穷”，佛讲到这里提出一个问题：为什么只念一个佛的名号，便有如此大的功德。

我们一般人学佛，其实一切众生学佛，都是做生意的办法，越多越好，所以佛法里有念八十八佛，甚至千佛的。反正上方佛、下方佛、东方佛、西方佛……一切佛都包围我，像做生意一样，一出门就对我生财，就要对我有利。不但学佛的，很多信仰宗教的人，都有这种功利思想和观念，出少数的本钱，却想得到无穷的利益。这是相当错误的观念。不过，有没有好处呢？有一点好处，在佛法来讲，只是培养一点善根而已。

所以，真正的佛法，是要求自己布施出去，不希望求得果报回来；但是因此倒反而有善的果报回来，这就是回向的道理，然而他最初的目的并不是求这个。

普通人则不然，做任何一件事，都想以很少的劳动，付出很少的代价，却希望一本万利的回来。这是凡夫的心理，一般信仰宗教的人，都有这种心理。根据这个心理，所以佛提出来，为什么只念一个药师佛的名号，就能得这样大的功德。以佛法来讲，有人不但不信，更因而生出毁谤，毁谤佛法，毁谤正法。毁谤佛法会下“无间地狱”，是最严重的一种果报，这是一个问题。

什么叫至心受持

> 佛告阿难：是诸有情，若闻世尊药师琉璃光如来名号，至心受持，不生疑惑，堕恶趣者，无有是处。

这一段的重点就是八个字："至心受持，不生疑惑。"任何一种佛法，只要有人做到这八个字，没有不成功的。所以说，只念一个佛的名号，只要至心受持，就有如此大的功德。

什么叫"至心"？至心等于四书《孟子》的《尽心篇》的题目一样，什么叫"尽心"？就是说，最诚恳的心达到了极点。这么解释，大家了不了解？如果讲经说法，讲教理，就要这样解释，最诚恳的心达到最高点，就叫至心。

怎么叫最尽心呢？你形容形容看，你说我了解，你当然了解，我讲的中国话，你也是中国人，那还听不懂啊？什么叫最尽心？譬如我们讲最诚恳，什么叫最诚恳？了解不了解？说我对你非常诚恳，是啊！不诚恳不是至心，至心就是诚恳，就是《中庸》所讲的诚。

儒家的四书——《论语》《孟子》《大学》《中庸》，现在青年没看过四书，总听过吧！

怎么样叫作诚恳的诚呢？《中庸》上四个字："至诚无息"，不休息的息。怎么叫至诚无息？学者注解来注解去，正如一些佛经也是注过来注过去。你懂了？我断定你们不懂。问题在哪里？什么是至心，讲一件坏事，人到最伤心处，没有眼泪，哭不出来了，也没有妄想、杂念，傻了。那个时候，人等于无念，没有念头，空白了，那是伤心透顶的至心。

又如我们拜佛，有如真佛、活佛在这里，乃至我们合掌或不合掌，在佛像面前一站，这一站就如佛在目前，再也没有第二个心思，也没有杂念妄想，都空了，这叫至心，你怎么会懂呢？你都没有经验过，你伤心也没有到不掉泪的程度。高兴到了极点，七情六欲达到极点，人就无念了，懂了吧！这叫至心，也叫真诚。

你说我拿一支香拜下去，菩萨啊！佛啊！我求忏悔啊！痛哭流涕啊！痛哭流涕也是心，心在动念。这一念真忏悔下去，连我都没有了，都忘记了。譬如我们做了一件犯罪的事，要拖出去枪毙，到了法场，连路都走不动了，两只脚是不是踩在地上也不知道，因为晓得下一秒钟，“砰”这么一下，就没了，就不在这个世间了。那个时候不是至心，是吓昏了。

反过来看正面，至心真诚，一念真诚忏悔，不管你信哪一种宗教，尤其在佛前面一站，什么杂念都没有，非常诚恳，诚恳到连自己有没有拜下去都不知道了，那已经是大拜了，这样叫至心。特别注意啊！大家天天礼佛、拜佛、念佛，有没有至心呢？至心就是尽心，就是诚恳到极点的诚，所以《中庸》叫“至诚无息”。

那么，中国文化常常有一句话：“心香一瓣”，这是真正心的香了。你说烧一炷香，那是烧香，还是物质的。这个时候是心香一瓣，我们甚至看到古人诚恳到极点，手边没有香，看到佛，地上抓一把泥巴、沙子，在菩萨面前一放、在祖宗面前一放，就代表了这个香，那是真的，那比你花一万块钱买来的香还要珍贵，因为他至心诚恳。而你却不一定是诚心，而且心里还在想，你看我，买这么贵的香来供佛！好像佛欠了你似的，还要加上利息，好像佛欠你一万二，非得好好保佑你不可，那已经糟糕透了。

所以说，一个人至心接受，并且“持”，什么叫持？修持修持，持就是保持这个心境，也就是《中庸》所讲“至诚无息”，无息就是持，行住坐卧永远保持清净的心境，这才是正信。

如果来拜佛，烧了一炷香，供养了两根香蕉，保佑太太好、先生好、全家都好，买彩券要中奖，买股票也要发财，样样都好，反正好的都是我的，那是功利心，两根香蕉最后还吃到肚子里去。这是不对的！至心是至诚无息，心香一瓣。

不生疑惑

“不生疑惑”也很难。任何一个宗教徒，不管天主教、基督教，伊斯兰教或什么教，乃至我们在座学佛的，问问自己良心，当你做早晚课，当你念佛时，你心中真的相信佛吗？据我所知，没有，十个里面找不出半个。往往一边念佛，一边在打妄想，甚至就在疑悔：哎呀！刚才都在打妄想，糟糕了，佛都白念了。哎呀！不对，这样念下来恐怕没有用吧？都是这样的心理，对不对？

所以，贪瞋痴慢疑，疑，怀疑，悔，后悔，疑悔是众生通常的心理，没有办法！不疑不悔才是正信。

我们看到很多学佛的人，三天打鱼，两天晒网，前两天精进得不得了，这下子我从此不悔了；过几天，又是乱七八糟，烦恼一大堆，又在疑悔中，永远在那里轮回。

因此，只要这八个字做得到，“至心受持，不生疑惑”，今生或来生，绝不堕恶趣。所谓恶趣就是畜牲、地狱、饿鬼这下三道。如果有人“至心受持，不生疑惑”，还堕落到下三道的，“无有是处”，没有这个道理。任何佛法，任何修持，都在这八个字：“至心受持，不生疑惑。”

佛又说：

> 阿难！此是诸佛甚深所行，难可信解；汝今能受，当知皆是如来威力。

佛告诉阿难，上面所讲至心受持，不生疑惑，实际上，一切经典、一切佛法都是多余的话，只要一门深入，念佛也好，乃至以前不信佛，只要心净，随时清净无念，他已经到了，他当然不需要佛，因为他就在佛的境界里，这个道理是一切佛最深、最秘密的行愿法门。

所以佛叫一声阿难，“此是诸佛甚深所行”，深密的道理就在这里。“难可信解”，一般人很难相信，为什么不能相信呢？因为他理解不到，所以难可信解。

阿难多闻强记

“汝今能受”，你现在能够接受这个道理。阿难是释迦牟尼佛的兄弟，同宗亲叔伯的兄弟。阿难在佛在世时，多闻第一，学问渊博，记忆力好，佛说的话，他都记得。所有我们今天看到的经典，都是靠阿难记忆的功德记录下来的。但是他在佛在世的时候，没有悟道，在十大弟子中，只是多闻强记而已。

等到佛逝世以后，住持正法的迦叶尊者——禅宗的第一位祖师，集中了五百罗汉开会，要把佛所讲的经典记录下来，但谁记得完整呢？只有阿难。既然五百罗汉都证得神通，得了智慧，得了无漏通，无漏通是般若智慧的成就，应该多闻强记才是，不见得，因为每个人修法的路线不同。所以一般得道的罗汉分两种，一种具备神通，一种不具备神通，都是证果的罗汉，修法路道不同。

这五百罗汉博闻强记的本事都不如阿难，但是阿难没有悟道，主席迦叶尊者把他关在门外，不准他进来。这是迦叶尊者故意救他，大概释迦牟尼佛秘密交代给他，这个兄弟只有靠他来救，佛在世时对他也没有办法。阿难在《楞严经》上讲，我想你是我的哥哥嘛！你得了道分一点给我就好了。他有这种思想，不是至心受持。结果迦叶尊者说，现在门统统都关了，我们都在入定等你来做记录，有本事你自己进来。他当然进不来，这一急，赶紧盘腿打坐参禅，七天证得阿罗汉果，又来敲门，迦叶尊者说进来，他说好，就进来了。五百罗汉都向他恭喜，请他上座。所以每一本经典都有“如是我闻”这句话，就是说：我当时听到佛是这样说的……把当时整个情景背诵出来，五百罗汉在旁边证明。最后记录完了，有错没有？大家说没有错，就这样记录完成一本经。

佛在《药师经》上告诉阿难：你现在能够领受，应当知道不是你的智慧，不是你的功力，“皆是如来威力”，都靠成就的诸佛菩萨，也靠你自性佛的感应，每一个人的自性都是佛，清净面的感应，所以你能够懂。

我们是因地菩萨

> 阿难！一切声闻独觉，及未登地诸菩萨等，皆悉不能如实信解，唯除一生所系菩萨。

他说你要晓得一个人只念一个药师佛的名号——“南无药师琉璃光如来”，我们现在念“南无消灾延寿药师佛”也可以，只要这一句就能够成功，你能够接受、相信，已经了不起了。实际上，这个秘密是一切小乘的声闻乘、缘觉乘，以及大乘未登地的菩萨，都不能如实、真实了解相信的。

尚未成就的叫未登地，成就的叫登地。我们学佛也一样，开始学佛都是未登地的菩萨。佛说凡是未登地的菩萨，都不能如实、真实地相信，也不能真实地理解到这个境界，不能理解为什么只念一句佛号就有这样大的功德。

“唯除一生所系菩萨”，除了什么？除了一生所系菩萨。系就是用绳子拴住，譬如说释迦牟尼佛过去了，下一位成佛的是弥勒菩萨，十地以上的菩萨，经典叫一生补处。一是指“一实之理”，从这“实际理地”，发生无量功德妙用。十地菩萨至此，只少如来一位。再进一步，再上升一地，他就成佛了，跳出三界不来了。这一生还系在第十地。到了第十一地就是佛地，所以叫一生所系菩萨，马上就要成佛了。换句话说，他的成就已经大彻大悟，到了成佛的境界，才懂得这个道理。

药师如来功德说不尽

阿难！人身难得，于三宝中，信敬尊重，亦难可得。

因此佛沉重地说："阿难！人生难得啊！"我们今天能生而为人，这个生命得来很不容易。"于三宝中，信敬尊重，亦难可得。"虽生为人，能够信仰佛法僧，走在正信的路上，能够相信尊敬佛法，也是很困难的事，难能可贵。

闻世尊药师琉璃光如来名号，复难于是。

上述有两个困难：一是人身难得，上次我们讨论过；二是在难得的人身中，有正信也很难。

假使我们在社会做一个民意调查，几千万人中，有宗教信仰的人，以我的估计恐怕只有一半（中国与外国不同），中国人大概一半以上不信宗教，对宗教反感，尤其青年一代。西方文化思想的基础是建立在宗教上，现在西方文化基础也开始动摇了，对宗教也很反感。

以中国人而言，百分之七十的信仰中，能够信仰三宝、信仰佛法的人数的确不多，不是说拜拜就是佛教，那个乱七八糟拜的，那个都不是，都不算。

这两种都很难，在这两种困难当中，听佛经说念药师琉璃光如来这个名号，会得一切的好果报，恐怕一般人更不能相信了，这比以上两种困难，还要困难，这是佛说的。

> 阿难！彼药师琉璃光如来，无量菩萨行，无量善巧方便，无量广大愿，我若一劫，若一劫余，而广说者，劫可速尽，彼佛行愿，善巧方便无有尽也。

我们要注意这段，到这里差不多都是结论的话。他说我告诉你，这位药师琉璃光如来佛，从发心修道到成佛这个阶段，不晓得做了多少大乘的行愿。他的行愿，他的行为，行善的功德，以及他所造就的各种善巧方便，各种巧妙的法门，世间法，出世间法，乃至他的愿力，释迦牟尼佛说，我拿一劫的时间或一劫多的时间来详细说他的内容，我告诉你："劫可速尽，彼佛行愿，善巧方便无有尽也。"

佛经所讲一小劫是一千六百七十九万八千年，一劫半等于二千五百万年，小劫不是大劫。他说拿一两千万年的时间天天说他的内容，讲他的愿力和他的功德，我也没有办法把他说完。

你们要注意，药师佛也代表了解决一切众生心理病和生理病的痛苦。佛说这个奥秘我真的没有办法说完。所以念一个佛的名号，可以得到那么大的功德，那么大的果报。

救脱大菩萨

> 尔时众中，有一菩萨摩诃萨，名曰救脱，即从座起，

偏袒右肩，右膝着地，曲躬合掌，而白佛言：

当时听佛说法的大众中，有一菩萨摩诃萨，“摩诃”二字是译音，翻成中文是“大”的意思。为何叫菩萨摩诃萨？当时翻译经典是外文倒装句，若以中文叙说就不那么记载，而是“尔时众中有一大菩萨”。然而“大”字还不足以完全概括其义，什么大呢？人大？量大？还是智慧大？其中包括很多涵义，翻不完，只好保留原文叫菩萨摩诃萨。

此时众中有一大菩萨，名号叫救脱的，救苦救难，帮助人，使人解脱一切痛苦和灾难的，叫救脱菩萨。他从位子上站起来，依印度的礼貌，“偏袒右肩”，把袈裟搭在另一边，右肩膀露出来，跪下来，“曲躬”，把身体弯下来，跪着合掌问佛问题。

> 大德世尊！像法转时，有诸众生，为种种患之所困厄，长病羸瘦，不能饮食，喉唇干燥，见诸方暗，死相现前，父母亲属，朋友知识，啼泣围绕。

救脱菩萨提出一个问题，他说佛啊！像法转时，就是我们这个时代，佛教把人类劫数分成三个阶段，正法时期很短，佛在世的时候；佛过世后，佛像和经典还在，叫像法时期；将来到了末法时期，这些经典自然都没有了，不需要你反对，不要运动就没有了，就完了，不会要了，那是末法时期来了。现在经典、佛像都还存在，还是像法时期。

在像法时期，未来的时代，将来人类的文明越进步，各种病痛越来越多。救脱菩萨说末劫时，病越来越多，“长病羸瘦”，人越来越瘦。譬如人得了癌症，越来越瘦。现在小姐怕胖，拼命想减肥，到瘦的时候，念药师佛都来不及了。

临终境界

长病羸瘦，瘦得干了。不能饮食，吃不得，也喝不得。喉咙干了，身体干了，吞也吞不下。现在科学进步，在医院里用管子插着喂东西，但是到底时间不能维持长久。这形容人快要死的时候，开眼闭眼，看到四面都是黑暗的，气色、脸色的黑暗也出现了，这是死相现前。到了这个时候，父母也好，太太、丈夫也好，儿女也好，朋友也好，一般认识的人，纵然围绕着你哭，也听不见了。

然彼自身，卧在本处，见琰魔使，引其神识，至于琰魔法王之前。

肉身躺在病床上，灵魂离开了。“见琰魔使”，看到阎罗王派来的使者，琰魔就是阎罗的梵音，阎罗是管生死的，使是派来的差使。通常人死以前，会看到这些鬼，看到过去的人。“引其神识”，领导他的神识，“至于琰魔法王之前”，到阎罗王那里听候裁判。

然诸有情，有俱生神。

一个人生下来时，与他生命俱来的有一个神，其实这个神并不是另外有个鬼，不是另外的，而是我们生命心意识里那个神识。一个最坏的人，有时候也有善心、清醒的时候，这一点善心，这一点清醒，就是他理性的神识。这个必须研究唯识法相，这是讲生命根本的东西。

随其所作，若罪若福，皆具书之，尽持授与琰魔法王。

自己一生，与生命俱来有一个神识跟着，你自己做了些什么行为，不管做善的、坏的，自己都有记录，那么，到了生命临终的时候，在东方文化讲见阎罗王，西方文化则见上帝受审判，都是一样的。授与阎罗法王，受一切审判。

尔时彼王，推问其人，计算所作，随其罪福，而处断之。

这是拿人世间来形容，计算他一生所作行为、善恶功过来定他的罪。

中国小说《西游记》，你们有没有看过呢？《西游记》为什么写唐僧取经？因为唐太宗生病了，为了某一件案子，见到阎王。因为唐太宗求雨，龙王说他求得厉害，只好多给一点，但只舀了两瓢，就把人间淹死了很多人，房子也倒了。所以这个案子要唐太宗到地狱证明。当然阎王见到他很客气啦！站起来，一个是人间的帝王，一个是阴间的帝王，平等平等。唐太宗说：我现在已经来啦！阎王说还没有还没有，有一件案子需要你来当证人。唐太宗看了地狱的情形很害怕，当帝王也照样要受审判。

最后案子判完了，阎王说：你阳寿还没有到，不必到我这里来报到，将来死的时候，到我这里来挂个号就好，你是到天庭受审的。唐太宗心里害怕，就跟阎王拉交情，看看阴间什么都有，阎王送他一样东西——北瓜，黑颜色的，我们夏天吃得到。台湾话叫乌瓜，菜市场都有。问了半天，他说你地狱里头有没有缺什么呢？没有南瓜，唐太宗说好，我马上派人送来。所以征求天下哪个人肯死，到阴间送礼，送南瓜，有个叫刘全的，送南瓜到阴间，当然送去就不回来了。所以我们死后，在阴间还能吃到南瓜，因为唐太宗送过礼了。

我们一生所做的，可以欺骗别人，也可以欺骗自己，到了临死的时候，等于你做梦一样，自己一生的好坏，在梦中你没有办法欺骗自己，完完全全现出来。

所以，佛说到快要死的时候，这个病人还没有完全断气，像现在医院是给你上氧气，很多上氧气的人神识差不多已经离开了，氧气作用使脑细胞不死，脑细胞不死亡就还活着，氧气一拿掉，一两分钟内就死了。我常常看到许多朋友上了氧气，我就摇头，我觉得很虐待，不上氧气立刻可以走的，结果上氧气拖两三个月的很多，拖得很辛苦，我为什么晓得？因为有个老朋友七八十岁了，临死时没有亲人，只有我做主，最后都是我办，我常常办这种事，因为他没有亲人在这里，我来替他办。医生一来，我说给他上氧气，这句话一讲，拖了三个月。这期间我又不能告诉医生把氧气拿掉，拿掉立刻死，硬拖了三个月，在床上大小便，我还要求我的学生做好事，四个人一天轮两班，还要给这位老朋友洗大便换被单。我的学生跟着我也是倒了八辈子霉，服侍了老人家三个月。这中间我就后悔，当时不讲那句话，半个钟头就没有了，我只要买棺材、买地，给他送了就好。如果我叫医生把氧气停掉，又会蒙上嫌疑，所以做人做好事很难。

其实氧气上了以后，这个时候脑细胞死不掉，有些神识早已离开，躺在床上大小便，又不能转动，屁股都烂了，肉体等于十分之八九已经死亡。所以，我告诉学生，假使我到了这个时候，千万不要给我上氧气，也不准送医院，如果给我上了氧气，假使我走了，做鬼都要托梦吓你一下！（众笑）

> 时彼病人，亲属知识，若能为彼皈依世尊药师琉璃光如来，请诸众僧，转读此经，然七层之灯，悬五色续命神幡，或有是处，彼识得还，如在梦中，明了自见。

我晓得很多庙子都在做药师佛消灾延寿的法会，很多信佛的，在家也供药师佛。那么，这里头有很多问题。

他说，这个人将死未死之际，先是意识不起作用，四大分散，最后才是第八阿赖耶识离去，研究唯识，这些都要搞清楚。

医院里上氧气的人，等于已经死了十分之七八，甚至十分之八九，到身体完全冷却了才整个死亡。但是一个人断了气，身体不会完全冷却，你摸他的身上会有象征，总有一部分还保存微温，第八阿赖耶识还没有完全离开，这个时候，身体碰不得，碰到，虽然没有知觉，但是有感受，感觉很不舒服，这就是神识。

所以，唯识讲八识——八个部分，现在心理学只晓得意识。西洋心理学充其量只晓得下意识，下意识还是第六意识，心理学对第七识似乎还不能了解，第八识更不懂了。心理学若要更深一层地研究，必须要了解佛学的唯识论。

死而复活

这个时候，据佛经上说，还可以救，不过很难了。这时亲属朋友们，或感情最好的人，“若能为彼皈依世尊”，为病人皈依药师琉璃光如来。“请诸众僧”，我讲真话，不讲客气话了，出家要修到无心地，才能称僧宝，换句话说，已经开悟了、得道了。其次，因出家而戒律精严的，也可以称僧宝，在家悟了道的，也可以属于僧宝之流。普通不管在家出家，修持没有到达无心地，或者戒律不精严，不能叫僧宝。但是，不管念佛也好，任何法门能够做到“至心受持，一心不乱”，也属于僧宝。

“请诸众僧”，请得道的高僧，“转读此经”，专念这个经典，“然（燃）七层之灯”，七层宝塔都放灯光。有许多庙子的药师法会，就是燃七层宝塔的灯光，现在用电灯很方便，过去用油灯。中国有很多风景名胜的塔庙，就是盖七层。

“悬五色续命神幡”，挂五色续命神幡，庙子挂着用布做的，长长地垂挂下来，有一定的尺度，有一定梵文咒的画法，现在也有流传，是不是完全合规定有问题。

“或有是处”，五色续命神幡挂起来，要供养僧众，请得道高僧来住持，借佛法的法力“彼识得还”，可以把还没有完全离开身体的神识拉回来，这是勉强而行之。古人的确有这种成果，我年轻学佛时，在大陆也看到过。

譬如我老师的岳母，快要断气，老师和师母俩人跑去找皈依师父光厚老和尚，我们都晓得他是肉身罗汉，有道。老师和师母两人跑去把他拖来。他说：“你的丈母娘已经死掉，我有什么办法?”“师父啊！我皈依你干什么？皈依你就是崇拜你有道啊！这一下就是用到师父啦！你不行，我皈依你干什么，我还叫你师父啊?”“去！去！去！你这种徒弟，讨厌！我不要！我不要。”“管你要不要。”两人就把他从床上拉出来。“哎啊！要死了，我有什么办法?”“管你有没有办法，你跟我去看看!”他一来，在老太太头上摸两下：“喂！起来！起来!”老太太就醒过来了，就好了，那真是怪！

他一年到头只穿一件衣服，又脏又臭，烂兮兮的一个和尚，他就有那么大的神通。人家说师父啊！你真是道德高，“去！去！什么道德！什么神通！我晓得什么?”“她本来没有死嘛！你们以为她死了，我动动她，她就醒了嘛!”他也不承认，有道的人他不会说自己有道，说自己有道的人，那个道也差不多了。

例如世界上有些人，说自己又懂得鬼，又懂得神什么的，自己还是迦叶尊者投胎转世啊！有人问他：“南怀瑾你认识吗?”“认识，我们还是师兄弟。”“哪里的师兄弟?”“释迦牟尼佛前在一起的。”我还不晓得我们是释迦牟尼佛前在一起的，他都知道，奇怪了。所以，只有像光厚老和尚这样有道的高僧可以做得到，但是多难啊！

“或有是处，彼识得还，如在梦中。”等他回来，醒了，好像从梦中醒来一样。

“明了自见”，自己离开身体以后的经历，他都记得。还有些则不一定，你就是请有道的高僧念经，照这个办法，点燃七层之灯，挂起五色续命神幡，也不是一下就可以救回来。

或经七日，或二十一日，或三十五日，或四十九日。

或者经过七天，或者三七二十一天，或者三十五天，或者七七四十九天，以七天来计算。这样也许可以勉强把他拉回来，但很难啊！

我们看过《三国演义》，诸葛亮晓得自己要死了，他也用这个方法，自己修了七七四十九天，最后只差一天，碰到魏延进来报告前方军情紧急，一进来，报告大元帅，砰！一脚把前面的灯给踢掉了。诸葛亮说算了，没有办法，我命休矣！再也救不回来了，因缘很难凑合。虽然是小说，但那些小说多少有所根据，古人有修过。或者四十九天拉得回来，但都很难。你说亲人来修，亲人又要招呼病人，又要修这个法，谈何容易啊！

彼识还时，如从梦觉，皆自忆知，善不善业，所得果报，由自证见，业果报故，乃至命难，亦不造作诸恶之业。

他说这个人活过来，“如从梦觉，皆自忆知，善不善业，所得果报，由自证见”，梦中醒了，自己平生所做的善事恶事都知道，自己的果报也晓得，因为“由自证见”，看到业果的报应。“乃至命难”，感受到我们活着的这个身体生命，你看起来不宝贵啊！困难得很，很宝贵。因此改过向善，也“不造作诸恶之业”，不造恶业了，这才改得了，你看多难！

现在大家都在修药师法会，点灯啊！每个人点一盏灯出五百块钱，药师佛保佑我活一百岁，那我还愿意出五千块钱呢！我还想活五十年，哪有那么便宜的事？那就是迷信，正信修法好难哦！

是故净信善男子善女人等，皆应受持药师琉璃光如来名号，随力所能，恭敬供养。

要净信，不要迷信。“随力所能”，平常就要修行，不要临时抱佛脚，平常要这样修，修密宗也是。像我的佛堂，灯昼夜都亮着，不只是药师佛的灯，供的任何灯任何东西都是一样。譬如所供之水，随时都要换，要很恭敬。那么，这是什么道理呢？这就是《药师经》的密法了。

脚底心为何是红的

刚才有两位同学看了药师佛像，提了一个问题很好。你看一堂人，看了就看了，没有人提问题，这是不得正信，出家在家一样。你们再看看，佛像有什么问题？虽然这两位同学并不是大智慧所提出的问题，但是他们很留意。他说：老师啊！药师佛一身都是青光，脚底心怎么不同？是红的。我说你参参看啊！第一个同学讲了，第二个也来问这个问题，怎么脚底心是红的？

一个真正学佛修道的人，随时随地都是话头，都是问题。如果觉得自已很聪明，一点都没有问题，实际上是个大笨蛋，笨蛋中的臭皮蛋，还发酸哩！笨得这个样子！药师佛像天天看都提不出问题。

肉身修持到了的人，本身中脉通了，自然都是在天青色的境界中，像早晨起来，东方太阳刚出来，万里无云，天是青的，朝气，生气，这是修行到了。那么，脚底代表什么？脚底心是生命的根源，如果肉身修到了，这个肉身可以不坏。它是欲界的升华，炼精化气，红代表了能源。所以功夫到了，手心脚心发红。人的生命在下部，精从足底生；人的衰老死亡，从脚底开始，越老两条腿越走不动。

因为有两个同学有眼睛有头脑，提出这个问题，我答复你们一下，不然，我就不讲了。

又如修药师法为什么要燃灯呢？点了灯就死不掉，那现在电灯多亮啊！世界上就没有死人了吗？这个灯真正燃的是什么灯！要提问题啊！现在我帮你们提问题，只好如此，无可奈何！

真正的灯是心灯不熄。七层宝塔也就是代表这个肉身。怎么叫七层？内在一步一步的功夫，一步一步气脉转化的功夫，加上自己修行的功德不断累积。怎么叫七层宝塔呢？前五识，眼、耳、鼻、舌、身，第六意识，第七末那识，所以是七层宝塔，不是八层，这些都有涵义的。这七层宝塔如何点亮呢？明心见性。明心见性就是点燃了心灯，如此就能发出生命的光辉，道理在这里。所以，学密法修行要通教理，这种教理不是普通的教理。

尔时阿难问救脱菩萨曰：善男子，应云何恭敬供养彼世尊药师琉璃光如来，续命幡灯，复云何造？

阿难问救脱菩萨，你讲出这个秘密的法门，救苦救难，脱离苦海，那么，供养药师佛的灯与幡是怎么制造呢？这是讲有形的，庙里药师法会经常用。

供养比丘僧

救脱菩萨言：大德！若有病人，欲脱病苦，当为其人，七日七夜，受持八分斋戒。

“大德”是客气的称呼。你为你的亲属发愿“受持八分斋戒”，吃长素更好。

应以饮食，及余资具，随力所办，供养比丘僧。

应该用饮食或其他资具，随你能力所及，譬如我穷，只有一块钱，我供养一块钱；你有钱，能花一亿就花一亿，供养出家的法师们。所以学佛第一步，先学供养。将来再好好跟你们讲，现在佛学很昌明，大家不晓得修佛之道，搞了半天不晓得为什么要供养？什么是供养？上次提到四事供养：饮食、衣服、卧具、汤药。那么，为什么拿钱供养呢？因为钱是通货，可以自由选择买到这四种，供养是诚心，尽我所有供养。

密宗木讷祖师很穷，去见师父学佛，师父不理他，因为他没有拿供养来。难道他师父真的贪财啊？那是测验这个人的心。师父啊！我只有我自己供养你，身口意供养。

现在你们也学啦！老师啊！我身口意供养你。这些都是空话！造业！身口意供养，你的身体都属于我的啰！我说大便是香的，你去吃，你就要去吃，你做得到吗？喂！你身体都供养我，就属于我的嘛！随便造口业，以为自己讲得很好听。你要晓得讲这句话是造口业，有口无心叫妄语。

木讷祖师真的身口意供养，所以他师父还用各种各样方法试探他，故意叫他一个人盖房子，花了几年的力气，一个人背着砖头木头盖，盖好了，问他：你盖这个干什么？师父叫我盖的。没有啊！我没有讲过这句话，那块地好好的，你给我盖房子？拆掉！拆掉就拆掉，哎呀！师父我错了，大概当时听错了。等他拆完了，师父说我后面有块地，你要给我盖房子，又去盖。东西南北都盖完了，背砖头背多了，背都烂了，骨头都露出来了，还被师父打、骂。师父的儿子看不过去，来帮他搬砖头，被师父知道，把他叫来痛打一顿、骂一顿，你算什么东西？我的儿子多娇贵啊！你怎么可以跟我儿子比，叫我儿子帮你。师父啊！不是我叫，是师兄自己来帮忙。嘿！不行。打了以后，拆掉。他又去拆掉，没有怨言。师父暗中都在掉眼泪，故意磨炼他，晓得他业重，用这种方法来消他业障，可是他没有怨言，没有翘个嘴巴说：师父我要回去了，或者我怎么样了，再不然就毁谤老师，或者跟老师发一顿脾气。

哎呀！我看你们那个业造的啊！地狱里建筑工程也很快，已经加了好几层，将来地下室有你的份，真的。当然我不是明师，不过现代人不懂得修法，以最小的小心眼，最便宜、偷巧的代价，想求如来大法，正如达摩祖师所说："诸佛无上妙道，旷劫精勤，难行能行，非忍而忍，岂以小德小智，轻心慢心，欲冀真乘，徒劳勤苦。"

你看二祖求法，砍了手臂还挨了骂。自己没有钱供养，把手臂砍下来，师父啊！这表示我的诚心。达摩祖师也不吃腊肉，更不想吃人肉，二祖为什么把手臂砍下来？没有东西供养，以身供养。

你们现在来骗人，老师啊！我以身供养。我听多了，也看多了。无上大法，旷劫精勤，岂是小德小智，轻心慢心，所可妄自希冀。达摩祖师也讲，佛法无上妙道，多生累劫修来，你献一点小殷勤，拍一点小马屁，表示自己很恭敬，嘻！你不要来骗我。你看他这样骂二祖，木讷祖师也一样受骂，古人是如此求法求道。

现在讲供养，红包里放一点钱，好像买法一样。真正有道的人，给你买得了的吗？你金银财宝堆积如山也没有用。你是个至诚的人，一毛钱不花，你跑开，他还拉你，假如你是那个根器的话。这是佛法的重心啊！

昼夜六时，礼拜行道。

这里讲到供养佛、法、僧。“昼夜六时”，一天二十四个钟头，古人一天十二个时辰，一个时辰是现在的两个钟头。白天六个时辰，夜里六个时辰，叫昼夜六时。

礼拜行道

“礼拜行道”，要拜佛、拜法、拜僧、拜师，你做得到吗？你磕九个头，腿就爬不起来了！昼夜六时礼拜，还要行道，什么叫行道？譬如修般舟三昧也叫行道，随时随地都在戒律中。你们要注意啊！真正行香时，两只眼睛只准看地下前面三尺或五尺左右，目不斜视，端容正走不变，随时心念专一。哪像你们行香？快点！快点！（轻声）有时看到别人，心里还生气。你们还行道呢！我都看得很清楚，只是跟着玩玩，实际上我也是，老了，没有东西玩，看着你们好玩，跟着你们玩。什么讲经说法？都是跟你们玩的，哪里找到一个真正修道的人？

> 供养彼世尊药师琉璃光如来，读诵此经四十九遍。

昼夜六时，随时念诵此经，不是只念四十九遍，你不要只看到四十九遍以为占了便宜。“昼夜六时，礼拜行道”，一分钟、一秒钟都没有松懈，供养彼世尊。

“读诵此经四十九遍”，其实只念经四十九遍，那还简单，你要注意下面的两句话。

> 然四十九灯，造彼如来形像七躯，一一像前，各置七

灯，一一灯量，大如车轮，乃至四十九日，光明不绝。

或者画，或者塑七尊药师如来。每一尊佛像前，各摆七盏灯。现在都用电灯还方便，如果当时点油灯，点药师灯，哪有那么大如车轮的？昼夜还要亮着，那要多少油啊！我以前在峨眉山上闭关三年，点的是青油灯，储备了很多，这些都是钱！所以修密坛都是钱。

造五色彩幡，长四十九搩手，应放杂类众生，至四十九。

彩幡写上“南无药师琉璃光如来”名号。一搩手大概有六七寸，以此计算四十九搩手长。

“应放杂类众生”，杂类众生指的是飞鸟、乌龟、蛇鳖之类，最好的放生是放人，你去放放看。你们都买乌龟放生，现在我请你们把我放生掉，我也是众生啊！怎么放？假如你们能把我送到一个清净的地方，一天也不要讲经，也不要上课，万事不管，打打坐，我宁愿你们把我放生了，功德无量！

所以，“应放杂类众生”，畜牲道的众生不是人，但人也算众生，换句话说，你救人一命，比造一间塔庙还好。你当医生救人也好，你做好事救人也好，譬如此人快要被车子撞到了，你武功很高，手一推，把车子推开救了他的命，这算一件功德。你看培养功德好难啊！你以为供两个钱，哎呀！我做了功德。你做功德？你还做了母德呢！要注意啊！做好人做好事第一。

可得过度危厄之难，不为诸横恶鬼所持。

那么，这样到四十九天，这个难关过了，不会得横死，将来要得正死。什么叫横死？下面会讲到。

天灾国难

复次，阿难！若刹帝利灌顶王等，灾难起时，所谓：人众疾疫难，他国侵逼难，自界叛逆难，星宿变怪难，日月薄蚀难，非时风雨难，过时不雨难。

救脱菩萨再次告诉阿难，当一个国家的领袖，国家发生灾难，要把责任挑起来。譬如大传染病来了，当年我们看到瘟疫一发生，一天一个村庄，一下子就死光了，棺材用机器做都来不及。现在我们在台湾，大家都在享福，不要把福报享完了，很严重的，要修善啊！

或者“他国侵逼难”，譬如当年抗战，日本人打中国，我们受的就是侵逼难。后来美国在广岛投了一颗原子弹，遗害至今，现在日本果报还没有完，等于还在受美国控制当中。

或者自己国家叛变的灾难，或者是天文衍变，星宿异变的灾难，或者日蚀月蚀的灾难，或者“非时风雨难”，水灾，风灾，或者旱灾“过时不雨难”，碰到这些，为了息灭大众灾难，这个责任都在领导人身上。

彼刹帝利灌顶王等，尔时应于一切有情，起慈悲心，赦诸系闭。

这些皇帝对于自己国家的国民，应发起慈悲心。“赦诸系闭”，古代有大赦，把罪人都放了，历史上很多国家有大赦，有些人放了，有些人重罪减轻了。

依前所说，供养之法，供养彼世尊药师琉璃光如来。

照前面所说的办法，供养药师佛。

风调雨顺　国泰民安

由此善根，及彼如来本愿力故，令其国界，即得安隐，风雨顺时，谷稼成熟，一切有情，无病欢乐。于其国中，无有暴恶。

照此法做，领导人出来修，保佑一国国民的平安。

药叉等神，恼有情者，一切恶相，皆即隐没。

管这个世界的药师如来的护法有十二个神将，药叉神下面的小夜叉、恶神都不会来捣乱。

而刹帝利灌顶王等，寿命色力，无病自在，皆得增益。

在他本身的寿命，“色力”是他的身体，身体属于色法，会得长命。

阿难！若帝后妃主，储君王子。

皇帝的皇后、妃子。“储君”就是太子，如皇帝生了好几个儿子，一个是太子，其他都是王子。

大臣辅相，中宫彩女，百官黎庶，为病所苦，及余厄难；亦应造立五色神幡，然灯续明，放诸生命，散杂色花，烧众名香，病得除愈，众难解脱。

“黎庶”，即老百姓。“及余厄难”，碰到别的灾难。

尔时阿难问救脱菩萨言：善男子！云何已尽之命，而可增益？

阿难问救脱菩萨：你讲的好奇怪！怎么快要死的人，修这个法门还会救得回来，好奇怪！

救脱菩萨言：大德！汝岂不闻如来说有九横死耶？

你没听过如来说人的生命有九种横死吗？这句话答复了，正死的人没有办法救了。果报完了，就该死了，横死还可以救。

寿终正寝

现在时代不同，处理亡者的情形也不同。讲到中华文化《礼记》这本书，我们小时候在家乡，为什么讣文上写“寿终正寝”？老年人一定要死在自己家里的床上，正寝是父母住的大房间，一定是老年的父母睡。死了以后呢？按照古代中国礼节，父亲或祖父过世了，由儿子、孙子为他洗澡，抹完了换衣服，穿七套衣服，有几个女婿就盖几条被子。我过去看过某位老太太死了，盖十二条被子，十二个女婿，一人一床。老太太死了，由媳妇、女儿洗澡、换衣服，慢慢地移动。刚死不准动，放在门板，抬到正厅，点上灯，灯是引路，实际上是《药师经》的道理。一盏明灯照路，三天不准动，所以要守灵，而且要守在死人旁边，有几个原因要说明，因为中国过去同佛学道理一样，不准随便碰死人的身体，要过三天以后才能动。什么原因？人有一种病叫假死，会死而复活，假死病也是横死病，不是真死，所以常有死后复活的情形发生。

现在不然，刚一断气就送殡仪馆，到了那里，全身脱光，像咸鱼泡在水池里一样，一股药水、死人味道，男女老幼都裸体放在池子里。到了出殡那一天，把他弄上来，刷呀！洗呀！就像洗猪一样，用刷锅的刷子，刷得干干净净，衣服都是别人搞的，口红一擦，一化妆，蛮像死人的样子。

古礼是最合道理的。可是现在不管了，只要一断气，心脏不跳了，也不管是不是完全死了，就已经抬走了，送到冰冻室、太平间一冻就死了。

我有个朋友死了，送到太平间以后，他们半夜把我叫醒，要我去处理，我没有办法，这种事我常干。我跑到太平间一看，那天台大医院生意特别好，停满了，里面阴沉沉的。还有一个朋友跟着我，我说你们站在门口等。我晓得他胆子小，不敢进来。他后来告诉我，去看那位朋友一趟，病了七天啊！

死人脸孔都盖住了，我进去一个一个拉开来看。太平间冬天都没有人，我说："请问管理员是哪一位？"叫了半天，我还真怕躺着的人当中，有一位站起来说："是我！"我还不晓得该怎么办呢！结果，总算管理员出来了，端着一个大锅，手上还端着一碗饭，夹了一块五花肉。他说你找哪一位？我说那一位。他嘴里含着饭，叼着五花肉说："这儿！这儿！上面那一个。"我真佩服，真要向他顶礼膜拜。这个时候，如果换是我，还不一定吃得下饭，为什么？你知道吗？旁边躺的都是肉啊！那可真难受，他还吃得蛮香的。我说上面我也够不到，他说你端个凳子嘛！上去一看，不错，再摸一摸鼻子，真断了气了，给他盖好下来。到这个时候，你要把自己空了，生死一如，没有什么。

> 是故劝造续命幡灯，修诸福德，以修福故，尽其寿命，不经苦患。

问题在这里，你说我念《药师经》怎么没有灵，你出了钱念就有灵啦？自己本身要做好事啊！要修一切福，做一切道德啊！"以修福故，尽其寿命，不经苦患。"你平常做好事，修福报，为自己的子孙，为自己的父母，为自己培养福报，才能不经苦患。

九种横死

阿难问言：九横云何？

哪九种横死呢？

救脱菩萨言：若诸有情，得病虽轻，然无医药及看病者，设复遇医，授以非药，实不应死，而便横死。

有些人生了病没有钱医治的，或者医生医错了的，都叫横死。

又信世间邪魔外道妖孽之师妄说祸福，便生恐动，心不自正，卜问觅祸，杀种种众生，解奏神明，呼诸魍魉，请乞福佑，欲冀延年，终不能得。

求神问卜，不好好医病，靠画符念咒，或者杀生拜神，算命看相啦！这些都不是正信，因此把病拖死了，也叫横死。迷信死的，求神拜拜啦！杀猪宰羊或画符念咒，吃香灰等等，这些都是横死。

愚痴迷惑，信邪倒见，遂令横死。

迷信邪见、倒见，把病人拖死了。

入于地狱，无有出期，是名初横。

走偏路迷信而死的，不但没有好处，还入地狱。这是第一横死。

二者横被王法之所诛戮。

第二种是犯了法，被判刑枪毙死的，杀头死的，坐牢死的。

三者畋猎嬉戏，耽淫嗜酒，放逸无度，横为非人，夺其精气。

因为打猎游戏，吸毒嗜酒嫖赌，花街柳巷跑多了，本来还可长寿，自己搞坏了，横死；或被鬼神取走精气而横死。

四者横为火焚，五者横为水溺，六者横为种种恶兽所啖，七者横堕山崖，八者横为毒药、厌祷、咒诅、起尸鬼等之所中害。

被火烧死，被水溺死，在山上被野兽吃掉，爬山碰到山难，吃药吃坏了，中毒而死，或者被画符念咒咒死的，或者起尸鬼之所中害。你们去看病人，或到太平间看尸体，不要学我，那真怪啊！其中那个尸气，的确很严重。我虽然那么讲，每次回来都要病好几天，不过别人看不出来，我内在晓得生病了，好久的功夫才把它赶出去。

尸气实际上是一种病气，你到底闭不住呼吸，非得呼吸不可，即使完全闭住呼吸，细菌还是会进来。一个人死了，腐坏、阴沉的尸气散发出来，闻那种味道实在很难过，功夫差一点，抗不住，所以进这种房间最好戴着菖蒲、茴香等避邪的口罩，万一死者眷属被尸气所侵，赶快买桑枝一钱半、艾叶一钱半、菖蒲一钱半、雄黄五厘、朱砂五厘。将桑枝、菖蒲、艾叶煎煮后，冲服雄黄、朱砂，并洗擦身体，可去除尸气。不然如果这样病死了，也是横死。

九者饥渴所困，不得饮食，而便横死。

第九种，饿死，渴死，都是横死。所以，你看正命而死有多难啊！无疾而终，寿终正寝，那个叫正命死。

是为如来略说横死，有此九种，其余复有无量诸横，难可具说。

现在只大概地讲到九种，实际上横死还有很多很多，说不完。

无疾而终

我们一般人死了都是横死，真正正命死的人，等于修道到家，无疾而终，预知时至，自己晓得，先说几时要走。我一个朋友修道学佛一辈子，人家不知道。大家总以为做特务的没有好人，做特务的好人多得很。像我这个朋友，来到这里，我在基隆，他也常来看我，道德极好。住在观音山，自己在祠堂修道。九月十九日前两天下观音山，邀一些朋友，九月十九日上观音山，请吃素菜，大家晓得他学佛。

九月十九日观音圣诞，大家到了那里，上个香，念观音菩萨。正在念的时候，他说你们念，我马上来。进去洗个澡，把衣服换好，穿个中山装，上个香，然后跟着大家一起念："南无大慈大悲观世音菩萨。"他拿了张椅子坐着，大家念了半天，回头一看，他还坐在那里。中午吃饭了，叫了半天，嘿！他已经走了，正死。他早晓得，还约好时间，大家一起来念观音菩萨，然后还洗了澡，衣服穿好，上香。

有一天，我们谈起这位先生，大家都很惊讶，又很赞叹，他是这样走的啊！"高明！真高明！"你看他那权力之大，日本人投降，上海几家大银行要他来接收。要说贪污，那钞票多得会把他压死，结果没有。银行老板、上海工商界老板都到了，只知重庆派了一位大员接收，"是哪一位呢？"大家都在欢迎。结果他穿一件破中山装，他不是故意的啊！他没有钱嘛！他很清廉，中山装始终是破的，缝缝补补。他早就坐在旁边，大家以为这个是倒茶的工友，没有注意到。结果到了时间，大家正不知这位大员在哪里，他却站起来说："我是某人，已经到了，现在宣布开会。"所以你要晓得，很多行菩萨道的都在世法上，你们看不出来。

这样才是正死，他也不告诉你哪一天走，只说办素斋请你们吃饭。大家跟他都有交情嘛！面子上当然要去。他邀的都是信佛的，他的朋友很多，不信佛的他也不请，免得人家啰嗦。

其实每个人生命都可以正死，寿命都很长，可是大多是横死。

灯的涵义

《药师经》所提示的药师法门，其修行的原理在哪里呢？先要以现行的、现在的意识作为生起次第。换句话说，拿现在的名词来说，要从自己的心理建设开始，先扩充自己的心量、愿力，学习药师佛初发心的大愿，以舍己为人为目的。先由心的转变，然后是身的转变。

普通显教都晓得点灯，《药师经》上所讲的灯，以及造《药师经》上所讲的十二神幡。我们现在所流行的显教，庙子上做消灾延寿的法会，燃灯四十九盏，挂的幡虽然不一定有十二个，但也都挂了，只是挂的不同而已，都想以表面的灯与幡，来求得消灾和延寿。有时有效果，这个效果是因为人的诚心，诚能感天，是第六意识的现行所造成坚强、坚固的意念所做到的。这个坚固的意念，不外乎是定的关系，一念至诚就是定，就是佛所说的“制心一处，无事不办”。

真正要修到不死之法，要晓得燃灯与十二神幡的涵义。所谓燃灯，必须要在自己定慧的境界上，发起身心内在的自性光明，这个自性光明不是像禅宗或其他的宗派所讲的理上的自性光明，而是密宗的生起次第着相的光明，也是自心内在由定所引发的光明，等于《楞严经》上所说的“脱黏内伏，伏归元真，发本明耀”，就是定力到某一种程度，六根六尘的关系解脱了，自己制心一处，在内部，这个内部不分身体的内或身体的外，就是那个宁静的内部，由自性的功能所发起的神光。那么，在西藏的密法，把这一类的神光，用中文翻译有两个名词，一个名词叫它是“拙火”，一个名词叫它是“灵能”或“灵力”。

所谓拙火，是形容的观念，就是说人体的生命上有一种功能，它永远不发生作用，等于一个笨人，他永远是笨的。到什么时候发生作用呢？当我们把六根六尘，后天的妄念，乃至心理上后天的情绪，一切解脱平稳的时候，生命的这种基本功能就会发起作用，这个时候它并不笨。显教的经典，从东汉以后，一直到唐宋元明清的翻译，就叫作“三昧真火”。

这个东西在《楞严经》的道理怎么说呢？《楞严经》第三卷开始以后，讲物理世界的“性火真空，性空真火，清净本然，周遍法界，随众生心，应所知量。……起遍世间，宁有方所”。它在宇宙的生命与我们人体的生命中间，无所在，但是也无所不在，要真正得定到一个相当的境界，严格地说，要到三禅定才会真正发起这个拙火光明。

那么，发起以后有两种修法，一种就是发起定，定在拙火光明境上，进入四禅的境界，最后自己到寿命的尽头，业报到最后结束时，以自己定慧的功力，不需要借助外来的、人世间的火力，而把自己炼化。这种情形的修法，在经典上记载，过去在印度，乃至于佛教传入中国，东汉到唐宋这个阶段，还有很多修行人可以做到。元朝以后，明朝、清朝一直到现在，很少见了，并不是因为时代的不同，而是因时代愈向后走，一般人发心修持的功力，同修持理论上的见解不彻底。拿唯识来讲，这是对“证成”的道理不知道、不清楚，一般人统统在“观待”道理，在思想理论上转，把佛学佛法真正的修法，都变成空谈了。

所以，这必须要证成道理完全修通、搞通了，修持就完全对了。

这是讲药师佛所讲的“灯”，它真正的涵义，是燃起这个父母所生的肉身，内在生命的光辉，那么它自然可以消灾延寿，拿中国的道理来说，自然可以长生不死。

十二神幡的涵义

其次，所谓十二神幡，在《药师经》上的涵义是什么呢？现在显教庙子上所挂，用布绣些莲花的神幡，这些一挂就可以消灾延寿吗？不可能的。这是个表法，是显教表达道理的方法。所谓十二神幡的涵义，在《药师经》就要圆满结束的时候，明白地告诉大家，它同医学上所讲的，尤其中国医学所讲的十二经脉，有绝对的关系。

我们研究《药师经》，有一点要特别注意，前面一开头，先说明了药师佛的十二大愿，最后本经圆满的时候，说出了十二神将。中间告诉我们如何祈求到药师佛消灾延寿的效果。事实上道理就在神灯与神幡的表法。所谓表法是象征性的意义，好比我们现在流行的术语，某一样东西是某一件事情的象征。象征是个比喻，拿因明三支宗、因、喻的逻辑讲，宗是目标宗旨、大前提；因，引申地说明理由、理论，或者演绎，或者归纳；喻，世界上有许多真正的道理，不是言语文字所能表达，换一个东西来比喻，来做象征，我们反而清楚了。表法的意义，就是因明“喻”的道理。那么经典上所讲的意义，我们就清楚了。

因此，研究完了《药师经》以后，归纳一句话，不是光口念就能达到绝对的效果，要注意啊！要想达到绝对的效果，必须要心行，由现行心理上的修持，然后影响到身，身心合一的那个心行，才能够做到。

我们在圆满结束本经以前，要向大家特别提出来注意，今后大家修持药师佛的忏悔法，或者能够得到真正的效果。现在我们再看原文：

> 复次，阿难！彼琰魔王主领世间名籍之记，若诸有情，不孝五逆，破辱三宝，坏君臣法，毁于性戒，琰魔法王，随罪轻重，考而罚之。是故我今劝诸有情，燃灯造幡，放生修福，令度苦厄，不遭众难。

这一段原文的经典，是佛经后期翻译加进去的。琰魔王就是我们普通所讲的阎罗王。在中国汉朝以前，没有这个名称，我们要特别注意。琰魔王是佛教文化传过来以后所翻译的文字。阎罗王的名称，是两晋以后，因翻译佛经，佛教文化进入中国以后才出现的，佛经文化加入中国文化，所以构成了天堂地狱的分际。

到了唐代以后，因为佛经大量翻译过来，所以把地狱里的阎罗王，以及佛经原有十八层地狱的说法，慢慢地把地狱分成了十殿，每一殿有一位阎王。用现在的观念来说，我们的文化非常高明，把天堂、地狱都变成人世间的政治组织一样。如果要研究比较宗教，是非常有趣的。

这十殿阎王的人选，在中国换了很多。比方我们都晓得小说上所写的包公（包拯），宋朝的大臣，一般叫包青天，本来他是第一殿阎王，因为他太严谨，人世间的灵魂一死，到他面前就没救了，统统都下了地狱。后来我们的地藏王菩萨看不过去，把包拯叫过来，“这样不行啊!”所以把包公调到第十殿阎王。地狱审判，等于法院庭审，有各级法院之别。初殿阎王判了，送到二殿，二殿审了，还是不行，一殿一殿审下去，最后十恶不赦的人，再送到包公那儿，没有转弯的余地了。不过还有个人转弯，最后地藏王菩萨会来转弯。

所以，我经常跟神父牧师朋友说笑，我说个比方给你们听，你们做生意啊，怎么样都做不过佛教。每个宗教都在开观光饭店，而且都鼓励人家不要怕死，死了不要紧，到我的天堂来，我尽量招待，怎么好怎么好，最好现在就信；信了，我给你一个证明，将来死了就可以得救。但是佛教说，不要怕死，死了以后到我那个观光饭店，比他们天堂还要好，哪里呢？西方极乐世界。那万一我下了地狱呢？不要紧，我们有分号，有地藏王菩萨在那里等着。万一我上了天呢？不要紧，上方世界也有很多佛。万一我不死不活，在人世间受苦怎么办？不要紧，苦海茫茫有大慈大悲观世音菩萨。

这些我们看似笑话，却属于比较宗教学的范围。世界上没有一个宗教像佛教一样，四面八方布置了那么多，下了地狱还有十八层。当然，加上我们常说的笑话，现在的人越来越坏，我想现在的地狱还有地下室，地下室也修了几十层。

这个道理说起来是个笑话，在佛学里是属于“不了义”，要特别注意。不了义教有没有地狱？有没有天堂？绝对有。这要彻底地了解，所以要诸位法师们特别研究唯识。但是，是绝对真有吗？“缘起性空”，唯心净土，唯心天堂，唯心地狱，这属于了义教。

所以，《药师经》的本经，你就很难判断了，因为它是通显密两端的，看起来是不了义教，但彻底研究起来，它又属于了义教。我们介绍了这个道理以后，然后才可以看这一段《药师经》，不然对于现代的青年、现代的思想，简直是不能接受，不可以想象。

前面讲过，人的生命有九种横死。这个世界上，没有几个人得正命而死，多数都是横死。正命死的人，无疾而终，那才是正命而死。现在假定活一百、一百二十岁，照真正佛法的观念，往往还是属于《药师经》所说的横死。除了一种人，属于再来人预知生死的，几时要走，事先知道，通知朋友几时走，再见，这不属于横死，属于正命而死。即使是我们一般的病死，是不是医药所误都有问题，所以大部分还是属于横死。

如果真正修持的人，《药师经》所透露的消息，生命是自己可以控制的，自己不能把握生命而受生老病死，尤其是病死横死所支配的，都不算是八正道的正命。因此我们要共同地惭愧，自己没有正命地活着。

佛法重孝道

我们这个娑婆世界是属于南阎浮提，在四大洲中的人，而这个管区的生命都属于阎罗王所管。“不孝五逆”，谁说佛教不重孝道？我们晓得佛说法，最注重孝道，不要认为释迦牟尼佛因为出家，就认定佛教是不重孝道。

我常常告诉青年朋友，特别注意，我们有本小说《红楼梦》，这本小说在过去非常流行，这个世纪把它变成一门学问，叫作红学。过去我们看《红楼梦》，年轻的时候迷得都会背。《红楼梦》你真懂的话，那是一部禅学，一部佛法。第一回合开始讲贾宝玉有两句话：“负父母养育之恩，违师友规训之德。”我们在座的人反省反省，我们做了一辈子人，学佛的人都说“上报四重恩”，四重恩有一重是父母恩。我们报了什么？都是负父母养育之恩，违背了师友的教化、教育的德性。一生无所成，造了一生的业，所以贾宝玉最后出家了。

但是你注意，《红楼梦》描写贾宝玉出家，他的父亲说，我只有你一个儿子，你必须要讨个媳妇，给我生个后代，有孙子才能出家。好！就结婚给你生个儿子。又说你要出家可以，必须给我考取功名，因为贾宝玉最反对读书考功名。好，我给你考取。考取了功名，这一下我可以出家了。然后，走了。你看，这是贾宝玉的做法。

你再回过来看我们的老师、教主本师释迦牟尼佛，他要出家，父亲不答应，因此结婚生子都做好，最后出家。成道后，把儿子罗睺罗也度了出家，这是另外一件事。等到释迦牟尼佛父亲死的时候，他自己、阿难两兄弟——释迦牟尼佛的亲堂兄弟、罗睺罗——释迦牟尼佛的儿子等四个人，绝对不准任何人碰父亲的棺材。四个人亲自抬了棺材到灵山，到他说法的讲堂旁边，亲自埋葬，非常讲究孝道。

所以一个人对生身的父母、亲长没有尽孝，人道未尽而能成佛者，绝无此理。青年同学们特别注意。

五逆之罪

所以，很多佛经上提到，不孝不能得好结果。现在也告诉你，“若诸有情，不孝五逆”，不孝是一种。讲到五逆，特别要注意，忤逆是刑法上的一种罪名。你们青年同学研究中国文化、法律的，特别注意，我们汉朝的法律没有“忤逆”这个名词。到宋朝以后，明朝、清朝的刑法出现了忤逆的名词。这是文化交流受佛教的影响。像我们小时候假使一个小孩学太保，便会听到老一辈的讲：“哎呀！某某小孩犯忤逆。”忤逆是个统称，对父母不孝，一加了罪名就是忤逆。忤逆也代表了不孝顺，这是中国文化。

所谓五逆，在佛教里的解释是：杀父、杀母、杀阿罗汉、破和合僧、出佛身血。五逆在佛学名称上包括了这五种内涵。“破辱三宝”，破辱这两个字要注意，破坏佛法的和污辱佛法的。破和辱的情形有轻重，等于我们研究法律，蓄意伤人可以判五年到八年；假使过失伤人，则判三个月到一年，甚至可以判缓刑，因为一个是有意，一个是无意。破坏三宝罪重，污辱三宝罪轻，但都是犯罪。

我们注意啊！不孝是一种，五逆是一种，破坏三宝是一种，污辱三宝是一种。

因果报应非常快

前几天我们几个老头子坐在一起吃饭，偶然谈笑，也谈真话。想当年五四运动以后，又过了几年，北伐成功了，在激进分子鼓动下，全国破除迷信，把庙子上的神也好，菩萨也好，一个个打了丢到茅坑里去。我们还看到把菩萨塑像绑了，在街上一路拖，又拖又打，又拿小便大便浇到菩萨像身上。当年看到觉得蛮好玩的，我们在座很多老前辈说：是啊！我们当年看到都是这样搞。

我说后来我所看到那些动手的人，没有一个得到好结果的。奇怪了！你说有没有果报？非常明显。据我所晓得，我那个时候，同学好多参加的，像我可以说胆子非常小，看看而已，奇怪，也没有那个胆子去做。有几个很勇敢，上去把菩萨像砍了，往露天的茅厕一丢，然后拍掌大笑。后来过不了几年，等到我从外面念书回来，一问，这些人都报销了，死掉了。怎么死的？听说一个个都死得很惨。你说讲因果报应是空洞的话，但是拿时间来看，一个一个都很明显，尤其我现在感觉到，这个时代，因果报应非常快，大概阎王那里也电脑化了，最近这几年我亲眼看到，简直是现世报嘛！看不出来或是没有感觉，那是因为我们没有定力，没有冷静观察。

这些都是事实，所以了义教的佛经告诉你，天堂地狱在哪里？都在人世间。昨天还有个朋友告诉我，他说，哎呀！今天好难过。我说怎么啦？他说一个亲戚住进了精神病院，一个电话打给他，他就去看了。那个精神病院简直是一个牢狱。我说你看到的还是好的，你没有看到过私立精神病院，一进去你就感觉到，完全是牢狱。所谓地狱在哪里？就在这里。

换句话说，现在医学是进步了，你到开刀房一看，尤其我站在旁边一看，医生护士穿了绿色的衣服，戴上绿色的帽子，全体都是绿的。当一个病人麻醉过后一醒来，看到的就是地狱的境界，你看到的决不会是护士，而是鬼影憧憧。科学的治疗是非常进步，的确对人类有恩惠，但在意识的境界上，地狱就在现有的人间，所以我们要特别注意。

君臣制度就是社会秩序

那么，佛经上讲的不孝、五逆、破坏污辱三宝以外，统统是人道来的。“坏君臣法”，这是古代的文化，君臣，我们看似非常落伍，认为是帝王思想。错了！“君臣”两字，在中国固有文化，不是帝王思想。君是年高有德，足以教诲人、足以领导人都称君。因此我们文化里称君子，子就是先生的意思。臣是听年高有德的人所领导的，所以上古文化“君臣”两个字的意思，以现代话来讲就是“社会秩序”。

秦汉以后的帝王制度，跟周朝以前的君主制度，在中国政治史上是两个阶段。由三代到周朝，那可以说是民主的君主制度；秦汉以后则是绝对独裁的帝王制度。所以秦汉以后的君臣，已经变成统治思想的一种观念；秦汉以前的君臣，是社会礼俗的一种观念。所以，现在我们看到君臣两个字，拿新的观念来理解它，就是社会的秩序，换句话说，是伦理道德。所以说，“坏君臣法”是破坏了伦理道德，破坏了社会秩序。

“毁于性戒”，破坏了根本信念，破坏了根本戒律。戒律是什么东西？简单地下一个定义，就是道德行为的规范。就是破坏了道德行为根本的规范等等，这一切事情，这一切人世间现行的罪行，都归琰魔王随罪轻重加以考核。简单明了地讲，阎罗王主管人的生死，中国过去民间传统的习惯都是那么看的。

那么，要修药师法，如何脱离主管生死的范围呢？“放生修福”。注意啊！不是光念药师佛，一个本钱不花，嘴里念一念，然后烧一炷香，拿一块豆腐拜一拜，回来豆腐还可以用油煎一煎吃，然后心里想：佛一定会保佑我，因为我拜过了。你看！以这种功利思想、功利主义来学佛，行吗？这样你念了一辈子的消灾延寿药师佛，效果也很微末。必须要配合行为功德，“放生修福”。注意！“令度苦厄，不遭众难”，帮助别人，度脱别人的痛苦，牺牲自我，救度别人，乃至救度一切众生，使别人不遭众难，使一切众生不受灾受难，然后加上你自己修药师如来的法门，才能得到正果报。

所以，我们大家念经拜佛，经念完了，应该做的事统统没有做，好像我已念过经了。等于社会上的帮会拜了大哥，拜了老师，你一切就要给我负责，我犯罪都没有关系。这种学佛心理完全错误。

本经就要圆满结束，再告诉大家一个修持的手印，由诸位自己去修了。

现在我们先念一段经文，十二神将的名字，记住啊！

十二药叉神将的奥秘

> 尔时众中，有十二药叉大将，俱在会坐，所谓：宫毗罗大将、伐折罗大将、迷企罗大将、安底罗大将、頞你罗大将、珊底罗大将、因达罗大将、波夷罗大将、摩虎罗大将、真达罗大将、招杜罗大将、毗羯罗大将，此十二药叉大将，一一各有七千药叉，以为眷属。

药叉的意思解释过了，有两种。药叉的翻译就是夜叉。有人平常骂人，尤其骂女性朋友，很难听，骂母夜叉。但是中国文学搞错了，好像母夜叉代表又凶又丑，不是的，这是外来文化，由印度佛教文化传来的。夜叉神将，有地夜叉、天夜叉、虚空夜叉，像虚空夜叉又是药师经所讲大菩萨的化身、金刚菩萨的化身。男性夜叉都非常威猛，现金刚相，是大菩萨成就的境界；女性夜叉非常漂亮，都很美丽。

药师佛有十二大愿，真正护法的十二大金刚菩萨，现身为十二夜叉，他的名字就是咒语，千万注意，要记住，十二夜叉的名字就是咒语。

念的时候，下面称号可以去掉，十二药叉的名字一路念下来，最后加一句菩萨摩诃萨，非常灵验啊！因为我不喜欢保密，显也好，密也好，到我手里，我都公开，我的想法也是愿望，道是天下之公道，法是天下之公法。有缘，有信心，你自己拿去；没有缘，没有信心，单独传给你，你也修不成功。

我们晓得佛过世以后，一千四百年间，玄奘法师还没有到达印度以前，唯识宗的一位大师，叫护法，玄奘法师后来所翻译的《成唯识论》主要是取自他的理论。护法大师认为自己所证的义理到了，但是不想肉身死亡，要等待弥勒菩萨下来给他证明，看看他说的法对不对。因此，怎么办呢？念药师佛的名字，求长寿，念了十二药叉大将的名字，求观世音菩萨加庇，结果观世音菩萨现身，带领他，帮忙他结手印，念十二药叉大将的名字，一个岩石山洞打开了，药叉大将亲自把他领进去，然后这个岩石封闭了。所以他在岩石里面等待弥勒佛下来，肉身不坏。

因此，药叉神将名字在唯识宗的记载上，是非常有效果的，要注意，不要轻易看过去。

药师佛的手印

你们要求得成就，必须学会结药师佛十二神将的手印——中指交叉放在两个虎口上，两只无名指交叉，右边压左边，放在中指背上，两个大拇指按在两个无名指头上，食指、小指立起来。手印合掌当胸。

祈求南无药师琉璃光如来，念药师咒一百零八遍或多念，然后念十二神将大名，末尾加金刚菩萨摩诃萨，念一百零八遍，或多念更好。至心诚意，最后不念时，手印从顶上散开。

注意啊！修一切供养，尽心修持，必定成就，我希望你们诸位在座有缘的个个都成就。

同时举声白佛言：世尊！我等今者，蒙佛威力，得闻世尊药师琉璃光如来名号，不复更有恶趣之怖。我等相率，皆同一心，乃至尽形归佛法僧，誓当荷负一切有情，为作义利，饶益安乐，随于何等村城国邑，空闲林中，若有流布此经，或复受持药师琉璃光如来名号，恭敬供养者，我等眷属，卫护是人，皆使解脱一切苦难，诸有愿求，悉令满足，或有疾厄求度脱者，亦应读诵此经，以五色缕，结我名字，得如愿已，然后解结。

所谓五色丝线打幡结，一边结，一边念。这个结可以打成最简单、最普通的蝴蝶结，一边结，一边念，念完了打十二结，挂起来就是幡。十二神将的名字，一边打一边至诚念，自己生病时念药师琉璃光如来，或打结念十二金刚菩萨神将名字，挂在自己旁边或病人身上，等他好了要散结，不要老是结着。

吉祥圆满

尔时世尊，赞诸药叉大将言：善哉！善哉！大药叉将！汝等念报世尊药师琉璃光如来恩德者，常应如是利益安乐一切有情。

尔时阿难白佛言：世尊！当何名此法门？我等云何奉持？佛告阿难：此法门名说药师琉璃光如来本愿功德，亦名说十二神将饶益有情结愿神咒，亦名拔除一切业障，应如是持。

时薄伽梵，说是语已，诸菩萨摩诃萨及大声闻，国王、大臣、婆罗门、居士、天龙、药叉、健达缚、阿素洛、揭路荼、紧捺洛、莫呼洛伽、人非人等，一切大众，闻佛所说，皆大欢喜，信受奉行。

药师如来的咒已经传过了。没有祈求，打坐自修的时候，手印可以置于脐下腹部。有祈求的时候，这两个大拇指头动，然后加上十二神将名号。求药师佛的修法，修十方诸佛的修法，求菩提心快快成就，都同一个手印，这个手印可以修一切法门，求十方诸佛一切心中心的成就，可以使一切法门修持快速成就。

《药师经》讲到这里，吉祥圆满。

校 后 记

怀师讲述《药师经》之录音文稿，校读既毕，至为庆喜赞叹。怀师已将此经大义，发挥得淋漓尽致，必将大有助益一般学佛者，尤其是药师法门之修持者。若文字尚有疏忽之处，敬祈各方大德指正，以求至善。

尝思佛法无边，若论修持之道，不论繁简，要在当机。以药师法门而论，怀师此书既详且尽，受持奉行，确已有余。若行有余力，而思广泛研究，则流通较广的《大正新修大藏经》，即收有下列相关经卷：

一、第十四卷经集部有：

（1）《佛说药师如来本愿经》（隋・达摩笈多译）

（2）《药师琉璃光如来本愿功德经》（唐・玄奘译）

（3）《药师琉璃光七佛本愿功德经》（唐・义净译）

二、第十九卷密教部有：

（1）《药师琉璃光如来消灾除难念诵仪轨》（唐・一行撰）

（2）《药师如来观行仪轨法》（唐・金刚智译）

（3）《药师如来念诵仪轨》（唐・不空译）

（4）《药师琉璃光王七佛本愿功德经念诵仪轨》（元・沙啰巴译）

（5）《药师琉璃光王七佛本愿功德经念诵仪轨供养法》（元·沙啰巴译）

（6）《药师七佛供养仪轨如意王经》（清·工布查布译）

（7）《修药师仪轨布坛法》（清·阿旺札什补译）

（8）另有佚名之《净琉璃净土摽》。

三、第二十卷密教部有：

（1）《佛说观药王药上二菩萨经》（刘宋·畺良耶舍译）

（2）《日光菩萨月光菩萨陀罗尼》（出《观世音菩萨大悲心陀罗尼经》）

四、第二十一卷密教部有：

《佛说灌顶拔除过罪生死得度经》（东晋·帛尸梨密多罗译）

五、第三十八卷经疏部有：

《本愿药师经古迹》（新罗·太贤注）

其他各种《大藏经》版本也有很多《药师经》的注释。民国以来，流通的单行本，有何子培集各家注释的《药师经旁解》，太虚大师的《药师本愿经讲记》，弘一大师的《药师经析疑》，伯亭老人疏钞、普霖择要的《药师经疏钞择要》。至于仪轨方面，则有诺那上师传授的《药师琉璃光王修持仪轨》，贡噶上师传授的《药师琉璃光王如来修持仪轨》，以及《薰修药师忏仪》，梅光羲居士校正的《药师七佛供养仪轨》等等，不一一枚举。

但值得一提的是，木村泰贤、印顺长老都以佛教发展史来看，认为在《大宝积经》中已有东方阿閦佛净土思想，其次是阿弥陀佛净土思想的出现，然后是东方药师佛净土思想的兴起。有兴趣研究者，可将三者合参。概括地说，他力色彩较浓的西方净土，在中国大为盛行，而自力色彩较浓的东方净土，除消灾延寿的祈求外，少有受持奉行。因此，清朝玉琳国师、民初太虚大师大力提倡药师法门。怀师此次讲述，也大都就自力方面发挥，我想，当系有见于一般佛教徒，易于视死如归，而难于正视人生，进而大慈大悲的缘故。

在有关《药师经》的论释中，太贤法师引录《阿修罗经》云："琉璃光菩萨遇智胜佛初发总愿，宝顶佛所始发别愿。"可供了解药师佛因地之参考。而伯亭老人有两段话也值得引介：

一、由于能遍治凡圣世出世间病，故名药师："明炼方药，普治一切果报之病，乃四洲六欲师也；施诸戒善禅定法药，治人天身心恶业等病，三界九有师也；深达万法之源、一真之本，能令权小之流，五住尽、二死忘，三身圆、四智满，乃三乘十地之师也。"

二、以琉璃喻三身三智，内外明彻，故名琉璃光佛。三身为："法身光破烦恼障，报身光破业障，化身光破报障。"三智为："善巧观心，发实智光，破人我执；愿行观心，发权智光，破法我执；行处观心，发无碍智光，破二无我执。"

至于戴季陶先生，曾迎班禅大师于宝华山，建立药师法会，也本药师佛的十二大愿，而发下列十二大愿：

第一，遵行世尊本愿，政本优生，教重安养，使一切人民，身心美善，相好端严。世尊第一本愿，如实成就。

第二，遵行世尊本愿，培植德本，发扬慧力，使一切人民，本力充实，光辉普耀。世尊第二本愿，如实成就。

第三，遵行世尊本愿，广行四摄，勤修六度，使一切人民，自他方便，万事咸宜。世尊第三本愿，如实成就。

第四，遵行世尊本愿，服务社会，尽瘁人群，使一切人民，咸归大乘，舍身救世。世尊第四本愿，如实成就。

第五，遵行世尊本愿，精严戒律，调伏身心，使一切人民，身口意业，咸归清净。世尊第五本愿，如实成就。

第六，遵行世尊本愿，政重卫生，业励医药，使一切人民，凡有疾苦，悉得救治。世尊第六本愿，如实成就。

第七，遵行世尊本愿，普设医院，广施药品，使一切人民，孤苦贫穷，悉离病厄。世尊第七本愿，如实成就。

第八，遵行世尊本愿，立法施政，尊重女性，使一切女子，受平等福，离百恶恼。世尊第八本愿，如实成就。

第九，遵行世尊本愿，树立正法，降伏邪见，使一切正法，并育并行，永离缠缚。世尊第九本愿，如实成就。

第十，遵行世尊本愿，改良刑正，实施感化，使一切人民，不触法网；即有犯者，在狱获教，出狱获养。世尊第十本愿，如实成就。

第十一，遵行世尊本愿，政重民生，普济民食，使一切人民，饮食供给，无有乏少；更施教育，培其智德，令生安乐，不遭苦难。世尊第十一本愿，如实成就。

第十二，遵行世尊本愿，衣住行等，一切施为，决依总理遗教，尽力推行，生产分配，咸令得宜，使人民生活所需，无有不足；节之以礼，和之以乐，五福俱全，文明鼎盛。世尊第十二本愿，如实成就。

这是戴先生于当时国家社会环境下所发的大愿。从这些大愿中，很容易使我们心中浮现证严上人及其所推展的各项志业；事实上，慈济功德会从成立开始，即于每月二十四日举行药师佛同修会。当然，我们也可就本身性向、心量与学识能力，以及工作性质与环境等各种情况，立下自己的誓愿。那么，目标确立以后，不管是做人或学佛，都可发挥自我导引的功能，使我们在人间有限的生命，得以凝聚起来，己立立人，己达达人，我想这应是建立药师佛人间净土的本意所在，愿以此相互共勉。

周勳男

东方出版社南怀瑾作品

论语别裁

孔子和他的弟子们

话说中庸

原本大学微言

孟子旁通（上）

　梁惠王篇　万章篇

孟子旁通（中）

　公孙丑篇　尽心篇

孟子旁通（下）

　离娄篇　滕文公篇　告子篇

维摩诘的花雨满天

金刚经说什么

药师经的济世观

圆觉经略说

楞严大义今释

楞伽大义今释

禅话

禅海蠡测

静坐与修道

禅与生命的认知初讲

禅宗与道家

定慧初修

如何修证佛法

学佛者的基本信念

大圆满禅定休息简说

洞山指月

老子他说（初续合集）

庄子諵譁

列子臆说

我说参同契

中国道教发展史略述

易经系传别讲

易经与中医（外一种：太极拳与静坐）

小言黄帝内经与生命科学

漫谈中国文化

金融　企业　国学

廿一世纪初的前言后语

易经杂说

新旧教育的变与惑

南怀瑾讲演录 2004—2006

南怀瑾与彼得·圣吉

关于禅、生命和认知的对话

历史的经验（增订本）

中国文化泛言（增订本）